188 mètres sous Berlin

Magdalena Parys

188 mètres sous Berlin

Traduit du polonais
par Margot Carlier et Caroline Raszka-Dewez

Agullo

Conception graphique : WIPbrands

Cette édition a été publiée avec le soutien financier
de l'Institut du Livre - © Pologne Programme de Traduction

LA TRADUCTION DE CET OUVRAGE A BÉNÉFICIÉ DU SOUTIEN DE L'INSTITUT POLONAIS DU LIVRE

THE ©POLAND TRANSLATION PROGRAM

INSTYTUT KSIĄŻKI

©POLAND

À Stefan

Les blessures imposées par la Stasi ne laissèrent pas
de cicatrices que l'on puisse montrer avec fierté ;
elles laissèrent des âmes égarées.

Richard Schröder

Prologue

Klaus ouvre les yeux.

Le bourdonnement monte dans ses oreilles et redescend au gré des vibrations de la sonnette. Un son strident d'abord, qui décroît et se mue finalement en un misérable frémissement. Klaus se lève rapidement et regarde par la fenêtre. Il fait à peine jour. Klaus enfile une robe de chambre et se dirige vers le couloir glacial. La sonnette exhale ses derniers graillements. Il abaisse la clenche d'un geste brusque. Derrière la porte se tient un homme assez âgé, vêtu d'un élégant manteau.

— Bonjour ! dit l'inconnu dans un large sourire, et il fait un pas en avant.

Au même moment, une silhouette massive au crâne rasé sort de l'ombre et pousse la porte avec une force inouïe. Projeté contre le mur, Klaus se retrouve à genoux. L'homme qui vient de sonner pénètre dans l'appartement, suivi du chauve qui inspecte le couloir tout en continuant d'avancer. Il se déplace avec agilité, mécaniquement, comme s'il n'était fait que pour ces quelques gestes.

— Un invité chez soi, c'est recevoir le roi, dit l'inconnu en fixant Klaus du regard.

— Qu'est-ce que…

Klaus n'achève pas sa phrase.

Le chauve s'approche de lui, le menace du doigt puis s'éloigne brusquement. Klaus reste seul avec l'homme au manteau élégant. C'est sûrement un rêve, songe-t-il. Il se pince le mollet.

L'inconnu brise le silence :

— Je m'appelle Johannes Foerster. Je suis quelqu'un de bien élevé et je déteste faire preuve de grossièreté. Parfois, cependant… ajoute-t-il en écartant les bras.

L'inconnu se sent parfaitement à l'aise. Il ôte ses gants de cuir et son manteau, laissant apparaître un délicat foulard aux coins rassemblés dans une grande bague, ainsi qu'un gilet croisé. Le gilet et le pantalon à carreaux écossais à peine marqués semblent taillés sur mesure.

Comme tous les gens nerveux, Foerster a le ventre plat, sans être particulièrement mince pour autant. Un cou épais, de larges mains aux doigts très longs; sans doute encore beaucoup de puissance dans les bras. Son visage est soigné et porte les traces d'un hâle délicat, caractéristique des gens à la peau claire. Mais une profonde cicatrice entre les yeux enlaidit ses traits et donne l'impression que sa tête est coupée en deux. Ses rares cheveux gris sont lissés vers l'arrière. Un large front surmonte des yeux d'un bleu pâle. Rien ne s'accorde : une peau délicate, une cicatrice, un cou épais, des doigts fins… L'homme semble en parfaite condition physique, même s'il a depuis longtemps passé le cap des soixante-dix ans.

Les gants couleur d'olive atterrissent sur la table de la cuisine. Johannes Foerster les aplatit légèrement, accroche son manteau au dossier de la chaise et s'assied. Puis il détache les boutons de manchette de sa chemise dont il retrousse les manches. D'ici quelques minutes, il va me préparer mon petit déjeuner, songe Klaus. Mais non!

Foerster prend ses aises sur le siège, jette un coup d'œil à ses souliers vernis en cuir ombré beige et se met à les frotter délicatement. Il pousse un soupir et tourne son regard vers Klaus.

— Vous n'êtes pas très accueillant, monsieur… Kreifeld. Ou devrais-je plutôt t'appeler Steinbach ? Que préférez-vous ? demande-t-il en repassant au vouvoiement.

Klaus lit de la fermeté dans les yeux de l'homme, et il perçoit leur expression rusée, intelligente. Il sent que cet homme est venu ici dans un but précis, qu'il désire obtenir satisfaction sur-le-champ, mais sans se priver du plaisir de tester la personne qui peut la lui accorder. Il ne répond pas. Sort un paquet de Camel de la poche de sa robe de chambre et parcourt la pièce du regard à la recherche de son briquet. Foerster ne le quitte pas des yeux.

— Et fumeur en plus ! constate-t-il en secouant la tête avec un air de désapprobation.

Klaus s'approche de la fenêtre. Un seul coup d'œil en bas lui suffit à évaluer la situation. Une grosse voiture est garée le long du trottoir ; un sinistre individu fait le guet au coin de la rue. Des mesures de sécurité dignes d'un président. Mais Foerster n'est pas président.

— Vous masquez la lumière.

L'homme sourit et jette sur le plan de travail un petit sachet en plastique contenant une poudre foncée. Une odeur de café fraîchement torréfié se répand dans la cuisine.

— À infuser avec de l'eau chaude. Pas bouillante ! Chaude !

Klaus ne réagit pas. Il allume une cigarette et s'adosse contre le mur, d'où il a une vue parfaite sur le couloir.

Foerster se lève et dit :

— Vous vivez chichement, d'après ce que je vois. Vous n'aimez pas le luxe ? (Il passe son doigt sur une étagère.) On pourrait croire que des gens comme vous n'ont rien à perdre. Ou presque rien. Mais soit, poursuit-il, presque rien et rien sont deux choses très différentes, n'est-ce pas ? Pour les uns, ce sont les femmes qui représentent tout, pour d'autres le travail, pour d'autres encore la vodka ou bien, par exemple…

À ce moment-là, Foerster suspend sa voix et regarde fixement Klaus avant d'achever :

— Une sœur.

Klaus ne manifeste aucun signe d'énervement, mais son estomac se serre.

Les deux hommes restent silencieux. Foerster ne reprend la parole qu'au bout de plusieurs longues minutes :

— Vous avez une sœur, d'après ce que j'ai entendu dire. Une sœur et c'est tout, personne d'autre ? Oui, une petite famille, une famille précieuse…

Klaus se demande quelle est la couleur d'un champ magnétique. Est-ce que l'énergie produite par un corps est visible sur un écran d'ordinateur ? Peut-être qu'en ce moment même un électrocardiogramme enregistre son rythme cardiaque qui s'accélère ? Peut-être même qu'on l'entend en bas ?

— Venons-en à ce qui m'amène chez vous. Voyez-vous, monsieur… poursuit Foerster en se raclant la gorge, il s'agit d'une affaire confidentielle, et je tiens à ce qu'on en discute sérieusement. J'ai lu hier un article qui a suscité mon inquiétude. J'ai décidé de parler sans tarder à son auteur. Malheureusement, il se trouve que celui-ci est mort. Quelle poisse, pas vrai ?

Klaus n'a pas la moindre idée de ce dont parle son visiteur. Il met de l'eau à chauffer. Elle parvient très rapidement à ébullition. Klaus jette la poudre granuleuse dans une tasse et verse dessus l'eau bouillante, oubliant qu'elle doit être juste chaude.

— Si ne serait-ce qu'une seule phrase de cet article est avérée… (Foerster s'interrompt, car Klaus vient de poser la tasse blanche devant lui si violemment que du café se renverse.) Vous êtes nerveux ? demande-t-il.

— Non, répond Klaus en esquissant un sourire, pas le moins du monde.

— Et moi, j'ai l'impression que vous êtes nerveux. Où en étions-nous ? reprend-il en regardant son interlocuteur par-dessous ses paupières.

À cet instant, Klaus se dit que l'homme lui rappelle quelqu'un finalement, mais qui ? Johannes, Johannes, Johannes, Johannes Foerster…

— Pour être bref, je m'intéresse à certaines informations concernant notre… ami commun. Parce que, voyez-vous, dans cet article, il était beaucoup question de cet ami.

Klaus ne le quitte plus du regard à présent.

— Je voudrais m'assurer que la personne à laquelle ce malheureux a consacré son article est encore de ce monde. Pour ne rien vous cacher, je désire tout savoir de cet homme.

Klaus fixe l'espace devant lui sans penser à rien. Il ne comprend toujours pas de quoi il retourne : s'agit-il du journaliste qui est décédé après avoir écrit son article, ou de l'homme mort mais que Foerster croit vivant ? Par ailleurs subsiste un autre souci…

— Voyez-vous, monsieur, dit Klaus en imitant son visiteur, le fait est que je m'en fous complètement.

— Filip Kreifeld, dit soudain Foerster en détachant les syllabes.

Ses yeux s'assombrissent, transperçant littéralement le visage de Klaus.

Klaus sourit. Avant que Foerster ait le temps de se retourner, il allume la radio à plein volume. Pour faire enrager les sbires d'en bas.

— Est-il vivant oui ou non ?

Les tempes de Foerster laissent apparaître de fortes rougeurs, typiques des gens à la peau fine.

— J'ai envie de dormir, dit Klaus.

— Est-il vivant oui ou non ?

D'un geste brusque, Foerster arrache la prise de l'appareil. Le silence se fait. Pourtant, lorsque Klaus remue sourdement les lèvres, l'homme doit faire un effort pour comprendre le sens de ses paroles :

— Filip Kreifeld est mort. Il est mort en 1988, d'une crise cardiaque.

*

Victoria pose le dîner devant Klaus, elle est sur le point d'éteindre la télé lorsque apparaît sur l'écran un document d'archives. La jeune femme se fige, les yeux rivés sur le téléviseur. Un aéroport. Un reportage en noir et blanc. Des portes s'ouvrent, un homme apparaît – brun, grand, vêtu d'un élégant manteau. Il descend lentement l'escalier. Plan rapproché sur ses cheveux lisses, coiffés à l'américaine, son front haut et ses lèvres charnues. Klaus aussi fixe l'écran : son foie aux oignons frits lui reste en travers de la gorge. Il se lève. La speakerine dit quelque chose. Ensuite, une photo, le même homme, mais un peu plus âgé. Il ne s'agit plus d'images d'archives. À nouveau, un documentaire, cette fois en couleurs. Encore cet homme, toujours à l'aéroport, manteau noir, chapeau. Victoria se rapproche du téléviseur, Klaus fait de même. Tous deux fixent les poches sombres sous les yeux de l'homme aux cheveux gris. Ils n'ont pas le moindre doute, c'est lui. Des joues flasques, un grand nez, des sourcils broussailleux, les traits un peu altérés, mais c'est bien lui. Victoria déplace son regard du téléviseur vers Klaus.

— C'est impossible, dit-elle.

— Impossible, renchérit Klaus.

Ils ont devant eux le visage de quelqu'un de bien vivant, alors que cet homme, ils en ont la certitude absolue, n'est plus en vie, en aucun cas il ne peut être en vie. Tous deux le savent parfaitement. L'avant-veille encore, Klaus a dû le répéter à maintes reprises à Johannes Foerster, et ensuite tout raconter une nouvelle fois, et de manière très détaillée, ainsi qu'il l'exigeait, à l'hercule au crâne rasé.

Victoria est rentrée chez elle. Klaus est assis dans sa cuisine, les yeux fixés droit devant lui. Sur la table est posée une bouteille de vodka, apportée quelques jours plus tôt par le boucher, le même qui lui a fourni le foie. Klaus veut se lever, dévisser le bouchon et boire au goulot, mais il n'a même pas la force de se mettre debout. Un homme habitué à boire depuis des années sait ce dont il a besoin, il sait qu'un demi-litre ne suffira pas, qu'il sera obligé de sortir en pleine nuit en quête d'une autre bouteille. Alors mieux vaut ne pas commencer… En ce moment, pourtant, Klaus a d'autres soucis. Il a mis le pied dans la merde, sans même sortir de chez lui.

11. 12. 2000

Lundi, 12 h 10

Il voyage seul depuis une bonne dizaine de minutes ; les quelques rares passagers de son compartiment sont déjà descendus. Le train avance de manière monotone, croisant ce que croisent habituellement les trains. Klaus sent le sommeil arriver et il baisse les paupières. Il s'efforce de ne laisser passer aucune des gares qui se succèdent, mais ses yeux s'affaissent malgré lui. Au moment où le train pénètre dans le tunnel pourtant, Klaus voit le reflet de son visage dans la vitre et la somnolence fait aussitôt place à de l'irritation. À midi dix, sur le trajet Berlin-Rostock, il décèle dans la fenêtre sale une surprenante ressemblance avec ses parents. Un nez long comme celui de son père, des sourcils broussailleux, les yeux enfoncés de sa mère et une ride inquiétante, qui part du nez jusqu'à la commissure des lèvres. Le train traverse une zone découverte, l'emmenant vers l'inconnu… Des gouttes de pluie cinglent la vitre d'où l'observent les yeux caves de sa mère. Klaus peste dans sa barbe et son regard s'arrête sur ses chaussures, bien cirées et lacées minutieusement. Victoria, sa sœur, prête attention à ce genre de détails.

La pluie tombe de plus en plus fort.

Klaus jette un coup d'œil à sa montre ; une demi-heure de retard, mais il ne doit plus être très loin. Un dernier regard à ses chaussures rutilantes et à son portable, et Klaus se lève ; il prend son sac à dos sur le porte-bagages et sort. Il passe devant un compartiment où se trouvent encore les derniers passagers : une femme et son enfant. Les autres compartiments sont vides. Le train entre lentement en gare.

Le quai est si court que seuls les premiers wagons y ont accès, la dernière voiture s'arrêtant en pleine campagne. Hormis Klaus, personne d'autre n'est descendu du train. Il saute sur les dalles en pierre fendues. Le conducteur lève son panneau et, quelques secondes plus tard, claque la portière. Le train s'ébranle. Un quai désert. Une localité inconnue. Alentour, le bruissement d'une forêt. Le quai semble devoir s'effondrer d'un instant à l'autre. Au-dessus de la porte de sortie se balance une banderole avec de la publicité pour des chewing-gums. Une gare comme celle-ci, Klaus n'en a encore jamais vu.

Il regarde autour de lui, ayant peine à croire que dix ans après la réunification, il puisse encore exister de tels endroits en Allemagne. Il descend prudemment les marches branlantes. La seule possibilité de quitter le quai est d'emprunter un long passage souterrain, sans aucun éclairage. Les pas mesurés de Klaus se répercutent sur les murs en un sourd écho. Instinctivement, il jette un coup d'œil derrière lui. Au bout d'une dizaine de secondes, il parvient à un petit escalier escarpé qui donne directement sur la chaussée. Il ne s'attendait certes pas à une ville débordant de vie, mais ce qu'il découvre le surprend non moins que le quai : un arrêt de bus saccagé, un banc prêt à s'écrouler et, juste derrière, un bois lugubre. Ici se termine le monde.

Heureusement, il a cessé de neiger. À Berlin, on ne verrait pas un seul flocon de neige, mais ici, entre les arbres, tout est blanc. Klaus pousse un soupir et prend son portable. Plusieurs secondes s'écoulent avant qu'il ne se rende compte qu'il n'a pas de réseau. Il avance de quelques mètres, dans un sens puis dans l'autre, les barres n'apparaissent que s'il tend très fort le bras en l'air. Pour parvenir à joindre quelqu'un, il faudrait sans doute qu'il grimpe à un arbre. Une nouvelle fois, il regarde autour de lui, perplexe. Finalement, il sort une cannette de bière de son sac à dos et tire sur l'anneau. Le bruit résonne dans la forêt tout entière.

15 h 05

Victoria est devant l'immeuble de la Bürknerstraße. Elle observe un groupe d'enfants. Pressés par leur instituteur, les gamins se chamaillent et courent après des ballons de baudruche qu'ils ont laissé échapper. Victoria les suit du regard jusqu'à ce qu'ils disparaissent derrière le carrefour. Elle a terriblement mal à la tête. Elle s'efforce de se rappeler si elle est arrivée jusqu'ici en taxi ou en métro. Rien. Le vide complet. D'un pas vacillant, elle se dirige vers la porte d'entrée. Elle jette un regard anxieux de part et d'autre, mais sans rien remarquer de suspect.

Elle sent ses genoux qui tremblent, son sang qui bat dans ses veines mais, advienne que pourra, elle ne craquera pas, non, pas ici dans le couloir, elle attendra d'être à l'intérieur, là-bas, dans l'appartement, pas ici. Sa tête va éclater d'une seconde à l'autre. Elle se hisse péniblement jusqu'au dernier étage. Du coin de l'œil, elle note que la porte en vis-à-vis est entrebâillée. Une fois de plus, la voisine se cache derrière. Victoria s'adosse contre le mur et humecte ses lèvres gercées. Elle prend une grande inspiration et sonne. Rien. Elle attend un peu et appuie de nouveau sur la sonnette. Silence. Comment ça, il n'est pas là ? se demande-t-elle. Klaus n'est pas chez lui ? C'est impossible. Elle essaye encore une fois… et puis encore une. Pour finir, elle se met à marteler la porte à coups de poing.

15 h 10

Klaus attend, il attend longtemps, mais aucun bus n'est en vue. Il retourne sur le quai. Il n'y trouve pas d'horaires, pas une seule information, rien, il voit juste un panneau avec le nom de la gare, planté là, tordu, rouillé et couvert de fientes d'oiseaux, ses bords coiffés d'un bonnet de neige. Klaus parcourt le quai dans toute sa longueur, s'assurant qu'il n'y a pas d'autre sortie, un autre chemin peut-être, mais non, il n'y en a pas.

Il fourrage dans son sac à dos où il a pris soin de mettre un Thermos, une lampe de poche et un plan. Le café est encore tiède. Klaus emporte toujours une lampe de poche avec lui, une habitude des temps passés. Il lutte quelques minutes avec ses pensées, en se demandant s'il n'ouvrirait pas une nouvelle cannette de bière.

16 h 00

Victoria fouille son sac nerveusement. Enfin elle trouve les clefs et se redresse. La porte d'en face s'entrouvre, laissant apparaître la tête de la voisine. Si elle en avait la force, Victoria la traînerait hors de son appartement et la pousserait dans l'escalier. Mais à cette seule pensée, elle se sent épuisée. Elle respire profondément et tente d'introduire la clef dans le trou de la serrure. Impossible. Elle essaye encore une fois. La clef glisse dans ses mains terriblement moites. Non, ce n'est pas la transpiration, mais des larmes qui coulent sans discontinuer, floc, floc, floc… Sur son manteau, sur ses mains. La clef se montre toujours récalcitrante, mais après plusieurs tentatives, Victoria parvient enfin à ouvrir la porte.

Habituellement, Klaus l'accueille sur le seuil. Il lui ouvre toujours la porte. Où est-il ? se demande-t-elle en réfléchissant. Pourquoi n'est-il pas là ? À toutes les émotions de cette journée s'ajoute encore cet horrible sentiment de vide. Elle ne ferme pas complètement la porte. Sans allumer la lumière, elle se dirige d'un pas machinal vers la chambre à coucher, abandonnant en chemin son manteau, ses clefs, son sac à main. Elle s'écroule sur le lit de Klaus et fond en larmes à nouveau. Au bout d'un instant, elle se relève pour aller vers la porte d'entrée. Elle tourne la clef dans la serrure et regagne la chambre.

16 h 05

Au début, tout se passe à peu près bien. Après une heure de marche, il est même tombé sur une maison, avec des rideaux aux fenêtres et des fleurs, donc quelqu'un habite bien ici. Les bus doivent circuler aussi puisqu'il vient de croiser un deuxième arrêt. Il a mal à la jambe. La chaussée est glissante et il n'a toujours pas de réseau, mais il est convaincu qu'il approche du but, indubitablement.

Au cours des deux dernières heures, il n'a aperçu qu'une seule créature vivante : un chat. Là où il y a des chats, il y a des gens, songe-t-il, oui, mais cela fait déjà une heure maintenant qu'il l'a rencontré, ce chat ! Il s'efforce de ne pas dévier de la route asphaltée, il marche depuis longtemps, or il a l'impression que la forêt s'épaissit, et la chaussée semble se resserrer. Soudain, des lumières clignotent sur le côté. Il se dirige lentement dans leur direction en s'éclairant de sa torche, mais, très vite, les lumières disparaissent. Ou peut-être a-t-il seulement rêvé ? Il se tient près d'un pont verglacé derrière lequel il doit y avoir une route, mais Klaus n'a pas le courage de s'enfoncer plus profondément dans le bois. Il scrute le crépuscule qui envahit les arbres : on n'y voit pas grand-chose.

Il reprend son chemin. Quelques mètres plus loin, il voit un panneau avec le nom du village qu'il cherche. Il pousse un soupir de soulagement et presse le pas. Bientôt, derrière un virage, surgissent des lampadaires et un arrêt d'autobus. Klaus réalise à cet instant seulement à quel point il est tendu.

Au fur et à mesure qu'il se rapproche de l'endroit convenu, il a la mine de plus en plus déconfite. De tous les arrêts qu'il a rencontrés sur son chemin, celui-ci est le plus délabré. Une fine neige tombe, le silence n'est guère troublé que par une pancarte « *Haltestelle*[1] » agitée par le vent. Il traverse la route en s'éclairant de la torche ; hormis une clairière infinie, il ne découvre rien qui rappellerait un quelconque lieu d'habitation. Alors, pour la première fois, il prend peur.

Le soir

Victoria ne quitte le lit que dans la soirée. Un peu hagarde à force d'avoir pleuré. Lentement, à tâtons, elle va à la cuisine. Elle allume la lumière et se verse un verre d'eau du robinet. Elle boit avidement. Elle regarde autour d'elle et remarque que quelque chose cloche. Il règne un ordre inhabituel dans la cuisine. Les enveloppes et les journaux sont posés sur le plan de travail, et non sur la table ;

1 Arrêt.

le torchon est suspendu sur le dossier d'une chaise et non sur le radiateur... Le napperon a disparu. Le chandelier n'est plus sur l'étagère. Klaus aurait-il fait les poussières ? se demande-t-elle. Aurait-il prévu un départ ? Impossible.

Elle vérifie le réfrigérateur, cela n'y ressemble guère : du lait, des cornichons, de la vodka et de la bière. Classique. Elle jette un coup d'œil sur le tas de factures et de journaux. Au cours de sa vie, Victoria a fait diverses choses qui n'ont que peu en commun avec ce que l'on appelle couramment l'honnêteté. Cela ne se manifeste pas à grande échelle, mais bien souvent elle ne réfrène pas sa curiosité : elle peut par exemple ouvrir une lettre si elle tombe sur une correspondance qui ne lui est pas destinée ou bien écouter une conversation. Dans des conditions normales, le moindre changement dans l'appartement de Klaus aurait éveillé sa vigilance, mais pas aujourd'hui. Elle passe les enveloppes en revue, avec indifférence, et s'affale sur une chaise. Elle a tellement envie de discuter avec Klaus, de lui demander : et après ? Elle a toujours devant les yeux des images qui lui empoisonnent le cerveau, s'insinuent dans ses moindres recoins. Le malheur qui vient de secouer sa vie a tout changé : désormais, les choses seront divisées en un avant et un après, pour elle. Et cet après débute maintenant précisément.

— Klaus, Klaus ! s'écrie-t-elle en sanglotant.

Mais Klaus n'est pas là. Elle se trouve totalement seule.

En se levant, elle heurte une chaise. Celle-ci tombe ; Victoria ne s'en rend même pas compte. Elle sort la vodka du frigo. La capsule en métal roule sous la porte. Elle boit directement au goulot.

Samedi, à l'aube

Victoria a déjà vidé presque toute la bouteille lorsqu'une grosse BMW noire débouche sur la Bürknerstraße. Elle roule très lentement.

— Je m'arrête ? demande le chauffeur.

Le colosse chauve assis à côté de lui ne répond pas. Au bout de quelques secondes, il fait un geste de la main en indiquant la gauche. Le conducteur se gare habilement sur une petite place et appuie sur un bouton : la vitre se baisse instantanément. Le chauve se penche et jette un regard aux fenêtres d'un appartement situé au quatrième étage.

— Il y a de la lumière, dit-il, s'exprimant pour la première fois depuis qu'ils sont entrés en ville.

— Impossible, fait le chauffeur en s'agitant nerveusement.

— Combien de temps ?

— Sept minutes.

— On y va !

Perdus dans leurs pensées, ils approchent lentement du Landwehrkanal. Ils s'arrêtent dans une ruelle, en face d'un bistrot. Au bout d'une minute en sort un homme vêtu d'un long manteau. L'homme ferme la porte à clef, regarde autour de lui et avance dans leur direction. Il est déjà près de la voiture lorsque les lampadaires s'éteignent. La rue se trouve plongée dans une obscurité totale. Le chauffeur descend du véhicule et ouvre rapidement le coffre. Aidé par l'homme au long manteau, il en retire prestement un corps. Pas un bruit ne trouble le silence, pas un souffle. Quelques secondes plus tard à peine, l'inconnu s'évanouit dans les ténèbres, et le chauffeur a repris sa place derrière le volant.

— Il fait moins quatre dehors. Et ça peut descendre

jusqu'à moins sept, dit-il à l'homme chauve installé à côté de lui.

Les lampadaires se rallument. Dans la clarté laiteuse de l'un deux, juste à l'entrée du bistrot, est étendu le corps sans vie de Klaus. Le chauve ricane doucement en se caressant le menton.

— Réfléchis à deux fois avant de boire par grand froid, déclare-t-il sans plus l'ombre d'un sourire, et il fait signe au chauffeur de démarrer.

Il tombe une fine neige lorsque la BMW noire s'engage sur le pont près de la Kottbusser Tor. Les rues sont désertes. Pas un passant, pas une voiture, excepté la longue file de véhicules stationnés sur les côtés, entassés comme des boudins. Soudain, une silhouette féminine, les cheveux déliés, se profile quelques secondes entre les voitures. Le chauffeur jette un regard à son passager et ralentit. L'homme chauve hoche la tête en signe d'assentiment. Tous les doutes qui hantent son esprit se sont envolés.

— Les cailles tombent toutes rôties dans l'assiette, dit-il.

Entre-temps, la voiture est arrivée à hauteur de la femme. Dès qu'elle la voit, celle-ci se met à courir.

La BMW noire accélère pour rattraper Victoria, qui disparaît quelque part derrière le pont.

*

La voisine porte un tablier sale et elle a parfois des ennuis avec ses voisins, mais elle sait très bien ce qui se passe en face de chez elle. Elle patiente. Elle a le temps. Quand elle entend quelque chose, elle se lève et regarde par le trou de la serrure ou par le judas.

Sur le trajet cuisine-couloir, un sillon profond a creusé la moquette. Pas étonnant. La voisine l'effectue une dizaine de fois par jour. À la cuisine, il y a une grande fenêtre. La voisine a installé un coussin bien confortable sur le rebord, et elle observe. Un coup la fenêtre, un coup le couloir. L'hiver, elle préfère le couloir ; l'été, la fenêtre, mais ça dépend.

Elle a mal partout à force de rester assise sur sa chaise. C'est pourquoi elle a rapporté son fauteuil de la chambre. Dans ce fauteuil, parfois elle somnole, ou bien lit son journal. Parfois elle se lève et entrouvre la porte.

Aujourd'hui, par exemple, à l'aube, elle a vu deux hommes et une femme entrer dans l'appartement voisin. La femme, c'était Victoria, la sœur de cet ivrogne, Klaus, celui qui habite en face. Elle vient souvent ici. Une femme très élégante.

D'habitude, la voisine entrebâille la porte pour voir comment elle est habillée, quelle robe elle porte, quelles chaussures, si Klaus est soûl, mais depuis que ces deux types rôdent par ici, elle préfère fermer à double tour. Il vaut mieux ne pas se faire remarquer, ne pas allumer la lumière. Mais par le judas on peut voir beaucoup de choses aussi.

Et donc voilà, Klaus n'est pas là. Elle l'a vu partir. Avec un sac à dos. Ensuite Victoria est arrivée, seule. L'air bizarre, comme différente. Elle est sortie pendant la nuit. Il y a eu un de ces remue-ménage comme jamais là-bas. Les deux, là, ceux qui étaient avec Victoria, elle les connaît de vue également. Il y a ce grand chauve, qui est déjà venu ici, et l'autre type fait quelquefois le guet près de la cage d'escalier, il est déjà monté une fois, lui aussi.

Depuis plusieurs jours, la voisine ne regarde même plus la télévision, tellement il s'en passe derrière sa porte.

Les deux gars sont sortis au bout d'une heure. Seuls, sans la sœur. Dès qu'elle a entendu la porte d'en bas se refermer derrière eux, elle n'a pas pu résister, elle s'est précipitée à la fenêtre pour voir de quoi il retournait.

Si un jour quelqu'un lui demande, elle pourra tout raconter.

Top secret

Dix ans plus tard…

03.05.2010

Au début des années quatre-vingt-dix, Peter s'était installé à Berlin-Est pour deux raisons. Premièrement, il voulait connaître le quartier où habitait sa famille paternelle avant la guerre; deuxièmement, la vie n'était pas chère ici. Après la réunification des deux Allemagnes, le centre est de Berlin était encore abandonné et dans un état lamentable. Comme la ville elle-même. Mais tout change. En l'espace de quelques années, le quartier avait connu un coup de jeune incroyable et effectué une mutation totale, évoluant dans une ambiance estudiantine et décadente. Cette seule transformation aurait été parfaitement supportable. Mais depuis un certain temps, tout marchait de travers. L'ensemble du quartier, soit une surface d'environ onze kilomètres carrés, s'était soudain mué en un espace écologique expérimental, snobinard et terriblement ennuyeux. Peter avait vu les petites boutiques qu'il affectionnait tant disparaître une à une, remplacées aussitôt par de nouvelles échoppes, qu'il n'appréciait pas beaucoup. Comme partout ailleurs, la nourriture saine se faisait rare et Peter avait de plus en plus de mal à accepter tous ces changements.

Dans la chambre mansardée de son immeuble de six étages, le soleil brillait depuis les premières heures du jour.

Peter se réveilla en nage. Il avait rêvé, mais ne se souvenait plus de quoi. Depuis quelque temps, il ne dormait pas très bien, à cause de la forte chaleur, et sans doute aussi de son état de nervosité.

Il sortit sur la terrasse et regarda le clocher de l'église. L'horloge indiquait 8 heures; un brouhaha montait déjà du local situé en bas dans la rue. Autrefois, c'était un salon de thé. Peter se souvenait parfaitement de cette période, surtout, sans doute, parce que le salon n'ouvrait ses portes qu'à 10 heures. Mais ce dernier avait fait faillite et la place était à présent occupée par un café du nom de *Chocolate Special*. Depuis un an, on y proposait des petits déjeuners diététiques et du café, diététique également. L'endroit était tenu par un Turc parfaitement assimilé et sa belle épouse allemande.

Ce matin-là, à 9 h 30, le bruit en provenance de la rue dépassait tous les décibels possibles et la température de l'appartement atteignait trente degrés. Peter mit des bouchons dans ses oreilles et fit couler un peu d'eau froide dans la baignoire. Il avait également testé plusieurs autres moyens non invasifs comme les moulins à vent dans des pots de fleurs, les chiffons humides sur des cintres et de légers courants d'air. Sans succès. Installer des ventilateurs de plafond ou la climatisation était hors de question. Peter veillait à sa santé. Il avait la gorge fragile et supportait mal le vent artificiel.

À dix heures, il décida que le jour même il irait s'installer dans la maison qu'il possédait en périphérie. Travailler dans de telles conditions était devenu insupportable. Alors qu'il le fallait pourtant, coûte que coûte.

Depuis plusieurs années déjà, Peter menait une enquête personnelle et il s'impliquait le plus sérieusement du monde dans cette affaire. À vrai dire, rien d'autre n'était plus important dans sa vie. Après une période laborieuse de recherches interminables, il était en passe de dénouer une énigme vitale ; canicule ou pas, il ne pouvait s'arrêter maintenant. Il fallait impérativement qu'il garde les idées claires et l'esprit affûté. Il était par conséquent indispensable de dormir enfin correctement et d'abandonner au plus vite cet endroit assourdissant au climat désertique.

Il fit une petite lessive et commença à préparer ses affaires. Aux alentours de midi, un tas de fiches et de calepins, des albums photo, des CD et des livres s'amoncelaient dans le couloir. Peter les fourra dans un énorme sac en y ajoutant encore une clef USB et quelques enveloppes jaunies. Tout y était ? Non, pas tout. Peter se dirigea vers la commode sur laquelle il prit une photo dans un cadre argenté. Après l'avoir soigneusement enveloppée dans un journal, il la glissa également dans le sac. Il lutta avec la fermeture pendant quelques secondes, car le sac était bourré à bloc, mais il réussit finalement à le fermer. Encore l'ordinateur et le câble. Il essuya son front trempé de sueur et commença à préparer un deuxième sac. Les choses allèrent beaucoup plus facilement : de la lessive en poudre, des produits ménagers et quelques vêtements d'été. Il jeta un dernier regard dans la pièce pour s'assurer de n'avoir rien oublié. Il regarda le clocher de l'église : il sonnait treize heures. Peter mit un thé à infuser, se prépara quelques tartines et décida de prendre une douche. La troisième de la journée.

À peine était-il sorti de la salle de bains qu'il sentait déjà la sueur perler dans son dos. Il poussa un profond soupir. Il rapporta son thé et ses tartines de la cuisine et s'affala dans un fauteuil. Il ferma les yeux et resta immobile quelques instants, à écouter sa propre respiration.

Depuis un moment, le moindre changement le perturbait davantage, et il mettait plus de temps à se calmer. Sans doute aussi éprouvait-il la fièvre du voyage. Il rouvrit les yeux. Finalement, il n'allait rien manger du tout.

Peter revenait lentement à lui. Il attendit que les aiguilles indiquent 14 h 45 sur l'horloge de l'église. Alors seulement il se leva et commanda un taxi. Il vivait très chichement et ne se permettait pas un tel luxe d'ordinaire, mais ce n'est pas tous les jours qu'il déménageait ! Il lava son assiette, étala sur ses mains de la crème à l'aloès et à la camomille, et se rendit dans l'entrée où, la veille déjà, il avait suspendu son costume repassé. Il enfila son pantalon et sa chemise, jeta son veston sur le dos et s'empara du plus grand sac. Il fut surpris par son poids impressionnant, qui le fit basculer. Peter chancela et s'écroula sur le parquet ciré.

À 15 h 25, une vue assez singulière s'offrit aux yeux de Dragomir, le chauffeur de taxi, arrêté au numéro 22 de la Danziger Straße. Un homme âgé, un sparadrap sur le nez, vêtu d'un costume à rayures blanches et jaunes, descendait les marches raides en traînant un gigantesque sac à roulettes. Le reste des bagages attendait au pied de l'escalier. L'homme en costume perdit brusquement l'équilibre. Il laissa échapper son sac qui dévala jusqu'en bas des marches, où il fit culbuter les autres bagages qui, à leur tour, renversèrent un passant, surpris de ce soudain assaut. Le piéton laissa tomber un gobelet du *Chocolate Special* et vint heurter le trottoir de tout son long. C'était un homme chauve, très grand, au corps musclé. Incroyable de le voir perdre ainsi l'équilibre ! À cause d'un sac, qui plus est. Le propriétaire des bagages se releva aussi vite qu'il le put et, abasourdi par l'incident, se précipita vers le chauve en se confondant en excuses… Il se produisit alors une chose surprenante : le colosse se remit prestement debout et s'éloigna à la hâte. On aurait dit qu'il claudiquait légèrement. L'homme âgé observa un long moment la silhouette en train de disparaître. Sur son large front des sillons apparurent, preuve d'une profonde perplexité.

Le chauffeur de taxi regarda son compteur allumé avec satisfaction : encore une course comme celle-là et il pourrait rentrer chez lui.

La propriété de Peter

Il fallait la voir, la propriété de Peter ! Grande, spacieuse, limitrophe du Britzer Garten, dans la partie sud de Berlin. Un beau terrain et une maison, au milieu des jardins ouvriers, c'était magnifique. Peter avait été l'un des premiers à obtenir une parcelle dans ce secteur. Ce terrain, plus grand que tous les autres et entouré d'une haie, avait dès le début étonné les rares personnes qui se souvenaient encore des temps anciens. Pendant que la plupart des « jardiniers-résidents » commençaient à peine à semer, bêcher et s'occuper de leurs petits lopins de terre décrochés de haute lutte, Peter était déjà bien installé, et en possédait davantage que les autres. C'est pourquoi, durant de longues années, son jardin fut l'objet de soupirs et de supputations de tout le voisinage. La haie de Peter, plantée depuis des mois déjà, avant même que les premiers résidents ne fassent leur apparition, suscitait aussi beaucoup d'émois. Les spéculations allaient bon train : la cause en était la grande maison – ou la petite, selon –, qui abriterait des secrets. À la cave, peut-être ? Un grand terrain avec une telle maison et une cave, c'était inouï, voire inimaginable dans le Berlin-Ouest découpé des années quatre-vingt ! Depuis 1961, de ce côté-ci de la ville, on luttait pour le moindre mètre carré, le moindre centimètre ; tout le monde en rêvait, d'un jardin ouvrier, de verdure, de nature ! Un espace libre, situé sur un îlot pour claustrophobes et entouré d'un mur, représentait le rêve absolu ! Le jardin de Peter, avec sa maison, était, pour un Berlinois de l'Ouest, quelque chose d'inexplicable, d'insupportable.

Mais la goutte d'eau qui fit déborder le vase d'amertume furent ses lauriers-roses. Rares étaient ceux qui parvenaient à en cultiver, et quand bien même, leurs arbustes étaient loin d'être aussi grands et aussi fournis que ceux de Peter. Il y eut des plaintes et des dénonciations. On rapporta qu'un certain Peter M. avait construit une villa sur une parcelle communautaire, qu'il cultivait des plantes toxiques et même qu'il avait empoisonné un chat. Pour ce qui était du chat, on ne pouvait l'affirmer à cent pour cent, mais pourquoi pas ? Oui, pourquoi pas ? Après tout, le chat avait bel et bien disparu.

Après concertation, il fut décidé de prendre les mesures qui s'imposaient, en exigeant fermement des explications de la part de la ville : « Pourquoi la parcelle du numéro 42 était-elle considérablement plus grande que les autres ? » Tous les résidents sans exception signèrent la lettre, pas forcément tous de manière lisible. Ils obtinrent une réponse lapidaire de l'administration : quatre phrases confuses paraphées par deux fois. Les lettres suivantes contenaient une réponse identique. Les résidents comprirent qu'ils n'arriveraient à rien de cette façon. Ils décidèrent donc de divulguer la chose, mais il se révéla qu'aucun journal ne voulait se saisir de l'affaire. Le sujet était trop ennuyeux, semblait-il, et, globalement, ne présentait aucun intérêt.

Les années passèrent, le Mur tomba, la haie grandit, de nouveaux résidents firent leur apparition et l'affaire fut oubliée. En attendant, la parcelle abritait bel et bien un secret. La maison était étonnamment grande, elle possédait une cave, et le terrain était d'une superficie bien supérieure à celle des autres. Peter, s'il l'avait voulu, aurait pu y installer un gratte-ciel ou une piscine, d'ailleurs, et même deux. Peter pouvait faire ce qu'il voulait. Durant de nombreuses années en effet, il avait travaillé à l'Inspection générale de l'Office financier de Berlin. Il était à la tête d'une cellule spéciale, composée de fonctionnaires qui géraient ce que l'on appelait « les affaires délicates ». Officiellement, ils vérifiaient les comptes des employés des secteurs les plus divers de l'administration de l'État. Officieusement, ils contrôlaient le travail des fonctionnaires chargés des finances des gros bonnets de la ville. En vérité, ils surveillaient la circulation des montants non comptabilisés dans deux grands ministères. Une partie non négligeable de ces montants transitaient par Berlin-Ouest. Peter avait de quoi faire. Il avait sous ses ordres quinze fidèles collaborateurs et, chaque année, pas moins de plusieurs centaines de cas se prêtaient à examen. Des compétences particulières étaient exigées de la part du dirigeant de l'équipe, ainsi qu'une discrétion absolue et une main de fer. Par ailleurs, le groupe était sous l'autorité de deux ministères qui ne s'aimaient pas : cela ne facilitait pas la tâche. Mais il fallait savoir se débrouiller.

Peter se débrouillait très bien.

La parcelle avec le jardin et la maison lui avait été offerte par l'un de ces ministères qui, pour ce faire, avait puisé dans une cagnotte dont peu de gens soupçonnaient l'existence. À ce niveau, les transactions sont bien mûries, et rien n'est gratuit. Peter avait derrière lui des années d'expérience qui l'avaient privé de toute illusion. Ainsi donc, avant même d'entrer en sa possession, ce cadeau avait éveillé ses craintes. À juste titre, comme il se révéla.

Sous couvert de tests de routine, il fut bientôt convoqué dans ce que nous nommerons un « logement opérationnel ». Suite à une discussion avec un homme qu'il voyait pour la première fois, Peter, stupéfait, découvrit notamment qu'il allait bénéficier d'une mise en retraite anticipée, et ce, dès le lendemain. À titre de reconnaissance pour ses années de travail, il recevrait également une maison sur un terrain situé au milieu des jardins ouvriers. Et il pouvait remercier pour cela la providence, ainsi que l'indulgence du ministère. Car les choses auraient pu se terminer bien plus mal pour lui : de quel droit en effet avait-il caché, durant tant d'années, certaines de ses aptitudes, totalement inconcevables dans un tel département ? Il lui fut finalement conseillé d'oublier au plus vite tous les dossiers qu'il avait gérés avec autant d'engagement jusque-là.

Peter, effrayé, s'empressa d'acquiescer, naturellement, mais pour les personnes concernées, il était clair qu'elles se trouvaient là face à un réel problème… Car, en dépit de ses opinions sclérosées et diverses extravagances, Peter possédait une mémoire extrêmement rare, quasi photographique, qui lui permettait de lire des textes beaucoup plus vite que les autres et de mémoriser très facilement les visages. Comme on le devine aisément, ce don exceptionnel (bien que scrupuleusement caché pour de multiples raisons) se révélait particulièrement utile dans son travail. Néanmoins, il pouvait aussi mettre un terme prématuré à sa carrière. Peter s'efforçait de ne pas attirer l'attention, de doser ses aptitudes, afin que personne ne se doute de rien. Qui sait jusqu'où il serait grimpé dans la hiérarchie si le hasard ne s'en était pas mêlé. Au cours de l'une des formations régulièrement organisées pour les fonctionnaires de haut rang, un intervenant avait porté à Peter un intérêt tout particulier. Ce docteur en sciences psychologiques avait rapidement informé les plus hautes sphères de ses observations, et il fut décidé de suivre Peter d'un peu plus près.

S'ensuivit une enquête poussée. Un échantillon de questions parfaitement rodées confirma la mémoire quasi eidétique de Peter, soupçonnée par le docteur, et son QI plus élevé que la moyenne. Par ailleurs, l'enquête n'apporta rien de plus au dossier : Peter était un célibataire solitaire, un travailleur consciencieux et un excentrique, chez qui l'on avait diagnostiqué très tôt un début de troubles obsessionnels compulsifs. L'essentiel de sa vie était concentré sur son travail. Il lui restait encore quelque quinze années jusqu'à la retraite.

Un employé doué d'une telle mémoire constituait une menace. Qui sait, d'ailleurs, pour quelle raison il avait choisi ce travail précisément, et pas un autre ? Il fallait s'occuper de lui. Décision fut prise de s'en séparer, et ce, rapidement. Oui, mais comment ? L'on résolut de procéder de manière raisonnable et modérée. Les plus hauts gradés avaient de l'expérience et ils savaient agir avec clairvoyance, ainsi qu'il convenait aux héritiers de la Prusse centrale. En cas de difficultés imprévues, un plan B fut également élaboré. Pour l'heure cependant, après examen préliminaire de l'affaire, l'on adopta une thérapie de choc. Et l'on procéda donc par alternance : une légère intimidation, suivie de flatteries de l'ego.

Encore secoué par la tournure des événements, Peter fut honoré d'un diplôme par son employeur ; on lui remit également une décoration, ainsi qu'une petite indemnité. Puis, après une modeste cérémonie, on lui expliqua que si, toutefois, il ne comptait pas tout oublier, si jamais il décidait, par exemple, de se confier à quelqu'un, il serait bon qu'il s'interrogeât au préalable pour décider si vraiment cela en valait la peine… Peter M. pourrait se voir accusé de haute trahison ou de détournement des biens de l'État et, quoi qu'il en soit, de corruption à coup sûr. En vérité, il ne dépendait que de lui seul d'apprécier la générosité du ministère pour lequel il avait travaillé tant d'années, ou alors de commettre un acte stupide.

Peter Michalski n'envisageait pas de commettre un acte stupide.

Une semaine s'écoula avant qu'il ne reprenne ses esprits. Il dut d'abord accuser le choc ; puis vinrent la peur et l'impuissance vis-à-vis de ce qui s'était passé. Et pour finir, la colère : ils s'étaient joués de lui, les salauds ! Mais il n'avait pas dit son dernier mot. Il se sentait dupé et trahi, comme il disait. Le plus terrible, c'est qu'il n'envisageait pas de vivre sans travailler.

Le but était atteint : Peter se sentait désorienté et regardait l'avenir avec incertitude. Cet état perdura un moment. Mais le temps finit par guérir les blessures, le psychologue avait raison. Désormais, au lieu de travailler à l'Inspection générale, il s'activait dans sa petite propriété. Au vu de la désinvolture avec laquelle les autorités municipales traitaient les délations de ses voisins, Peter M. avait le sentiment, cependant, que l'on faisait toujours grand cas de sa personne. Par ailleurs, l'ancien employé s'était attaqué à une curieuse entreprise : la construction d'un tunnel illégal. Le ministère préférait ne pas y fourrer son nez. En l'occurrence, heureusement, cela concernait d'autres organes.

Pour la bonne cause, certaines instances étaient prêtes à supporter toutes sortes d'extravagances sans s'immiscer.

On est capable de tout lorsqu'on veut obtenir quelque chose en échange. Une paix royale, par exemple.

Toute cette histoire s'était passée en 1980, et elle aurait été définitivement classée si seulement l'une des deux parties n'avait eu une mémoire tout à fait phénoménale.

Le chauffeur de taxi exigea une somme astronomique. Peter ne voulait pas payer, offrant la moitié seulement du montant exigé à « un étranger et un mufle », pour ne citer qu'une partie de ses propos. Dragomir, le chauffeur de taxi, entreprit alors une manœuvre qu'il avait vu effectuer un jour dans un film américain. Dans un crissement de pneus, il quitta illico la destination finale et abandonna Peter et ses bagages dans une petite rue assez éloignée de la Tauernallee, qui se trouvait à un jet de pierre à peine de la parcelle numéro 42. À présent, Peter avait deux fois plus de chemin à parcourir, et le désagréable pressentiment d'une crise de tachycardie imminente. Pour la prévenir, il sortit de sa poche quatre comprimés de valériane qu'il s'empressa d'avaler.

C'était sans conteste l'un des plus mauvais jours qu'il avait vécus ces derniers temps. Le déménagement, le désagréable incident qui lui avait valu de se taillader le visage, ainsi que la chute du mystérieux passant l'avaient complètement déstabilisé. Et voilà maintenant qu'un chauffeur de taxi méridional venait de le traiter de manière scandaleuse ! En guise de réconfort, il avait mémorisé tous les numéros qui figuraient dans le véhicule, ce qui lui apporta un soulagement considérable.

Totalement épuisé et embarrassé de ses valises, il atteignit la grille de son jardin une heure plus tard. Sans même prendre le temps de défaire ses bagages, il s'assit sur la terrasse et, pour la première fois depuis plusieurs mois, il resta installé là, tout simplement, à ne rien faire.

Le soir venu, il se leva péniblement de son banc et alla prendre sa quatrième douche de la journée.

Malgré la fatigue et la fraîcheur agréable qui régnait dans ce quartier verdoyant, cette nuit-là également, Peter se réveilla trempé de sueur. Pendant les premières secondes, il s'efforça de se convaincre que les rêves se réalisaient rarement, mais en vain. Il sentit que ce dont il avait rêvé, ou plus exactement le sentiment de danger qui l'avait réveillé, lui était on ne peut plus familier et provenait du temps de son enfance. Cela le rendit perplexe. Comment un sentiment qu'il n'avait pas ressenti depuis plusieurs dizaines d'années pouvait-il revenir si soudainement, et avec une telle intensité qui plus est ? Il ferma les yeux et durant quelques minutes s'efforça de respirer tranquillement. L'image lui apparut à nouveau : il est dehors, seul au milieu d'un champ ; partout règne la pénombre, le champ est gris. Le sentiment d'abandon, l'assurance absolue qu'il n'y a personne sur Terre l'emplissent de frayeur. Il se met à courir et à chercher, mais en vain, il sait bien qu'il est seul, qu'il ne peut compter que sur lui-même. Seul ! Une solitude terrible et oppressante, au point qu'il se réveille et ouvre les yeux. Sauf que Peter ne dormait plus vraiment.

Il alluma la lumière et se dirigea vers un réduit aménagé avec quelques placards, un petit réchaud, un évier et une douche. Peter se rinça le visage à l'eau froide et mit de l'eau à chauffer. Mais l'image le poursuivait toujours. Il se rappela qu'enfant, il se réveillait la nuit, en nage, éploré, effrayé de son propre cri et de son rêve. Ce souvenir extirpé de sa mémoire lui apparut dans toute sa netteté et Peter se sentit mal.

Il sortit une serviette de l'armoire, l'humidifia et la posa sur son front. Ensuite, il attendit que le jour se lève. Un vent léger soufflait, la maison était abritée par de grands arbres, la nuit était fraîche et calme mais elle ne lui apportait pourtant aucun apaisement. En réalité, il n'avait pas passé une seule bonne nuit de sommeil depuis des semaines. Quelque chose lui disait qu'il avait peur. Que ferait-il lorsqu'il aurait acquis la certitude que ce qu'il pressentait était vrai ? Il ressentit un grand vide et ce sentiment convoqua à nouveau l'image de son rêve.

Il commença la journée par cinq pompes et quelques flexions. Ensuite il prit une douche froide, mangea ses céréales avec du lait, déballa ses affaires et se mit à faire le ménage dans la maison. Il passa plusieurs heures à récurer les toilettes et la cuisine, nettoyer les sols. Pour finir, il arrosa les fleurs, énervé de ne pas y avoir pensé dès le matin. Il aimait faire les choses dans un ordre convenu, le moindre changement le déstabilisait. Il poussa un profond soupir et jeta un coup d'œil à la table. Elle était couverte d'un tas de papiers, de coupures de journaux, de quelques livres de Hubertus Knabe, de photos et enfin de ses notes. Il regarda tout cela avec lassitude. Il connaissait le dossier par cœur. Pourquoi donc avoir emporté toutes ces choses avec lui ?

Au cours de ces cinq dernières années, il avait mené plus de deux cents interviews, noté des noms, mémorisé des visages. Il avait recueilli des centaines d'enregistrements, découvert les épisodes les plus divers de la vie de nombreuses personnes. Au début, les souvenirs de ses interlocuteurs étaient plutôt chaotiques. Les mêmes histoires, racontées de manière confuse et différente à chaque fois, ne cessaient de s'emmêler, sans parvenir à former un tout cohérent.

Plus d'une fois, en guise de réponse à ses questions, il avait dû se satisfaire de récits sur les destins tragiques des familles proches ou plus lointaines, s'immerger laborieusement dans leurs souvenirs pour saisir quelques détails qui, en fin de compte, se révélaient inutiles. Parfois, rendu curieux ou ému par un récit, il s'était éloigné du thème principal, il se perdait alors en probabilités et créait des théories, perdant son temps bien souvent et, au final, toute envie de poursuivre. Mais il n'abandonnait pas. Aussi progressait-il, très lentement, certes, mais il progressait. En se fiant toujours à son incroyable intuition et en triant régulièrement ses informations, il voyait peu à peu apparaître une image surprenante.

Peter prit son sac et en sortit des CD et des vieilles disquettes. Il en possédait un paquet, mais n'en avait emporté que quelques-unes avec lui. Sur chacune, il avait noté : « CONVERSATION », suivi de la date et du nom ou du prénom de la personne qu'il avait interrogée. Il décida de réécouter encore une fois certains enregistrements. À la recherche de nouveaux détails.

Avec un lourd soupir, il rangea dans son sac les affaires qui ne lui étaient plus d'aucune utilité. Ne plus les avoir sous les yeux lui procura un énorme apaisement. Sur la table restaient à présent la clef USB, quelques CD et disquettes, un carnet sur la couverture duquel on pouvait lire « Écrit l'année du millénaire » et un autre avec l'inscription « Franz, 1980 ». Mais avant de tout réécouter et de tout relire, Peter se dit qu'il allait changer la chronologie et qu'il commencerait, cette fois, par les conversations les plus récentes. Par celle, notamment, qui lui assurait avec une quasi-certitude la résolution de son énigme.

Avant de mettre les écouteurs sur ses oreilles, il regarda la photo qu'il avait placée bien en évidence sur l'armoire.

Elle représentait un groupe d'une quinzaine d'hommes, adossés contre un mur de briques. Arborant tous ou presque un air satisfait, ils posaient avec une bêche ou un pied-de-biche à la main. L'un d'eux, râblé, pas très grand, souriait placidement, les yeux fixés dans ceux de Peter.

— Klaus, mon vieil ami, murmura Peter, ému, l'heure de vérité a sonné.

JÜRGEN

Cela faisait dix ans déjà que Peter allait se recueillir sur la tombe de Klaus, le jour de son anniversaire. Il entra au cimetière, dépassa la petite chapelle en remarquant de loin que deux personnes s'affairaient près du tombeau. Il s'arrêta à une certaine distance pour les regarder un instant. Il reconnut l'homme presque instantanément. C'était Jürgen. Il avait vieilli, s'était voûté, mais Peter n'avait pas l'ombre d'un doute : c'était bien lui. Un homme petit et frêle au regard bienveillant, se déplaçant avec maladresse. Il paraissait négligé. Portait une veste grise froissée et un pantalon trop court. Il essayait d'allumer une bougie, mais le souffle du vent éteignait une à une ses allumettes. Il était accompagné d'une femme de grande taille, plutôt boulotte. Peter ne l'avait encore jamais vue auparavant. Une natte de cheveux blancs entourait sa tête, elle portait un chemisier noir assez large et une jupe ample. Penchée au-dessus de la tombe, elle était occupée à râteler. Peter remarqua qu'elle avait de jolies jambes, fines, malgré ses rondeurs.

Il y a des années, Peter avait confié l'entretien de la tombe à une entreprise spécialisée. L'idée de voir quelqu'un ici aujourd'hui ne lui avait même pas effleuré l'esprit. Au début, oui, tel ou tel ami passait parfois, mais après tout ce temps… Et pas n'importe qui ! Jürgen en personne ! Et qui était cette femme ? Il ne savait pas trop quoi en penser. Il fronça les sourcils et se mit à réfléchir. Les jolies jambes galbées de la femme l'empêchaient de se concentrer.

Trente ans auparavant, Peter, Klaus et les autres creusaient un tunnel vers l'Ouest. Jürgen aussi avait participé à cette folie. On le voit bien sur la photo dans le cadre argenté, il se tient au milieu du groupe, une pelle à la main. Chemise froissée, barbe de plusieurs jours. Il avait l'air presque aussi négligé qu'aujourd'hui. La seule différence, c'est qu'il avait encore tous ses cheveux.

Si Peter omettait Jürgen dans ses notes, il le faisait inconsciemment. Non pas qu'il n'avait pas envie de lui parler, simplement il ne croyait pas que Jürgen ait quelque chose d'intéressant à dire. Peter avait gardé de lui le souvenir d'un camarade joyeux et plein de fantaisie, mais aussi d'un homme difficile à vivre. Il ne tenait pas parole et l'on ne pouvait pas vraiment compter sur lui. Il faisait partie de ces nombreuses personnes qui travaillaient à la construction du tunnel sans fonction spécifique dans cette entreprise, mais voyons voir… Peter plissa soudain le front. Au début, il devait quand même avoir une tâche à accomplir, mais laquelle ? Ça, Peter l'ignorait. Aurait-il omis un détail ? Il sentit son estomac se serrer. Aurait-il laissé échapper quelque chose ? Un coup de tonnerre retentit au loin, puis le vent se leva. Au même moment, Jürgen aperçut Peter. Puisqu'il était trop tard pour reculer, Peter lui sourit et se dirigea dans sa direction. La femme se redressa brusquement, comme si elle avait pressenti que le Mal venait de se réveiller. Quelques jours plus tard, Peter rendit visite à Jürgen. Les confidences de ce dernier, un peu chaotiques et en apparence éloignées de l'affaire, allaient pourtant accélérer le tournant que Peter attendait avec impatience depuis ces cinq dernières années.

La conversation

Après ces visites au cimetière, je suis d'humeur philosophique. Magda essaie de temps à autre de me faire sortir de la maison. Elle dit que rester enfermé chez moi me rend idiot, et elle doit avoir raison. Elle se rend régulièrement au cimetière et s'occupe de la tombe de Klaus, elle ne l'a pas connu personnellement, pourtant. Elle le fait parce que Victoria le lui a demandé. Moi, elle ne me demande rien, mais j'accompagne Magda, pourquoi pas ? J'aimais bien cet homme. Nous avons tout de même vécu ensemble une aventure incroyable en 1980.

De toute façon, je suis à la retraite et j'ai le temps. Lorsque je travaillais encore, je me suis souvent demandé comment ce serait. Je réfléchissais à ce que j'allais faire. Je me disais que j'irais à la pêche, que je rendrais visite à ma famille à Hambourg, que je pourrais enfin regarder tous les James Bond avec Sean Connery ou lire davantage. Jusqu'à présent, je n'ai réussi qu'à aller à la pêche. De temps en temps aussi, je regarde la télévision.

Je suis enseignant. J'étais enseignant… J'ai travaillé dans une école pendant presque quarante ans. À une époque extraordinaire. J'ai commencé juste après mes études, en 1976. J'ai d'abord fait mes preuves dans un lycée technique, puis je suis passé dans une *Gesamtschule*[1], où je suis devenu professeur principal de la classe 9B. Je partageais cette tâche avec Elwira, la prof d'arts plastiques. Ah, quelle intelligence ! Elle savait tant de choses, et pas seulement sur l'art… Une gentille femme. Petits pieds, petits doigts. Une esthète. Elle faisait de la peinture.

Jürgen se gratte la tête.

L'école où je travaillais avait comme directeur un type très ambitieux, un réfugié de la RDA. Peu de gens étaient au courant. Moi, je l'étais. Le directeur employait une tactique que j'approuvais entièrement. Pour faire monter le niveau de son établissement, il y faisait entrer de jeunes prodiges venus de l'Est, surtout de Pologne. Plus tard, de Russie également, et enfin de n'importe quel autre pays. Les jeunes devaient avoir d'excellents bulletins scolaires, de préférence avec des distinctions. En quelques années, cette politique a porté ses fruits. Le prestige de l'école a sensiblement augmenté, et le directeur en a tiré profit. Le russe faisait partie des langues obligatoires. Une foule d'élèves se pressaient pour être admis dans cette école. On y venait même de quartiers très éloignés. Et le directeur choisissait.

Jürgen essuie ses lunettes. Il poursuivra son récit, mais d'abord il va préparer du thé. C'est Magda qui le lui a appris. Une collègue de son école. Une vieille fille. Presque une Polonaise sur deux s'appelle Magda. Elle enseignait l'allemand. Une femme très gentille et très serviable. Un peu boulotte ! O Gott ! Toujours avec une brioche à la main. Et toujours dans le sillage

1 Lycée d'enseignement général.

du directeur. Oui, jusqu'à aujourd'hui, ils sont restés en contact. Cette femme a le cœur sur la main. Récemment, sa nièce est allée chercher des chats chez elle. Car Magda a plusieurs chats, elle les adore. Oui, la même Madga qui l'accompagnait au cimetière.

C'était une période formidable. Chaque classe avait deux professeurs principaux et un pédagogue référent. À l'époque, Berlin-Ouest était une véritable Mecque, une cité du bonheur pour tous ceux qui se fichaient de la guerre froide. La vie y était plus chère que dans d'autres pays occidentaux, mais n'oublions pas le *Berlinzulage*[1] et les autres petits avantages. En mentionnant le *Berlinzulage*, je ne pense pas uniquement à l'argent. Pour nous, les Berlinois de l'Ouest, cela avait une connotation plus large. On peut dire qu'il était alors synonyme des mots « meilleur » et « différent ». Mais ils s'en vont peu à peu, ces Berlinois-là. Dans une dizaine d'années, qui saura encore ce qu'était le *Berlinzulage* ?

Eh oui ! il ne faut pas s'étonner. Cela fait plus de vingt ans qu'on marche sur la tête. Ici, à Berlin, et plus généralement partout ailleurs.

Jürgen se gratte de nouveau la tête. Il repense à toutes ces filles slaves. Non pas qu'il soit porté sur un type de femme en particulier, non ! C'est juste qu'il aimait les Polonaises et les Russes.

1 Majoration de salaire de 8 %, dont bénéficièrent les habitants de Berlin-Ouest entre 1971 et 1994.

Sed fugit intera, Fugit irreparible tempus[1]

Cela revient toujours, cette école. Ces souvenirs. Même si je n'ai pas envie de me remémorer le passé, je rencontre mes anciens élèves et ça me revient. Tenez, pas plus tard qu'hier, j'ai vu Joanna. Je me souviens très bien d'elle. Je la revois encore, assise au dernier rang, elle n'écoute rien de ce que je dis, mais lorsqu'on lui pose une question, elle donne toujours la bonne réponse. Pendant les récréations, elle remue délicatement le popotin et pose les pieds avec douceur, comme si elle était en porcelaine. Dans ma tête, je l'appelais « la danseuse ».

Et voilà qu'il y a une semaine, je tombe sur elle au *Reichelt*, en train de faire les courses avec ses deux enfants. L'air fatigué, des lunettes sur le nez. Une intello. Très belle femme ! Elle a fait des études de physique et termine en ce moment sa thèse de doctorat. Je n'aurais jamais cru. Pourquoi la physique ? Pfff, quelle idée !

Un doctorat ? Jürgen rajuste sa cravate tachée. Non, non, lui n'avait jamais envisagé de poursuivre ses études. Il voulait juste être enseignant.

1 *Mais en attendant, il fuit : le temps fuit sans retour,* Virgile.

Joanna rangeait dans son panier des yaourts bio selon leur taille, tout en faisant semblant de maîtriser sa marmaille. Elle m'a raconté sa vie rapidement et sans la moindre émotion. Elle s'est animée juste un peu en parlant de ses enfants. Elle gesticulait beaucoup. Vraiment beaucoup. À l'école, elle était différente. À l'époque, tout était différent.

Jürgen essuie les verres de ses lunettes.

Arrivé aux caisses, je me suis retourné ; de là, j'étais bien placé pour observer les jambes de Joanna. Ses jolies chaussures effleuraient doucement le sol avant de se poser délicatement sur les dalles plastifiées. Elle dansait, comme à son habitude. On ne voyait pas son derrière, dissimulé sous un manteau de laine.

Je lui ai envoyé un tendre sourire, alors même que je ne la distinguais plus, et je suis allé acheter de la *Thüringer Würstchen*[1]. À l'entrée du magasin, un homme grand au sourire bêta vend de la charcuterie. C'est un de mes anciens élèves aussi, Martin.

Drôle de quartier ! Je devrais peut-être l'éviter, allez savoir ! Je crois que Martin était dans la même classe que Joanna. Je ne m'en souviens plus très bien. Non ! Ça y est, cela me revient. Bien sûr, ils étaient dans la même classe ! Ou plutôt, non... Est-ce si important, au fond ?

Me voilà submergé par mes souvenirs. Tant de souvenirs ! Dernièrement, j'ai rencontré dans un club...

1 La saucisse de Thuringe.

Comment s'appelait-elle déjà ? Nadia, je crois. Ah, quel numéro, celle-là ! Elle était dans l'*Aussiedlerklasse*[1] où j'enseignais. Une grande gueule ! Jamais elle n'a appris à parler l'allemand correctement.

— Nadia, concentre-toi enfin : *der Baum*, et non pas *das Baum* !

— *Scheißegal*[2], tout le monde sait que *Baum*, c'est *Baum*, pas besoin de *der* !

Notre langue ne fonctionne pas sans articles et sans pronoms personnels. J'avais du mal à expliquer cela aux Polonais et aux Russes. Les langues slaves, elles, obéissent à d'autres règles. Les Slaves ne disent pas « la maison », mais juste « maison ». Les Polonais peuvent dire « t'aime », sans y ajouter obligatoirement « je ». Je me demande comment ils arrivent à communiquer en s'exprimant de façon si imprécise, brouillonne. Magda n'en revient pas que je sois devenu si maniaque. En vérité, elle me prend pour un rustre arrogant. Bien sûr, elle ne le dit pas ouvertement, mais elle le pense. Elle me reproche de considérer « ma » langue comme un modèle pour toutes les autres. Selon elle, je n'y peux rien, ce n'est pas ma faute, puisque ma morgue allemande et mes gènes germaniques m'obligent à considérer les choses de cette façon-là.

Quand elle me parle ainsi, irritée, les joues rouges, je la trouve vraiment très charmante. Je me demande d'où elle connaît ces mots-là. Je ne suis pas un monstre dégoûtant, non ! Elle ne peut pas me faire de reproches, elle qui a passé ces vingt dernières années à parler de ses chats

1 Une classe spéciale pour réfugiés.

2 J'm'en fous complètement.

et de thé, et qui ne jurait que par le directeur de l'école. Quelle dévotion aveugle ! Je lui en ai d'ailleurs touché un mot, un jour. Elle s'est offusquée. On dirait qu'elle ressemble de plus en plus à ses chats.

Bref, je n'arrivais pas à expliquer cette particularité de la langue allemande à des Slaves. Notre école était d'un excellent niveau, et les élèves ne manquaient pas d'imagination.

— Nadia ! *Baum* sans article, c'est comme un tracteur sans tractoriste ! *Panimayech* ? intervint finalement Tomek, un de mes élèves préférés.

— *Panimayou*[1] !

C'était ça, notre école. Ça et bien d'autres choses encore.

Pour en revenir à Nadia, si vous aviez vu sa mère ! Elle se pointait aux réunions parents professeurs avec des jupes étonnamment courtes. La mère, je veux dire. Elle avait les yeux d'un bleu intense. Les paupières aussi. De gros seins qui ballottaient à chacun de ses mouvements. J'avais du mal à me concentrer. Pour finir, ma collègue Elwira m'a demandé comment je me sentirais, moi, si elle fixait sans cesse la braguette des hommes qui venaient aux réunions. J'ai donc essayé de regarder plus discrètement. Un jour, je l'ai même abordée, la mère de Nadia, mais elle ne comprenait pas bien l'allemand et esquissait un sourire mystérieux. J'ai définitivement laissé tomber le jour où j'ai vu son mari. Un type drôlement costaud. Une véritable armoire à glace russe !

Je ne connais rien à la mode, mais j'avais pourtant remarqué que Nadia ne s'habillait pas comme les autres ; on aurait dit qu'elle confectionnait ses vêtements elle-même.

1 Tu comprends ? Je comprends. (russe)

— Dis-moi, Nadia, cela ne me regarde pas, mais les autres se moquent de toi.

— Et alors ?

— Alors rien.

— Qu'est-ce que vous me voulez, alors ?

— Juste te dire qu'on se moque de toi.

— On se moque de vous aussi !

— De moi ?

Je n'avais jamais remarqué qu'on se moquait de moi.

Nadia était différente. Elle portait des pulls et des pantalons très larges. Les jambes de son pantalon se coinçaient toujours dans les roues de sa bicyclette. Un jour, pendant les travaux de rénovation à l'école, j'avais même dû la sortir d'un trou où elle était tombée parce que son pantalon s'était coincé dans les rayons. Elle faisait du vélo pour perdre du poids, paraît-il. Je me demande pourquoi, car elle était maigre comme un clou. Je pense plutôt qu'elle voulait économiser le prix du billet. Elle habitait sur la Nahariyastraße, pas très loin de l'école. Aujourd'hui, on y trouve la plus grande concentration de Russes à Berlin. Plus importante sans doute que jadis le camp de réfugiés de Marienfelde. Nadia peut tout se permettre maintenant. Je la vois parfois sur les affiches. Une des top models les mieux payées du monde, lit-on dans la presse. Au début des années quatre-vingt-dix, elle m'envoyait encore des cartes postales de France. Plus maintenant. Ils étaient chouettes, les élèves de notre école. Que des célébrités, eh oui ! Qui d'autre encore ? Attendez que je réfléchisse…

Jürgen boit son thé chaud à petites gorgées. Tous ces noms finissent par se mélanger. Normal ! Comment ne pas les confondre ? L'essentiel, ce n'est pas tant de se les rappeler, car il ne s'agit pas ici des noms, au fond, mais d'avoir de quoi alimenter sa mémoire. Demain, d'autres noms encore lui viendraient sans doute à l'esprit. Il a connu tant de gens dans sa vie. Il a eu tellement de classes...

Roman, un ami à moi, enseignait les sciences politiques dans la même école. Un brave type ! On se connaissait depuis des années. Puis, un jour, on a eu un différend, et on a rompu le contact. Par la suite, il nous arrivait de nous croiser, mais sans plus échanger un mot.

L'histoire et les sciences politiques étaient des matières très importantes dans notre établissement, et obligatoires au bac. Mon ancien ami donc, Roman, fréquentait en cachette une élève de ma classe. Je désapprouvais leur relation. Attendez voir, comment s'appelait cette fille ? Elle était belle et plaisait beaucoup. Moi, je ne l'aimais pas. C'était une bonne élève, mais elle arrivait toujours en retard aux cours, après leurs rendez-vous. Ah ! elle s'appelait Tamara, oui, c'est ça ! Je suis assez indulgent, mais Tamara était vraiment insolente et elle exagérait. Finalement, elle a cessé de venir en classe le matin, et ce fut la goutte d'eau qui a fait déborder le vase. Je l'ai menacée d'aller avertir le directeur si jamais elle se pointait encore une seule fois en retard. C'est ce qui arriva, et je suis donc allé voir le directeur. Je me suis même demandé s'il ne fallait pas en discuter d'abord avec Roman, mais à l'époque nous ne nous parlions plus depuis plusieurs années. Qu'est-ce que j'aurais dû faire : l'aborder brusquement et lui dire de laisser la fille sortir plus tôt de chez lui, hein ? Il aurait pu croire que je le provoquais, ou bien que j'étais jaloux. Ce n'était pas cela du tout. Simplement j'étais persuadé que cette liaison allait mal se terminer pour lui. Mais Roman ne l'aurait pas compris à l'époque. Ou bien... attendez voir... n'était-ce pas plutôt Nadia ? C'est si loin tout ça... Je confonds peut-être.

Il est excellent, ce thé, bien fort, parfaitement infusé.

Le directeur a écouté avec attention ce que j'avais à lui dire. Il ne m'a interrompu qu'une seule fois pour me demander si je désirais un café. C'est Magda qui nous l'a servi, oui, la femme dont je vous ai déjà parlé, celle qui était toujours près du directeur, son bras droit en quelque sorte, alors qu'elle n'était même pas sa secrétaire. Je trouvais leur complicité très étonnante. Cette disposition de Magda à lui obéir au doigt et à l'œil, à satisfaire toutes ses lubies, mais ce n'est pas le sujet… Magda est donc entrée dans le bureau, un plateau en argent à la main, et elle a posé devant moi une tasse de café sur une soucoupe.

Le directeur buvait à petites gorgées, plus attentif aux détails de ma tenue vestimentaire qu'au contenu de mes paroles. Lorsque je lui ai précisé de quel professeur il s'agissait, il a fait tomber une poussière invisible de son élégant veston et a reposé brusquement sa tasse en la faisant tinter. Un silence désagréable s'est installé.

— Poursuis, je t'en prie, dit-il au bout d'un moment, comme si de rien n'était.

— J'ai terminé.

Il s'est levé et s'est dirigé vers une fenêtre panoramique qui offrait une belle vue sur les champs s'étalant derrière l'école. Une rareté dans cette ville. Parfois, on sentait même l'engrais. Le directeur se tenait le dos tourné. Nous gardions le silence. Une grosse mouche voletait dans la pièce. Elle se cognait contre la vitre, essayant en vain de passer de l'autre côté. Son bourdonnement me rendait fou. J'avais envie de la taper de toutes mes forces avec une chaussure, un journal, un livre ou n'importe quoi d'autre, pourvu qu'elle s'arrête enfin. Le téléphone a sonné. Le directeur est revenu vers son bureau.

— Déplacez ce rendez-vous, s'il vous plaît. Oui, je sais, grommela-t-il, agacé. Que Magda les reçoive, alors ! Ne me dérangez pas maintenant !

Et il a raccroché. Tendu, j'enregistrais ses moindres gestes. J'ignore pourquoi. Il a ouvert un tiroir et en a sorti un carnet.

— Notre relation ne date pas d'hier, dit le directeur en tournant les pages comme s'il y cherchait quelque chose.

La mouche continuait de bourdonner.

Voilà, il a trouvé. Il a esquissé un sourire et a noté rapidement quelque chose. Puis il a refermé son calepin, poussé le tiroir en me fixant droit dans les yeux.

— Tu sais que j'ai un certain pouvoir, non ?

Au même moment, la mouche est passée juste devant nos visages, fendant l'air comme une fusée. Je peux vous assurer que j'ai senti un petit courant d'air dans mes narines. Là-dessus, le directeur a attrapé une jolie tapette avec un manche métallique (je n'en avais jamais vu de semblable), et a écrasé la mouche d'un seul coup. Dans le mille !

— Tu sais que j'ai un certain pouvoir, non ? répéta-t-il.

Je le savais. Tout le monde le savait.

— Alors, je vais te le dire gentiment : ne te mêle pas de ce qui ne te regarde pas !

Mais comment pouvais-je savoir à ce moment-là que Roman était le frère du directeur ? Dites-le-moi, comment ?

Ah! il est vraiment délicieux, ce thé, il a du goût et il est bien fort, même si c'est un thé bio, écologique. Jürgen est resté en contact avec Magda, la femme un peu boulotte. Il a déjà parlé de Magda? Ah bon? C'est elle qui lui dit où acheter du bon thé. Un peu de sucre, car il est peut-être un peu trop écologique, ce thé, non?

J'ai eu aussi comme élève une autre gamine, Dagmara qu'elle s'appelait. Elle n'arrêtait pas de me narguer avec Copernic. « C'est un Polonais, un Polonais! » répétait-elle. Petite merdeuse! Qu'est-ce qu'elle a pu me taper sur les nerfs : Copernic, c'est un Polonais, Chopin, c'est un Polonais... et elle enchaînait avec la bataille de Grunwald, Sobieski à Vienne, Tamara de Lempicka et Marie Curie, et aussi l'autre, comment s'appelait-elle? Ah oui, Nola Pegri. Nola? Non, je ne crois pas, plutôt Pola, mais oui : Pola Negri! J'ai finalement appris pas mal de choses sur la Pologne, grâce à Dagmara. Elle répétait sans cesse les mêmes noms, alors j'ai fini par retenir. La Pologne ceci, la Pologne cela. Elle avait un visage en forme de cœur et des yeux d'un bleu profond. Une très jolie fille. Mais quelle chamailleuse! Dagmara.

J'en rêvais la nuit. Je suis un être sensible. Je ne cessais de la mettre en boîte. Pour finir, elle s'est inscrite au club de théâtre de notre école. Après, on la voyait partout. Aujourd'hui, elle présente un programme sur la rbb. Je ne dirai pas lequel, sinon tout le monde la reconnaîtra, or il vaut mieux ne pas en savoir trop sur elle. Son nom de famille ne se termine plus en « -ski ». Elle a un nom allemand et un mari allemand, d'ailleurs, elle en a eu plusieurs, des maris, et elle-même est devenue très allemande.

Mieux vaut ne pas révéler qu'elle est polonaise. Si on l'apprenait, cela pourrait lui compliquer la vie, on la verrait autrement. C'est en tout cas ce qu'elle m'a dit, en chuchotant, lorsque nous nous sommes rencontrés par hasard au bal de la presse. Elle exagérait toujours tout.

J'ai couru derrière elle en criant : Dagmara ! Dag ! (à l'école, on l'appelait ainsi), mais elle a d'abord fait semblant de ne pas me connaître, puis on s'est cachés dans un vestiaire et elle m'a tout expliqué. Je la vois parfois en compagnie d'un type grisonnant. Si je vous en parle, c'est parce que le monde est petit, et le type en question s'est révélé être mon voisin. Il ne fait pas son âge, certes, mais il n'est plus tout jeune. Un homme aimable, bien élevé. Il n'oublie jamais de dire bonjour. Il vient de déménager tout récemment. Enfin, il est parti sans être vraiment parti. Il passe encore de temps à autre. Ils doivent vivre ensemble.

Je regarde l'émission de Dag, mais c'est d'un ennui ! Ça, je ne le lui ai pas dit, bien sûr. Je regarde parce que Dagmara est très mignonne. Elle porte des pantalons moulants, parfois des jupes. Elle croise joliment les jambes. Elle semble si grande, alors qu'elle est toute petite. À côté de mon voisin, on dirait sa fille.

Un petit cognac pour accompagner le thé… Jürgen aime boire un verre de cognac le soir. Il les a bien éduquées, toutes ces fillettes, oui, très bien, il n'a rien à se reprocher.

MAGDA

Une Heidi polonaise

J'ai sept chats. Jürgen ne vous l'a pas dit ? C'est bien ce que je pensais. Mais avouez qu'on ne sent rien dans la maison, n'est-ce pas ? Si ? Ça sent un peu ? Comment ? Juste un peu, vous dites... Ah bon ! Vous savez quoi ? Je vais vous demander de ne pas enregistrer cette conversation. Je sais que vous enregistrez. Si Jürgen est assez stupide pour l'accepter, c'est son problème. Moi, je refuse.

Je savais que vous alliez venir. Qu'est-ce que vous voulez savoir ? Tout ? Ce serait trop facile. Je vais vous raconter quelques petites histoires, ce que vous retiendrez, vous en ferez ce que vous voulez. Si vous m'enregistrez, je nierai. Bon, je vais vous dire deux trois choses. Je peux parler de ce que je veux ? Eh bien ! le mieux, c'est que je parle de moi, non ?

Elle est longue, son histoire. Magda est née dans un petit village polonais entre Malbork et Gdańsk, elle ne dira pas son nom, ça vaut mieux, pour éviter les associations stupides. Mais tant pis, allez, son village s'appelait Sraszcz. Il comptait très exactement sept maisons et une petite église. Sa principale attraction était le facteur, qui passait une fois par semaine. Magda n'aime pas en parler. Elle va être honnête, elle a honte de ses origines, de son village, de ses parents. Sa mère n'est allée à l'école que trois ans seulement, en primaire. Son père a travaillé toute sa vie dans les exploitations agricoles d'État, aux entrepôts. Ils sont morts déjà. Papa est mort en février 1991, maman est partie deux mois plus tard.

Ils en étaient fiers, de leur petite Magda ! Quand elle a obtenu avec mention son diplôme de langue et civilisation allemandes, ils ont même tué un porcelet, et maman est allée à Łódź, pour la remise des diplômes, parce qu'à l'université de Gdańsk, on n'enseignait pas l'allemand. Papa, lui, n'en revenait pas que sa fille ait choisi la langue de l'occupant. Mais il l'encourageait, parce qu'elle était leur seule enfant. Au début, pourtant, il ne lui permettait pas trop de travailler, il ne comprenait pas à quoi pouvaient bien lui servir ces études, toutes ces nuits sans dormir, passées sur un livre. Elle devait aller aux champs et aider ses parents, comme le faisaient tous les enfants du voisinage. De temps en temps, elle quémandait une petite heure pour réviser. D'ailleurs, parfois, quand elle insistait vraiment beaucoup, il l'autorisait à aller voir le curé, au presbytère, pour lui emprunter des livres. Parce que toute petite déjà, Magda s'était attaquée aux quelques ouvrages qu'ils avaient à la maison ; d'ailleurs, avant même d'aller à l'école, elle savait lire. Sa mère était fière, même si elle n'en disait jamais rien. Magda le voyait dans ses yeux.

Parce que ces satanées études germaniques, tout ça, c'était à cause des histoires que sa mère lui racontait. Maman était originaire des environs de Stanisławów. Pendant la guerre, jeune fille encore, elle avait été envoyée en Autriche pour travailler. Elle avait rencontré son futur mari, le père de Magda, après la guerre seulement.

Lui aussi était de la même région. Des exilés tous les deux, ils s'étaient connus en 1946, donc, et s'étaient ensuite retrouvés à Sraszcz, sûrement le plus petit village de toute la nouvelle Pologne.

Sa mère avait eu beaucoup de chance. En Autriche, elle avait été affectée au service des Grabenhof, de bons agriculteurs. Elle devait travailler dur chez eux, mais ils la traitaient comme une des leurs. Comme une égale, et à l'époque, c'était quelque chose !

Magda en avait entendu des histoires formidables à leur sujet, de la bouche de sa mère. Rien à voir avec ce qu'on montrait chez le curé au presbytère, à la télévision, ni avec ce qu'on disait à la radio qu'écoutait son père. Oui, sa mère avait gardé de bons souvenirs de l'Autriche. Les Grabenhof avaient pris soin d'elle comme de leur propre fille. L'Autriche était un bon pays, l'allemand, une langue magnifique. Magda restait bouche bée en écoutant toutes ces histoires. Parfois, elle demandait à sa mère comment dire ceci ou cela en allemand, et sa mère lui expliquait tout bas, en chuchotant, pour que son père n'entende pas.

C'étaient des récits magnifiques. Magda fermait les yeux et elle voyait ces montagnes, ces hommes et ces femmes tellement bons. Sa mère riait en disant que Magda était comme la petite Heidi. Et elle se mettait à lui parler de la gentille Heidi, une fillette des Alpes qui aimait tant les montagnes. Bien évidemment, si sa mère connaissait Heidi, elle le devait à ses bienfaiteurs. Des gens vraiment exceptionnels, oui. Après la guerre, ils avaient envoyé des paquets et des lettres en Pologne pendant des années. C'est le curé qui leur répondait, parce que la mère de Magda parlait l'allemand, ça oui ! mais elle ne savait pas l'écrire. Ils se réunissaient à la cuisine, et maman dictait tout bas ses lettres en allemand au curé. La petite Magda était assise sous la table et buvait chaque parole; son père, lui, faisait semblant de ne pas entendre. La fillette s'était jurée alors qu'elle saurait écrire en polonais et en allemand aussi plus tard. En allemand, surtout.

Une fois, d'ailleurs, alors que Magda était encore à l'école primaire, sa mère était allée en Autriche rendre visite à ces gens, même si tout le village racontait qu'elle allait chez les Fritz. À peine rentrée, trois semaines plus tard, tout élégante et comme changée, elle avait commencé timidement à expliquer, en bredouillant, qu'ils les auraient volontiers fait venir chez eux (les Grabenhof, elle voulait dire), elle et toute sa famille. Mais le père de Magda était alors entré dans une rage telle que sa mère n'était plus jamais retournée en Autriche.

Magda avait fait ses études secondaires à Gdańsk. Mon Dieu, quelle histoire! La seule élève de tout le district à avoir été admise au lycée de Gdańsk. Le curé lui avait arrangé un logement en internat. Et c'est dans ce lycée qu'elle avait commencé à étudier sérieusement l'allemand. Elle prenait aussi des cours particuliers après l'école. Son père s'était déjà fait à l'idée que lorsqu'elle revenait à la maison, le dimanche ou les jours fériés, ce n'était pas pour aider aux champs, mais pour rester plongée dans ses livres. « Tout le temps dans ses livres! » se plaignait-il, mais juste comme ça, pour dire quelque chose. Magda était très studieuse, et elle était douée. Sa mère la regardait souvent en se demandant à voix haute de qui elle tenait. « Du curé! » répondait alors le facteur dans un éclat de rire.

Quelques années plus tard, après la mort du curé, Magda répondait déjà elle-même aux lettres en allemand, et son père se promenait alors fier comme un paon. Et plus la peine désormais de chuchoter en sa présence! Elle avait des parents merveilleux. Tout le monde au village disait du bien de Magdalena, qu'elle était douée, qu'elle savait bien écrire, elle s'occupait même du courrier administratif pour les gens du voisinage. Si elle avait fait des études différentes, le district tout entier, peut-être, aurait été fier d'elle. Tandis qu'ainsi, seuls l'étaient les quelques villages alentour, avec le facteur. Il fallut attendre que Magda parte à l'étranger pour qu'on se mette à raconter dans le district que la nouvelle Pologne leur avait fourni un trésor. C'était elle, le trésor, il paraît.

Parce qu'il y avait de quoi se gargariser ! Reconnaissons-le, Magda avait passé son bac brillamment, et elle faisait partie des meilleurs étudiants. Un professeur lui avait même proposé un poste d'assistante à l'université de Łódź, mais que lui importait Łódź, de quel Łódź parlait-on ? Magda, elle, voulait aller en Autriche, à Vienne ! On la regardait comme une folle. Une petite paysanne, originaire de Sraszcz, qui se prend à rêver de Vienne ! Peu importe, ils ne savaient pas qui elle était, et Magda avait vraiment fait tout son possible pour obtenir cette bourse. Si ce n'est qu'à l'époque, la meilleure destination que l'on pouvait espérer, c'était Greifswald, en Allemagne de l'Est. Mais Magda était têtue comme une mule : « Ce sera Vienne, Vienne coûte que coûte, et si vraiment Vienne est impossible, alors je demande Berlin, va pour Berlin, au pire ! » Et comment tout cela avait-il été envisageable ? Tout simplement parce que Magdalena, pour être acceptée à l'université de Łódź, s'était inscrite le plus tôt possible à l'Union de la jeunesse socialiste, et qu'elle s'y était un peu démenée. Elle s'était fait connaître de deux ou trois personnes influentes qui, le moment venu, l'avaient aidée. « Si c'est ce qu'elle veut, pourquoi pas ! » déclarèrent-elles, « si elle est aussi douée, qu'elle y aille ! »

Dans son département, tout le monde en resta sans voix quand Magda annonça où elle partait.

Oui, Magdalena avait obtenu une bourse de doctorante et elle s'en allait pour Berlin. Mais pas le Berlin de la RDA, non ! Magda partait pour Berlin-Ouest ! Qui aurait cru cela possible, à l'époque ? Personne ! Mais c'était arrivé. Elle avait obtenu une bourse d'études pour Berlin-Ouest. Tout le monde le lui envia, ce fameux Berlin-Ouest, mais Magda n'était pas comme tout le monde, elle ne s'y plaisait pas du tout, dans cette ville occidentale.

— Les bibliothèques ! s'exclamaient ses camarades. Les bibliothèques qu'il y a là-bas ! Tu vas avoir accès à toutes les sources.

Magda n'avait pas besoin de sources, sa spécialité était la *deskriptive Linguistik*. Nul besoin de bibliothèque américaine pour ça. L'Amérique, à l'époque, Magda n'en était pas fan du tout. Elle faisait partie de l'Union polonaise de la jeunesse socialiste, et elle préférait se tenir loin des impérialistes. À Vienne encore, dans ces coins chers au cœur de sa mère, peut-être aurait-elle résisté, mais ce Berlin si étranger lui donnait le vertige. Elle était jeune. Stupide. Elle n'a pas tenu le coup, elle a quitté la ville au bout d'un mois pour rentrer en Pologne.

Déjà à Berlin-Ouest, et aussi juste après son retour en Pologne, elle avait subi quelques interrogatoires, parce qu'on ne s'en allait pas comme ça à l'Ouest, simplement, gratuitement, sans rien donner en échange. Magda, pourtant, ne savait rien. Elle était restée trop peu de temps là-bas. Elle n'avait connu personne. Après son retour, elle continua de rêver de l'Autriche et travailla durant un an comme professeur d'allemand. Mais elle n'était pas faite pour ça, en fin de compte. De nouveau, elle frappa aux bonnes portes et obtint une bourse, cette fois pour Berlin-Est, mais avec une option élargie : en tant que membre de l'UPJS, comptant parmi les plus fidèles, les plus éprouvés, les plus solides, bref, les meilleurs, Magda pouvait assister aux cours de la Freie Universität[1] de Berlin-Ouest. Elle avait un passeport qui lui permettait de s'y rendre, mais ce privilège, elle n'en profita pas tout de suite. Elle n'était pas attirée. Elle avait ses raisons. Elle faisait ses études à l'université Humboldt, alors à quoi bon suivre des cours à la FU ?

Berlin-Est ne valait guère mieux que l'autre, finalement. Magda était très seule. Elle éprouvait de la nostalgie. Pour quoi ? Elle l'ignorait elle-même. Pour ces sacrées Alpes, sans doute.

1 Université libre de Berlin.

Franz

Magda était très studieuse, elle passait des jours entiers à la bibliothèque. Du matin au soir. Elle contrariait ainsi ceux qui avaient permis son départ. Ils attendaient beaucoup de Magdalena, alors qu'elle ne pensait qu'à étudier. Ils ne la laissaient jamais tranquille. Pour s'en débarrasser, elle racontait n'importe quoi, des faits sans grande importance, qui ne pouvaient nuire à personne ; elle ne connaissait pas grand monde, qu'aurait-elle bien pu raconter ?

Elle rêvait toujours de Vienne, songeant qu'un jour, peut-être, elle aurait la chance d'y être affectée, c'est pourquoi elle travaillait assidûment comme jamais et, une fois de plus, se retrouvait la meilleure étudiante de la faculté. Et le meilleur, chez les garçons, était Franz. Le génial Franz, c'est ainsi qu'on disait. Il était l'un des rares, à l'université Humboldt, à suivre deux cursus en même temps : anglais et allemand (langue et civilisation). En ce temps-là, les meilleurs étudiants étaient récompensés par une bourse et un bouquet d'œillets. Le génial Franz avait décidé d'écrire son doctorat.

Franz et Magda avaient commencé leurs études en même temps. À vrai dire, ils avaient fait connaissance à la cantine. Magda connaissait déjà Franz, elle l'avait remarqué en cours. Lui ne l'avait pas encore vue. Magda s'en souvient comme si c'était hier : sa cuillère était tombée, Franz l'avait ramassée. Magda l'avait remercié, Franz s'était assis à côté d'elle. Ils avaient discuté. Et elle ne s'était plus sentie aussi seule.

*

Ces chats pourraient vous faire tourner en bourrique. Celui-là s'est accroché au rideau, et il reste là sans bouger. Tiens, il vient de sauter, l'animal ! Et il va finir par faire tomber cette cruche, sacré bon sang !

Et c'est comme ça qu'elle avait connu Franz. Ils rivalisaient entre eux. Elle a le sourire aux lèvres lorsqu'elle en parle. Et pourquoi ne sourirait-elle pas, hein ? Franz était très beau et intelligent, et il n'avait révélé ses projets qu'à elle seule. Il avait eu tort, il avait eu tort de le faire, toutes les salades qu'elle avait dû inventer après… Un jour, ils étaient allés au parc, et il lui avait tout raconté en chuchotant. Il n'avait personne à qui se confier, parce qu'il était tout seul à Berlin, sans aucune famille. Il avait des amis, c'est vrai, mais il se sentait très solitaire. C'est ce qu'il disait. Son père était mort quelques années auparavant, et toute sa famille se trouvait à Berlin-Ouest. Magda était la seule à qui Franz faisait confiance. Elle trouvait cela flatteur. C'était comme ça, à l'époque. En Pologne, les gens n'ont pas la moindre idée de la façon dont on vivait en Allemagne de l'Est. Tout le monde caftait sur tout le monde. Personne n'était censé être au courant, tout le monde avait peur pourtant. Magda n'avait pas peur, elle, non, pas du tout. Après tout, elle n'avait rien à se reprocher. Et même s'il lui était arrivé, parfois, de faire un rapport sur quelqu'un, sur ses propos, ses fréquentations, cela ne signifiait rien du tout. D'ailleurs, elle en gardait la moitié sous silence. On ne peut pas imaginer l'enfer que c'était, il faut l'avoir vécu pour comprendre.

Mais reconnaissez-le vous-même ! N'ai-je pas raison ? Ah mais vous êtes de l'Ouest, bien sûr ! Vous ne pouvez pas savoir, comment le pourriez-vous ?

En ce temps-là, cela n'avait pas d'importance et aujourd'hui encore moins. Elle n'avait jamais causé de tort à personne, et si elle n'avait pas accepté de rencontrer ces gens-là et de leur livrer quelques informations, jamais elle n'aurait obtenu son doctorat à Berlin. Mais qui peut le comprendre aujourd'hui ?

*

Un instant, il faut que je me mouche. Je ne pleure pas très facilement. Ce que je vous raconte là, vous n'allez le répéter à personne, hein ?

Elle ne commença à avoir peur qu'à partir du moment où Franz lui expliqua ce qu'il comptait faire. Mais vraiment peur, comme autrefois au village, quand elle allait encore à l'école. Tous les jours elle parcourait six kilomètres à pied pour s'y rendre. Elle se levait à 5 h 30 et arrivait cinq minutes en avance. Toujours. Jamais elle n'était en retard. Leur instituteur était très sévère. Il battait les enfants. Comme ça, juste pour le sport. Il fermait les yeux et laissait courir son doigt sur la liste des élèves. Il s'arrêtait au hasard et vlan ! Quand il tombait sur le nom de Magda, il se contentait de la fixer longuement du regard, mais sans esquisser un seul geste. Car le maître ne touchait pas aux enfants du curé de leur petit village. Non, Magda n'était pas la fille du curé ! Certes, l'instituteur soutenait que le curé était son père, mais ce n'est pas vrai. À l'époque, elle ne protestait pas, cela lui évitait les coups. De plus, elle travaillait bien, très bien même.

Elle avait drôlement peur quand Franz lui parlait de cette évasion. Un jour, il lui avait même montré un pistolet. Mon Dieu, à combien d'années cela remonte-t-il déjà ? C'est si loin ! Elle lui demandait pourquoi il voulait s'enfuir, est-ce qu'il n'était pas bien ici ? Il avait tout, pourtant ! Il se contentait de répéter qu'il n'en pouvait plus. Elle l'interrogeait pour savoir ce qui lui était arrivé si soudainement, mais il ne voulait rien lui dire. Il expliquait qu'il valait mieux qu'elle ne sache pas, ou bien il répondait simplement : « Rien. » Il avait maigri, il avait mauvaise mine. Quelque chose ne tournait pas rond. Et puis, on aurait dit qu'il n'était plus lui-même. Seule cette évasion comptait pour lui. Il s'y était préparé pendant deux années. Il avait révélé à Magda le plus important, et il lui répétait sans cesse qu'il n'avait confiance qu'en elle. Son frère devait l'attendre dans un endroit secret, du côté ouest, avec des gens qui l'avaient aidé à creuser ce fameux tunnel. Ces gens-là, Magda ne les connaît pas, elle ne sait pas qui ils étaient, elle n'en a aucune idée, elle ne sait pas non plus qui l'a conçu, ce projet de tunnel. Vraiment ! Car c'est par ce tunnel que Franz s'est sauvé. Mais elle n'en sait pas plus. Seulement qu'elle avait peur.

Elle avait peur pour Franz, pour elle-même. Mais aussi, pourquoi avait-il fallu qu'il lui fasse cette confidence ?! À elle ! Doux Jésus !

Elle n'a jamais rien raconté à personne à ce sujet. Elle le jure.

Le temps filait inexorablement. Ils devaient songer petit à petit à soutenir leur thèse. Franz répétait toujours qu'une bonne école à l'Est lui permettrait de déployer ses ailes à l'Ouest. Il réfléchissait de manière pragmatique. Il n'avait pas seulement décidé d'attendre le moment opportun pour partir, il le ferait en tant que docteur. Magda l'admirait pour cette vue à long terme, elle pressentait qu'il avait des projets concrets, même si elle avait l'impression qu'il s'était éloigné d'elle. Tant et si bien qu'à la fin il ne la voyait plus qu'en secret, il disait que ce serait mieux pour elle, et pour lui aussi.

Magda avait un passeport qui lui permettait de se rendre librement à Berlin-Ouest. Elle l'a dit déjà, cette ville ne l'avait jamais attirée. Tant de vilaines choses s'y passaient. L'Ouest sauvage. Elle préférait les livres, elle préférait l'univers d'une bibliothèque du bloc de l'Est, construite sous de grands tilleuls, celle où Lénine en personne avait étudié. À Vienne aussi, en plein cœur de la ville, il y a une grande et belle bibliothèque. D'ailleurs, à Berlin, le bâtiment se trouvait au centre également, au centre est de la ville.

Cette bibliothèque est située aujourd'hui encore dans la partie est (ce n'est plus l'Est, c'est le cœur même de Berlin, maintenant, depuis l'unification de l'Allemagne, le centre); Staatsbibliothek, elle s'appelle, vous voulez l'adresse ? Non ? Pourquoi non ? Je vais peut-être vous la donner quand même : Unter den Linden, 8, je vais vérifier tout de suite si c'est le bon numéro. Oui, c'est ça. Bien des choses ont changé en vingt ans, mais les numéros sont restés les mêmes.

Le gâteau

Un jour, Franz lui dit que s'il s'évadait alors qu'elle était encore ici, elle subirait des représailles, et du coup cacher leur relation n'aurait servi à rien. Des représailles! Seigneur, le sort en était jeté! Elle n'avait pas le choix.

Il lui demanda de passer un petit paquet par la frontière. Elle devait le livrer à son frère et revenir aussitôt. Elle était effrayée. Elle ne pouvait pas le lui refuser. Oui, mais à quoi s'exposait-elle? Cela la tourmentait, mais elle ne demanda rien, et Franz ne dit rien lui non plus.

Elle n'oubliera jamais le jour où elle s'est retrouvée avec ce paquet à la frontière entre les deux Allemagnes. Elle se souvient parfaitement de la fonctionnaire allemande, une femme maigre comme une trique, qui lui a demandé de se mettre toute nue et a emporté le paquet de Franz. Le paquet destiné à son frère. Magda a alors récité toutes les prières qui lui passaient par la tête. Toutes! C'est ce qu'elle faisait toujours, même lors des réunions de l'Union de la jeunesse socialiste en Pologne... Parfois, cela marchait. Mais pas ce jour-là. L'Allemande ouvrit le paquet.

Oh! les chats farfouillent dans la cuisine maintenant. Je vais y jeter un coup d'œil. Ils ont dû renverser le lait, eh oui! une flaque de lait! Mince! Il faut l'essuyer. Je reviens tout de suite. Et puisque je suis à la cuisine, je peux vous faire du thé.

J'en ai de l'excellent, vraiment. Jürgen ne vous a pas parlé de mon thé ?

Je leur donne du lait, à mes chats. Ma mère aussi déposait toujours un bol de lait pour les chats devant la maison. On dit maintenant que les chats ne devraient pas en boire, n'importe quoi !

Le thé, il faut le boire tant qu'il est chaud.

Il se révéla que le paquet contenait un gâteau. Un simple gâteau !

— Les pâtisseries de l'Est, c'est de loin les meilleures, a déclaré la femme maigre en confisquant le gâteau.

Pétrifiée, Magda a juste bredouillé que le gâteau était destiné à une amie, mais la fonctionnaire des douanes ne l'écoutait plus, occupée qu'elle était à fouiller la valise d'un vieil homme. Et maintenant, comment vais-je faire pour rencontrer le frère de Franz sans le paquet ? Et Franz, que va-t-il dire ? se demandait Magda en reboutonnant nerveusement sa jupe et en enfilant son gros manteau en peau de mouton. Que va-t-il se passer ?

Roman, le frère de Franz, l'attendait déjà du côté ouest, sur la Friedrichstraße, mais il ne semblait pas troublé de la voir sans le petit paquet. Elle n'y comprenait rien.

Tout cela lui semblait abstrait, insensé. La voilà qui passe la frontière de Berlin au poste de la Friedrichstraße. On lui demande de se déshabiller, on la palpe, on lui prend son gâteau. Franz lui demande de transmettre le gâteau à Roman. Roman ne s'y intéresse même pas. Magda peut traverser la frontière. Roman, qui l'attend du côté ouest, le peut également, mais les gens du secteur est, eux, ne le peuvent pas. Est-ce à ce moment précis qu'elle a réalisé que la ville où l'on parlait la même langue et où l'on respirait le même air était coupée en deux, comme un gâteau justement? Deux moitiés dans deux mondes différents. Le savoir est une chose, le comprendre en est une autre – et entre les deux, il y a un abîme. Jamais elle ne l'avait ressenti aussi fort qu'en cet instant où elle s'était retrouvée nue devant une fonctionnaire des douanes est-allemande.

Ou peut-être l'avait-elle compris seulement en dépassant le dernier douanier dans sa guérite, lorsqu'elle avait enfin pu monter dans le métro ouest-allemand ? La station portait le même nom des deux côtés de la frontière, mais ici, les gens étaient différents, ils ne lui ressemblaient pas, car elle, on aurait dit une pauvre malheureuse. Autour d'elle, les gens riaient. C'était déjà l'Ouest. La rame était une rame de l'Ouest, tout comme les passagers, tandis qu'au-dessus d'eux s'étendait le Berlin communiste, la capitale de la RDA. Elle monta dans le métro avec Roman, et ils roulèrent un long moment avant qu'elle aperçoive des images comme sorties tout droit d'un vieux film en noir et blanc. Des quais sombres, désaffectés, et des soldats armés de fusils. C'était effrayant de passer ainsi devant eux. Elle en avait déjà vu, des soldats, plus d'une fois, mais jamais d'aussi près et de façon aussi distincte qu'ici, dans le sous-sol du métro berlinois. Elle avait du mal à se maîtriser et frissonnait comme une feuille. Mon Dieu, comme elle avait peur ! Tellement peur ! Le métro ralentissait, pour ensuite accélérer et déboucher soudain sur des quais pleins de lumières, de panneaux publicitaires, et remplis d'une foule colorée. Elle regarda Roman d'un œil inquiet. Il comprit sans doute que c'était son premier voyage à travers les stations fantômes, car une fois chez lui, il lui expliqua, comme à un enfant, que cette ligne de métro reliait la partie nord de Berlin-Ouest avec sa partie sud-est. Et pour aller de l'une à l'autre, il fallait obligatoirement passer par ces stations fermées et par la gare de Berlin-Friedrichstraße, la seule gare ouverte de l'Est… Elle se boucha les oreilles pour ne pas entendre ses explications. C'est elle qui avait des choses à lui expliquer, et pas l'inverse !

Ils prirent ensuite une ligne normale, sans stations fantômes. Magda était comme en transe. Une heure plus tard, elle se trouvait assise bien au chaud dans une cuisine à Charlottenburg, tandis que tout tournoyait devant ses yeux.

— Putain de merde ! Putain de merde ! jurait-elle. Toute cette trouille à cause d'un simple gâteau ! À quoi bon ce fichu gâteau ?! s'exclama-t-elle soudain, se revoyant nue à la frontière et se remémorant les soldats armés de leurs fusils.

— Calme-toi, arrête de crier, fit Roman.

Il essayait de l'apaiser, mais lui aussi semblait apeuré.

Elle éclata en sanglots. Roman ne dit plus rien. Il lui caressa doucement les cheveux, poussa un soupir et la débarrassa de son gros manteau en peau de mouton, avec lequel il alla s'enfermer dans sa chambre. Il n'en ressortit que deux heures plus tard. Elle n'osa pas lui poser de questions. Rien qu'à l'idée de devoir repasser la frontière, elle était paralysée d'effroi. Roman l'accompagna jusqu'à la station de métro et lui dit qu'elle devrait revenir avec un autre gâteau deux semaines plus tard.

Assise dans la rame, elle observait les gens autour d'elle. Ils passaient sous la capitale de la RDA, sous le siège du Comité central du Parti, puis sortaient dans la section ouest de la ville et reprenaient leurs occupations ordinaires.

Elle fondit en larmes en approchant de la Friedrichstraße, affublée de son gros manteau, la peur au ventre, car elle savait bien que si Franz lui demandait de refaire ce voyage, elle irait de nouveau se mêler à la foule insouciante de Berlin-Ouest. Elle le ferait parce qu'elle aimait Franz, elle l'aimait comme elle n'avait encore jamais aimé personne.

Mes chats adorés ! J'en ai onze, de chats, tous plus mignons les uns que les autres. Ah mais non ! Il ne m'en reste plus que sept, les autres, je les ai donnés à la nièce de Jürgen.

Toute une année, elle refit ce même voyage sans éveiller le moindre soupçon. Elle en était d'ailleurs étonnée. Durant tout ce temps, personne ne l'avait jamais importunée, ne lui avait posé aucune question. Le calme avant la tempête. Plus ses allers-retours étaient fréquents, plus elle avait peur. L'hiver, elle portait son gros manteau, l'été un gros pull, malgré la chaleur. Parfois, elle voyageait avec le gâteau, parfois sans. Pourquoi ce gâteau, pourquoi ce pull et ce manteau, elle l'ignorait. Parce que Franz l'avait ordonné ainsi. Un jour, elle avait tellement paniqué qu'elle avait failli lui dire que c'était fini et qu'elle n'irait plus nulle part. Elle avait un mauvais pressentiment. Elle venait de soutenir sa thèse de doctorat et se demandait ce qu'elle allait en faire. À présent, elle possédait un titre universitaire. Franz, quant à lui, repoussait la date de soutenance de sa thèse. Il était de plus en plus bizarre, comme absent.

Un jour, devant un verre de vin de fruit, Magda décida que c'était le moment opportun. Il fallait bien qu'elle fasse le premier pas. Elle prit son courage à deux mains et lui dit qu'ils étaient ensemble, mais sans l'être vraiment. Lui dire qu'elle l'aimait… ça, en revanche, elle n'osa pas. Elle lui demanda juste ce qu'il ressentait pour elle. S'il lui répond qu'il ne ressent rien, se disait-elle, elle rentrerait tout simplement chez elle. Cette simple pensée la fit frémir. S'il l'aimait lui aussi, dans ce cas... dans ce cas elle ignorait ce qu'elle ferait. Franz avait-il senti quelque chose ou pas, elle l'ignore. Pour finir, il lui dit juste que le moment était mal choisi pour des histoires d'amour, qu'il y avait des choses bien plus importantes. Il se tut un instant, puis changea complètement de sujet. Si elle parvenait à passer la frontière sans encombre cette fois-ci, elle devrait rentrer chez lui, chez Franz, le soir même, mais au cas où les choses se passeraient mal, si on lui confisquait son gâteau par exemple, ou son diplôme, il faudrait qu'elle reste chez Roman et attende Franz là-bas. Qu'elle l'attende là-bas.

— Quel diplôme ?

— Comment ça, quel diplôme ? Mais le tien ! À tout hasard, prends tes papiers avec toi.

— Tous ?

— Oui, tous !

— Mais pour quoi faire ?

— On ne sait jamais.

— Et si on me demande pourquoi je les emporte ?

— Oh là là ! Ne les prends pas alors !

Elle préféra ne pas l'agacer. Il était nerveux, mais un instant plus tard, il la regarda longuement et la serra très fort contre lui. Il dit qu'il n'oublierait jamais ce qu'elle avait fait pour lui. Elle le retint, alors qu'il voulait lui tourner le dos. Sans doute vit-il alors dans ses yeux le désir qui la faisait rêver à chacune de leurs rencontres, car il l'enlaça plus fort encore, différemment, puis il la conduisit dans la pièce voisine.

Les chats, vous savez, ils mènent leur propre vie.
Parfois j'en ai onze, parfois sept seulement, et aujourd'hui

ils doivent être huit. En fait, je n'en sais rien. Dernièrement, on a eu des petits. La nièce de Jürgen est venue les chercher. Il est gentil, ce vieux Jürgen. Je le sais, j'ai travaillé avec lui pendant des années.

Ses mauvais pressentiments étaient justifiés. Ceux de Franz aussi.

À la frontière, on lui confisqua son gâteau, mais on la laissa partir. Sans doute n'avaient-ils pas eu le temps de vérifier ce qu'il contenait. Le gâteau, le manteau en peau de mouton… Ou bien autre chose encore. Allez savoir ! Y avait-il quelque chose de dissimulé dans le gâteau ? Elle n'en savait rien. Elle ignorait tout.

La douanière la fixa droit dans les yeux en lui demandant dans quel but elle se rendait à l'Ouest. Elle répondit que c'était pour ses cours.

— Un dimanche ?

— Oui, répondit-elle. Pour un séminaire, le week-end.

— Un séminaire, le week-end… On va vérifier ça.

Mais elle ne vérifia pas.

Les jambes flageolantes, Magda monta dans le métro. Elle piqua sa crise une fois arrivée chez Roman, dans la cage d'escalier, reproduisant la même scène que lors de leur première rencontre. Sur le pas de la porte, elle hurlait comme un an auparavant, mais plus fort encore et de façon bien plus désespérée.

— Qu'est-ce qu'il y a dans ce gâteau ? Dis-le-moi ! Tu le sais, toi ! Dis, il y a quoi dedans ?!

— Tu es folle ! Calme-toi !

Roman essayait de la faire taire en lui plaquant une main sur sa bouche, mais elle continuait de hurler.

— La ferme ! siffla-t-il enfin, et il l'entraîna dans l'appartement.

— On t'a fait du mal ? lui demanda-t-il, inquiet, une fois à l'intérieur.

Le dos appuyé contre l'embrasure de la porte, révoltée et furieuse, elle lui raconta en quelques mots ce qui s'était passé.

— Je ne peux plus rentrer, je dois rester ici, déclara-t-elle, les lèvres tremblantes.

— C'est impossible, dit-il.

— Qu'est-ce qui est impossible ? demanda-t-elle en sanglotant.

— Que tu t'en sois sortie indemne, murmura-t-il en déglutissant bruyamment.

Puis il tourna autour d'elle. Elle crut même qu'il allait la soulever et se mettre à danser.

— Qu'est-ce que tu fais ? s'écria-t-elle lorsqu'il voulut l'enlacer.

Il la regarda, hagard, puis recula et se couvrit le visage de ses mains.

— Il faut agir, il faut agir sans tarder ! répétait-il comme dans un accès de fièvre.

Magda était trop effrayée pour se rendre compte de la chance qu'elle avait eue. Sans s'arrêter de parler, Roman la conduisit maladroitement vers la table de la cuisine, il lui caressa la tête. Les yeux brillants, il parlait et parlait. Elle ne se rappelle pas un mot de tout ce monologue ; elle ne se souvient que de la dernière phrase, car Roman l'avait répétée à plusieurs reprises. Il lui dit qu'en effet, elle ne pouvait plus retourner à Berlin-Est, ni en Pologne, et que Franz… « On ne sait pas ce qui va se passer avec Franz désormais », conclut Roman.

— Magdalena, qu'est-ce qui t'arrive ?

Elle avait dû s'évanouir. Comme dans un brouillard, elle se souvient du visage blême de Roman. De ses mains chaudes. De la frayeur dans ses yeux. Elle voulait mourir. Là, tout de suite. Mais la mort ne vient pas sur commande.

Ce fut une période terrible. Et très longue.

Coupable

« On ne sait pas ce qui va se passer avec Franz ! » Cette pensée ne cessait de tarauder Magda. Quand elle repense à tout ça, elle en a encore la chair de poule. Elle ne veut pas en parler. Non, elle refuse. Elle ne peut pas.

Elle n'avait pas la force de faire quoi que ce soit. Elle se demandait juste quand viendraient la chercher ceux qui l'avaient laissée partir, et n'avaient cessé ensuite de l'espionner, de la questionner, de proférer des menaces, parfois. Cela faisait un moment déjà qu'elle se demandait pourquoi ils la laissaient tranquille depuis qu'elle transportait les fameux gâteaux. Qu'est-ce que cela signifiait ? Qu'allaient-ils lui faire ? On ne pouvait leur échapper, ils étaient partout. Elle attendait donc, résignée. Pourtant, des semaines passèrent, puis des mois, sans que rien ne se produise. Était-elle enfin libérée d'eux ? Non, elle avait du mal à y croire.

Il lui fallut un certain temps avant qu'elle prenne enfin son courage à deux mains et se remette à fonctionner. Pas à vivre, à fonctionner. Désormais, elle allait devoir rester ici, dans cet autre Berlin. Tous ces bureaux, ces administrations où l'envoyait le frère de Franz l'intimidaient et lui faisaient peur. Comment allait-elle pouvoir justifier sa présence ici ? En expliquant qu'elle faisait passer des gâteaux ? Elle se compliquait sans cesse la vie, par esprit de contradiction, sans doute, et aussi parce qu'elle était furieuse de se retrouver contre son gré dans cette ville. Mais il fallut pourtant qu'elle se ressaisisse et règle enfin ses affaires. Elle avait tout juste la force de s'occuper de l'essentiel. Le frère de Franz l'accompagnait alors sur la Kochstraße, dans un office remplis de Turcs et de fonctionnaires désagréables. Au bout de quelques mois, elle obtint une *Duldung*[1].

Ensuite, encouragée par Roman, qui voyait combien elle se languissait de ses parents et de la Pologne, elle osa finalement franchir le pas et se lancer dans une démarche périlleuse. Roman faisait tout son possible pour la rassurer, en lui répétant qu'elle ne risquait rien, qu'ils vivaient sur une île, certes, mais en démocratie, qu'elle n'avait pas à avoir peur, elle devait tenter sa chance, qui sait, cela marcherait peut-être… Elle lui expliquait qu'il valait mieux ne pas réveiller le mal, mais l'idée germa dans son esprit et elle s'y raccrocha dans l'espoir de… de quoi au juste ? Elle l'ignorait. Mais elle y alla tout de même. Elle se rendit à la mission militaire polonaise, car à l'époque il n'y avait pas encore d'ambassade polonaise à Berlin-Ouest. Tout cela pour s'entendre dire que la validité de son passeport ne serait pas prolongée et qu'elle devait retourner en Pologne. Mais Magda était têtue.

Sa demande de passeport consulaire fut accueillie par des sourires narquois. Mais le simple fait de remplir le formulaire était déjà pour elle un premier pas vers une nouvelle vie. Elle était fière de pouvoir l'affronter, de refuser de se terrer dans un trou comme une taupe. Exprimer son désir, même s'il était voué à l'échec, lui prouva qu'elle existait

1 Permis de séjour temporaire accordé aux étrangers ne bénéficiant pas du statut de réfugié.

bel et bien et qu'elle était libre de décider d'elle-même. Pas complètement, hélas ! Ainsi, durant les sept années qui suivirent, elle ne put se rendre en Pologne. Un coup dur ! Mais le plus important, c'est qu'elle cessa d'avoir peur une fois pour toutes, même si elle était de nouveau surveillée depuis sa demande de passeport.

Sept longues années à se languir de sa maison natale, de sa mère, de son père, quelqu'un peut-il seulement comprendre cela ? L'envie de déménager au Tyrol ou à Vienne n'était rien en comparaison du manque, presque physique, de l'arbre qui se trouvait près de leur portail. La nuit, elle rêvait de l'envol des oies sauvages qui passaient au-dessus de la maison de ses parents. Drôle de rêve, mais au moins la transportait-il, l'espace d'un instant, vers les lieux de son enfance. Elle se languissait même de l'arrêt de bus devant son lycée de Gdańsk, du carrefour et des vapeurs de gaz d'échappement. Si elle était écrivain, elle en parlerait sans doute dans un livre. Elle décrirait chaque jour, chaque rêve, chaque pensée, incompréhensible pour tous ceux qui n'ont jamais vécu cela. Si elle était poète, elle composerait un poème court et puissant. Mais elle ne l'était pas.

Des mois passèrent, de longs mois, puis une année s'acheva. Une année de vie en transe. Une année dont elle avait retenu peu de choses, si ce n'est les disputes incessantes avec le frère de Franz :

— Mais reprends-toi, enfin, ma fille ! Tu as fait des études, tu es titulaire d'une thèse de doctorat ! Laisse-moi t'aider ! criait-il.

Même si elle cessa d'avoir peur, elle ne menait pas une vie normale pour autant. Chaque chose demande du temps. Elle commença modestement. Des gants jetables et des chaussons ballerines dans un sac plastique, et la voilà partie faire le ménage chez Erika et Peter Baumann, dans le quartier de Grünewald. L'avantage d'avoir un doctorat, c'était qu'avec ses nouveaux employeurs, elle pouvait discuter de Christoph Hein, de Pitschmann ou de Doutiné. Vains efforts ! Au bout de quelques mois à peine, les Baumann, tout comme Roman, se mirent à lui répéter de ne pas gâcher sa chance, de se trouver un travail dans l'enseignement ou, mieux encore, de reprendre ses études. « Combien de temps peut-on passer à étudier ? » se demandait-elle, attristée. Et comment l'expliquer au vieux M. Baumann, professeur de littérature à la Freie Universität Berlin ? Ils promettaient de l'aider, mais cela faisait doucement sourire Magda. Les personnes qui arrivent au bout de leur propre vie s'empressent volontiers de vivre celle des autres. Ne voulant pas les froisser, elle s'évertuait à leur répéter que c'était au-dessus de ses forces, qu'elle ignorait comment faire reconnaître son diplôme, si tant est que ce soit possible. Ses employeurs levaient les yeux au ciel, tandis que Roman, lui, la suppliait, insistait, hurlait. Rien n'y faisait. Elle refusait d'exercer son métier à Berlin-Ouest. Une sorte de blocage, elle ne peut pas l'expliquer. Elle préférait vivre au jour le jour et attendre. Attendre quoi ? Cela, elle l'ignorait.

Chaque matin, à 6 h 45, elle montait dans un train de banlieue pour effectuer un trajet d'une heure. Elle aimait ces voyages. Le train traversait de petits bois, passait à côté d'un étang et de bâtiments de chemins de fer désaffectés. Des coins rares dans cette ville, qui lui évoquaient sa région natale et lui faisaient oublier l'angoisse de voir à tout moment surgir un mur, une frontière.

Lorsque le vieux M. Baumann lui demanda ce qu'elle pensait de la nouvelle édition de Johannes Bobrowski, elle répondit en toute honnêteté qu'elle ne connaissait pas cet auteur. Et qu'elle avait cessé de lire de la poésie.

Lorsqu'il voulut connaître son opinion sur la dernière rencontre du Groupe 47 en Tchécoslovaquie, elle haussa seulement les épaules, et Baumann finit par la laisser tranquille.

Erika et Peter Baumann aimaient la propreté et ils payaient bien. Magda faisait donc la cuisine, changeait les draps de leurs lits gigantesques et lustrait l'argenterie en composant dans sa tête une nouvelle lettre à Franz. Toutes ces lettres, elle les cachait ensuite au fond d'un tiroir.

Des yeux masqués

Une année s'était écoulée. Tout allait mal en Pologne, augmentations, grèves. Les journaux en parlaient. Mais il était question davantage encore de la spectaculaire évasion de Franz. Tous les médias s'en faisaient l'écho, sans citer nommément le fugitif. Personne ne savait comment il s'appelait, on montrait juste un visage, sans les yeux. À la place des yeux, un bandeau noir. Mais c'était bien Franz, Magda en était certaine. Elle attendait, elle savait qu'il se manifesterait, elle le sentait. Les semaines passèrent de nouveau, de longues semaines. Un mois, puis deux… Elle ne se trompait pas. Franz prit contact avec elle, par l'intermédiaire de Roman. Il lui demandait de se rendre dans une école, située rue Marienfelde. Roman parlait tandis qu'elle notait à toute vitesse le numéro de la salle, ainsi qu'un nom inconnu : Alfred Zollner.

— Pourquoi tu y vas ? demanda Roman.

— Tu as dit toi-même qu'il voulait me rencontrer.

Elle n'avait pas honte de ses larmes.

— Je n'ai pas dit ça !

— Comment, tu n'as pas dit ça puisque tu l'as dit ?

Elle n'avait jamais compris Roman. Du reste, le fallait-il ?

Elle s'était précipitée à ce premier rendez-vous comme si elle avait eu des ailes, elle courait dans les escaliers en songeant que maintenant elle lui dirait, elle lui dirait tout, combien elle l'avait attendu, combien elle l'aimait. Qu'il était le premier et le seul homme dans sa vie, que... Ah ! Elle voulait lui dire tant de choses ! Avant qu'elle ait pu le faire, une femme l'arrêta pour lui demander si elle avait rendez-vous. Magdalena confirma.

De mauvaise grâce, la secrétaire ouvrit la porte d'un bureau sur la plaque duquel on pouvait lire : *Schulleiter*[1].

Franz se tenait de dos, mais Magda le reconnut aussitôt. Malgré ses tempes grisonnantes, il avait l'air magnifique. Il s'approcha et l'accueillit gentiment, en lui tendant une main que Magda ignora. Car Magda ne voulait pas lui serrer la main, Magda était déjà suspendue au cou de Franz. Et elle se mit à raconter, raconter, elle lui racontait tout ce qu'elle n'avait pas eu l'occasion de lui dire, ni à la résidence universitaire, ni chez lui, dans sa maison, ni non plus au parc ou autour d'un vin de fruit.

Durant quelques secondes, Franz se tint immobile, figé comme une statue, sans dire un mot.

— Je m'appelle désormais Alfred Zollner, dit-il enfin en se libérant de l'étreinte de Magda.

— Je ne comprends pas.

— Je m'appelle désormais Alfred Zollner, répéta-t-il en la regardant sévèrement.

— Quel Zollner ?

— C'est moi, Alfred Zollner, moi, tu comprends ?

— Et plus Franz ? demanda-t-elle plaintivement, comme si elle pressentait qu'une ère nouvelle survenait, et pas du tout meilleure.

— Alfred Zollner !

1 Directeur.

Alfred Zollner, directeur. Il s'appelle Alfred Zollner. Est-ce qu'elle a bien compris ? Il est directeur d'école, lui répète-t-il, il est marié, et lui présentera volontiers sa femme. Il n'y a pas de Franz, il n'y a jamais eu aucun Franz. Si Magda fait tout ce qu'il lui demande, Alfred Zollner pourra l'aider, elle ne le regrettera pas. Comprend-elle ce qu'il dit ?

Magda n'en dira pas plus sur la question, que pourrait-elle ajouter, d'ailleurs ?

*

Parmi le personnel, pas un seul enseignant ne se doutait que le directeur de la nouvelle *Gesamtschule* de la rue Marienfelde était Franz, le fugitif de derrière le rideau de fer. Magda se demande si Jürgen, malgré tout, ne savait pas quelque chose à l'époque, car il avait parfois un comportement un peu bizarre, et il faisait des remarques stupides. Mais non, elle doit se faire des idées sûrement.

Franz avait pris en charge la plus grande école de Berlin-Ouest ; après quelques années d'existence, celle-ci s'était retrouvée en tête de tous les classements des meilleures écoles de la ville. Par quel miracle Franz, alias Alfred Zollner, avait-il réussi à garder secrètes son origine et sa fuite, cela, Magda l'ignore. Comment était-il possible même, qu'âgé tout juste d'une trentaine d'années, après avoir fui l'Allemagne de l'Est, il soit devenu directeur d'un établissement scolaire dans une ville étrangère, un système étranger, à l'Ouest ? Elle ne le sait pas et ne veut pas le savoir. Ce n'est pas de cela qu'elle voulait parler.

Et maintenant, elle va aller dormir. En disant cela, elle fouille ostensiblement dans son armoire. C'est bon, les mouchoirs sont là. Elle se mouche bruyamment.

Elle allume la télévision. Ils ont été brodés par sa mère, ces mouchoirs. Dans quelques jours, elle reprendrait peut-être ses esprits et pourrait poursuivre son récit. Mais pas maintenant.

Le sale boulot

Quelques mois plus tard, Magda obtint une carte de séjour pour Berlin, ainsi que la validation de son diplôme. Franz s'était chargé de tout. Elle n'avait eu qu'à signer un certain nombre de papiers, aller les déposer où il fallait, serrer des mains, et le tour était joué. C'est ainsi qu'elle commença à travailler à l'école. Elle avait déjà enseigné en Pologne, mais peu de temps. Très vite, elle avait obtenu une bourse d'études. Elle manquait d'expérience.

Pourquoi l'avait-il convoquée ? Pourquoi lui avait-il demandé de venir chez lui ? Pourquoi lui avait-il trouvé du travail dans son école ? Bonnes questions ! Elle l'ignore, elle ne comprend pas. Et comment se fait-il que Magda ait suivi Franz ? Ça, elle ne le sait que trop bien, hélas ! Elle l'aimait toujours.

Malgré des débuts difficiles, elle s'était vite habituée. Titulaire d'un doctorat et enseignante, voilà le scénario qu'elle avait toujours redouté. Mais dans cette école, il y avait Franz, et cet argument était imparable. L'année dernière, elle avait encore un poste à temps plein, maintenant elle travaille à mi-temps seulement, pour tenir jusqu'à la retraite. Elle n'a plus la même énergie. Si elle peut, elle prendra une retraite anticipée.

*

C'était vraiment une excellente école, la plus réputée de tout Berlin. Parmi ses anciens élèves, beaucoup sont devenus célèbres : politiciens, journalistes, voire acteurs. Franz n'acceptait dans son établissement que les meilleurs, de préférence des réfugiés polonais. Non, elle exagère peut-être un peu, il n'y avait pas que des Polonais qui fréquentaient l'école. Des Polonais, des Russes, et aussi des Allemands, bien sûr. Le directeur avait toutefois une sympathie particulière pour les élèves du bloc communiste. Dans les années quatre-vingt, le système éducatif en Europe de l'Est produisait des élèves disciplinés et travailleurs. Les émigrés polonais arrivaient avec leurs enfants, que l'on ne savait pas toujours intégrer. Alfred Zollner repérait les plus prometteurs, ceux dont les bulletins scolaires étaient exemplaires, et peu importe si ces jeunes ne parlaient pas l'allemand, puisqu'ils donnaient de grandes espérances. Ses « petits chouchous », comme il les appelait, c'est-à-dire les élèves venus de Pologne, savaient parfaitement où se trouvait le Congo et qui dirigeait Cuba. Pour obtenir un « bien » en maths, ils devaient travailler très dur dans leur pays. Ce qui, à Berlin-Ouest, était plutôt rare. Le directeur sollicitait volontiers l'aide de Magda. Ensemble, ils recevaient les familles polonaises et les élèves potentiels. C'est elle qui avait fait entrer Alfred Zollner dans ce monde étranger pour lui. Même si elle pense parfois qu'il comprenait le polonais. Elle lui expliquait les notes sur les bulletins, les appréciations, les absences non justifiées. Il agitait alors la main nerveusement.

— Oui, je sais, je sais, et ça, qu'est-ce que c'est ?

— WoS[1] ? C'est comme le cours de politique internationale chez nous.

— Ah ! Comme « chez nous » ici, ou « chez nous » là-bas ? demandait-il en lui faisant un clin d'œil.

Et le cœur de Magdalena se mettait à battre la chamade.

Avec tous ces jeunes arrivés de Pologne, Franz avait l'embarras du choix. Il ne prenait que les meilleurs. C'était son obsession. Lorsqu'on prépare ainsi ensemble la future élite de l'école, ça rapproche, forcément, on reste un peu après le travail. Magda, pour sa part, le faisait volontiers : sa famille était en Pologne, et il lui était encore interdit de s'y rendre. Elle n'avait pas de chats à l'époque, seulement une souris, Marguerite, qui est morte depuis. En général, les souris ne vivent pas bien longtemps, mais sa Marguerite avait vécu trois ans tout de même, c'est pas mal.

Au début, à l'école de Franz, Magda enseignait l'allemand dans une *Aussiedlerklasse*, une classe pour étrangers. Ensuite, c'était moitié-moitié, elle donnait une partie de ses cours à des élèves étrangers, et l'autre à des élèves allemands. Elle avait passé un accord avec le directeur. Un accord tacite. Elle était chargée de faire le tri.

— Le sale boulot, disait Franz en rigolant.

Elle rigolait avec lui. Comme avant, presque.

Roman aussi enseignait à l'école de Franz, c'est-à-dire d'Alfred Zollner. Durant toutes ces années, elle avait eu l'impression qu'il espérait s'expliquer avec elle, qu'il lui en voulait. Peut-être lui reprochait-il d'avoir ainsi profité de lui à son arrivée ici. Tout d'abord, après cette histoire de gâteaux, elle s'était installée chez lui, plus tard, elle avait loué une chambre, mais débarquait encore souvent chez lui. Elle pouvait toujours compter sur Roman. Elle réalise

1 Sciences sociales.

aujourd'hui seulement combien elle lui doit. Il ne lui demandait rien en échange, ne posait pas de questions. Il voulait juste l'aider. Un brave type, c'est tout. Lui aussi, donc, travaillait chez Franz. Il enseignait les sciences politiques aux classes allemandes et les maths aux élèves étrangers.

Tout comme Magda, Roman était chargé de séparer le bon grain de l'ivraie. Il savait pertinemment que seuls les plus doués avaient leur place à l'école de Franz. Magda s'occupait de l'allemand, Roman veillait sur les matières scientifiques. Et c'est ainsi qu'ils s'évertuaient à faire monter le niveau de l'école. Là où les élèves du secteur échouaient, les Polonais ou les Russes rattrapaient le coup. Les élèves les plus faibles, quant à eux, repartaient à la *Gesamtschule*, dans le quartier de Wedding.

Petit à petit, les choses ont changé. Les élèves venus de Pologne se faisaient de plus en plus rares, ils étaient remplacés par des Russes, toujours plus nombreux. Magda demanda à Franz de lui confier des classes allemandes uniquement, mais il refusa.

Je vous ai déjà dit que les chats aiment se sentir libres, non ? Moi, je leur offre cette liberté : ils peuvent aller et venir quand ils veulent. Mon préféré, c'est Rouquin Velu… Cela fait déjà plusieurs semaines que je l'attends, il est parti je ne sais où, et plus de nouvelles ! Mais je sais qu'il reviendra.

Intuition féminine

Pendant des années, Magda avait été désespérément amoureuse de Franz, elle était prête à bien des sacrifices pour lui, stupide qu'elle était ! Elle lui rendait service régulièrement, d'ailleurs ! Mais survint un jour qui changea complètement le cours des événements. Franz lui demanda en effet d'informer son épouse d'un voyage imprévu. Une conférence à Monaco ou quelque chose dans le genre. C'était oublier l'intuition féminine de Magda !

Cette épouse, c'était un sujet tabou, Magda n'en parlait jamais avec Franz. De la même façon qu'elle n'abordait aucun sujet concernant leurs affaires personnelles ou la vie restée de l'autre côté du mur. La femme de Franz était une personne tout à fait correcte, à vrai dire. Belle, intelligente et bien élevée. Une dame. Elle n'y était pour rien, si Magda aimait Franz. Magda avait bien essayé, au début, de la détester, de l'ignorer, mais elle n'y parvenait pas. Il faut reconnaître que cette femme, la femme de Franz, on aurait dit qu'elle venait d'un autre monde. Elle enseignait la biologie au lycée ; elle s'engageait dans des projets écologiques, mais se promenait en étole de renard et fourrure. Difficile de la percer à jour. Elle chantait également dans une chorale et avait toujours pour Magda des mots gentils. Et pour ce qui est des mots gentils,

Magda y est particulièrement sensible. Un jour, elle était même allée assister aux répétitions de cette chorale, mais ils étaient tous un peu bizarres là-bas, pas comme elle. Dommage, ça lui aurait bien plu de chanter.

Magda téléphona donc à l'épouse du directeur, comme celui-ci le lui avait demandé ; après quoi elle se précipita à la suite de Franz aussi vite qu'elle le pouvait. Elle serait incapable de dire ce qui la poussait ainsi. Franz acheta des fleurs et monta dans un taxi. Magda fit de même et demanda au chauffeur de suivre la voiture de Franz. Cette petite escapade lui plaisait bien, du reste. Franz descendit devant un hôtel. Il attendit quelques secondes, jeta un regard autour de lui et, au bout d'un moment, disparut à l'intérieur. Magda paya sa course et elle s'apprêtait à entrer elle aussi dans l'hôtel quand, à la dernière minute, elle vit Tamara pousser la porte de l'établissement.

Magda se mit à réfléchir intensément. Elle pouvait courir derrière Tamara, vérifier. Mais à quoi bon ? C'était inutile. Tout était clair.

Ils me coûtent cher, tous ces chats, oui, cher. Ils ne mangent pas n'importe quoi ! Mais j'ai un bon salaire, ça ne me gêne pas.

Magda avait gâché sa jeunesse. En voyant le comportement de Franz envers Jürgen, elle avait compris qu'il valait mieux ne pas se mettre le directeur à dos. Jürgen, il faut l'avouer, s'acharnait sur Nadia. Peut-être était-il jaloux qu'elle flirte avec Roman, et pas avec lui ? Nadia avait une liaison avec Roman. Et le directeur, Franz, avec Tamara. Ça se passait en famille.

Jürgen, pour sa part, ne faisait pas de cadeaux aux Polonaises. On était avec lui ou contre lui, il fallait choisir.

Or, Tamara et sa sœur, Nadia, avec ses gros seins, lui tenaient tête, et pas qu'un peu ! Arrogantes, méprisantes, à arriver sans cesse en retard. Bref, des filles exécrables. Jürgen, lui, tant qu'il est bon, ça va, mais quand c'est fini, c'est fini. Il ignorait cependant qu'en agissant ainsi, il s'attirait les foudres du directeur. Et plutôt deux fois qu'une ! Il n'avait tout simplement pas compris qu'on ne se précipitait pas chez le directeur pour se plaindre de son frère, qu'il ne fallait pas lui chercher noise. Par la suite, le directeur s'est acharné sur Jürgen pendant de nombreuses années. Il lui a rendu la vie impossible jusqu'au bout, pour ainsi dire.

Combien de fois Magda avait-elle conseillé à Jürgen de rester tranquille, mais penses-tu ! Jürgen était cinglé et il tenait tête au directeur, mais Franz étant ce qu'il était, il ne se laissait pas marcher sur les pieds, évidemment.

Pareil pour Jürgen, et ils s'affrontaient donc ainsi à qui mieux mieux.

Une bonne école

Elle a croisé Jürgen au *Reichelt* récemment. Il se comportait de manière étrange. Magda était sur le point d'aller à sa rencontre quand elle a aperçu Joanna avec ses enfants. Des jumeaux. Dieu du ciel, mais quelle bande ! Comment cette Joanna s'en sortait-elle avec eux ? Et puis, juste derrière les caisses, elle a vu Jürgen. Il était tout rouge. Depuis qu'il a pris sa retraite anticipée, il est devenu bizarre, le pauvre. Il reste enfermé chez lui tout le temps et quand enfin on arrive à le faire sortir, il est comme hébété. Pareil au *Reichelt*. Il sautillait, se grattait le derrière, parlait tout seul et faisait mine de ne pas voir Magda. Peut-être bien qu'il ne l'avait pas vue, il avait toujours été aveugle. Magda s'ingénie comme elle peut pour l'emmener dehors. Elle l'invite de temps en temps à manger chez elle, ou à faire une balade, ou bien elle lui demande de l'accompagner au cimetière, comme l'autre jour.

Il n'y a pas longtemps, ils ont retransmis un reportage du bal de la presse à la télévision, et Magda s'était frotté les yeux de surprise. Qui avait-elle vu ? Jürgen en personne ! Il était en train de courir sur la moquette rouge en criant à tue-tête, si bien qu'on l'avait fait sortir. Et puis elle l'avait encore aperçu dans un flash d'information, quelques secondes seulement, parce que, juste après, ils ont montré une jeune fille qui ressemblait à son élève préférée, elle avait failli s'étouffer avec son petit pain. Vrai, Dagmara tout craché ! Mais il y a des sosies sur cette terre, apparemment. Magda pourrait parler de Dagmara pendant des heures. C'était une sacrée patriote, il lui avait fallu beaucoup de temps pour s'acclimater, mais après, oh là là ! Ce jour-là pourtant, à la télé, ce n'était pas sa petite Dagmara, mais une Allemande, Dagma Bosch ou un nom comme ça. Elle anime une émission sur la rbb. Une belle femme.

Magda aime bien évoquer ses élèves. Ainsi, par exemple, elle avait eu deux garçons dans sa classe. Des jumeaux. Ah, ceux-là ! Qu'est-ce qu'il les aimait, Roman ! Il les aidait beaucoup et les envoyait aux Olympiades de mathématiques. D'ailleurs, Magda les aimait beaucoup, elle aussi. On leur pardonnait tout, car les jumeaux raflaient toutes les récompenses. L'un est devenu mathématicien, l'autre, physicien, ils sont connus. Ils se sont même produits chez Gottschalk, dans son émission *Wetten, daß…* ? Ils résolvaient tous les problèmes. Mais c'étaient de sacrés chenapans. Tomek et Artur (c'est comme ça qu'ils s'appelaient) n'arrêtaient pas de faire les quatre cents coups. Un jour, un carreau cassé, un autre jour, le nez en sang, ils étaient toujours en retard, et il leur arrivait souvent de faire l'école buissonnière. Mais personne n'osait les affronter, car Roman les défendait âprement. Il avait même fallu une fois convoquer leur père à l'école. Ils s'étaient battus avec des élèves plus vieux. Ces derniers avaient dessiné une *Hakenkreuz* sur les cartables des jumeaux, et Tomek et Artur les avaient copieusement battus. Ceux-là s'en tirèrent bien, mais les jumeaux reçurent un blâme, et il s'en était fallu d'un cheveu qu'ils se fassent renvoyer. On n'avait absolument aucune preuve, on ne savait pas au final qui avait dessiné les croix gammées. S'ensuivit une désagréable affaire. Mais Roman intervint en faveur des jumeaux.

Au conseil pédagogique, il avertit que si les garçons étaient renvoyés de l'école, il mènerait lui-même une enquête qu'il divulguerait aussitôt. Personne n'y tenait, Franz moins que quiconque, évidemment, lui qui défendait si chèrement la bonne opinion de l'école. Et cette histoire avec les svastikas maintenant !

L'affaire se tassa, que dire de plus, Tomek et Artur avaient rapporté tellement de médailles à l'école qu'elles occupaient un pan de mur entier, le directeur, donc, calma le jeu. Franz lui-même, c'est-à-dire le directeur, avait un faible pour eux, ça veut tout dire, non ?

Magda aussi les aimait bien, ces deux-là. De vrais héros de films : roux, minces, la peau constellée de taches de rousseur. Aujourd'hui ce sont des célébrités. Ils occupent un poste important à l'université. Artur est, paraît-il, le plus jeune professeur de toute l'Allemagne. Pourquoi s'est-elle mise à parler d'eux ? Parce que Joanna, celle que Magda avait rencontrée au magasin, est la femme de l'un d'eux. Et voilà comment les souvenirs reviennent.

Magda ne veut pas l'admirer, ce Franz alias Alfred, elle ne peut pourtant pas s'en empêcher quelque part. Avoir réussi à créer une telle école, loin des quartiers chics, dans un endroit un peu isolé, et sans l'aide de personne ! Mais Franz avait toujours été le meilleur, quoi qu'il entreprenne, il réussissait dans tout.

Magda rougit comme une jeune fille. Franz, toujours Franz, il était partout, dans ses pensées, ses rêves, ses souvenirs. Bref !

Mais de l'amour à la haine, il n'y a qu'un pas.

Le petit chat

Magda était obstinée ; grâce aux lettres qu'elle ne cessait d'envoyer, elle obtint enfin le passeport consulaire tant convoité. On était en 1988, elle n'arrivait pas à y croire. Elle rendit aussitôt visite à ses parents. Après toutes ces années ! Son père était déjà très malade. Mais ce n'est pas le sujet. Ou peut-être que si. Maman avait les cheveux tout gris, elle était devenue minuscule, si frêle. Elle avait les yeux éplorés. Papa, lui, ne parlait pas, laissant couler ses larmes. Puis il déclara que, désormais, il pouvait mourir tranquille. Magda aurait voulu rester chez eux à ce moment-là, mais elle ne savait que faire d'elle-même dans ce pays pour lequel elle avait eu tant de nostalgie. Dans ce pays devenu étrange, qui n'était plus celui qu'elle avait connu. Elle était désormais Magdalena de nulle part. Et puis non, finalement, elle ne va pas parler de ça.

Elle était rentrée malade à Berlin. D'une drôle de maladie. Elle n'avait mal nulle part, ne toussait pas. Elle n'avait pas de rhume, rien du tout. Juste une forte fièvre. Elle était retournée travailler et avait perdu connaissance à l'école. Jürgen, il est vrai, avait réussi à la faire revenir à elle, mais un instant plus tard elle s'était évanouie à nouveau. Roman avait donc appelé une ambulance.

De cette période, elle ne se rappelle pas grand-chose. Juste un rêve qui revenait sans cesse. Elle était couchée sur une espèce de mur, autour d'elle coulait une rivière. Elle était nue et complètement seule. Elle regardait le ciel où des oies volaient au-dessus d'elle, formant un grand V. Elle aussi avait des ailes immenses à la place des bras. Elle les agitait, s'efforçant de se soulever pour se mettre debout. Mais sans résultat, car elle n'avait pas de bras, seulement ces ailes. Impossible de prendre son envol ou de s'asseoir. La rivière montait dangereusement, les oies étaient parties, et Magda pressentait que sa fin était toute proche et que l'eau allait l'engloutir.

Mais enfin j'ai des ailes, je peux m'envoler ! se dit-elle. Cette pensée déferlait dans sa tête, et alors que la rivière atteignait son cou, le rêve s'achevait. Mais Magda avait toujours de la fièvre.

Roman lui apporta alors un petit chat blanc à l'hôpital.

— Vous avez complètement perdu la tête ? s'écria la fille de salle.

— Il sera à toi quand tu te reprendras en main, autrement je le ramène chez moi, dit Roman, et il remit le chaton dans son sac.

— Emportez ce chat immédiatement, poursuivait la fille de salle sans en démordre.

— Il va étouffer, dit Magda dans un murmure, car elle avait encore du mal à parler.

— Tout dépend de toi, lui dit Roman en refermant la fermeture Éclair.

— Ne referme pas ! chuchota-t-elle, énervée.

Le frère de Franz la regarda bizarrement, comme toujours.

— Quand tu seras guérie !

Pas une seule fois Franz ne lui avait rendu visite.

Deux semaines plus tard, Magda était de retour chez elle avec le chaton. Plus aucune trace de fièvre. Elle reprit le travail. Elle souriait plus souvent à Roman à présent. C'était quelqu'un de bien, Roman. Qu'est-ce qu'il lui trouvait, à cette Nadia ? Elle ne comprendrait jamais.

Chien fidèle

Franz et Tamara (la sœur de Nadia) avaient pris l'habitude d'exploiter Magda à tout bout de champ. Magda ceci, Magda cela. Après les cours, Tamara l'envoyait chez le directeur pour l'informer, par exemple, qu'ils pourraient se voir à 21 h 30, et Magda devait aller le lui dire de ce pas.

— Lui dire ? C'est qui, « lui » ? demandait alors Magda, choquée par ce manque de respect.

— Non, pas à 21 heures, mais à 20 heures. La dernière fois, vous avez confondu l'heure, et Alfred a pris froid en m'attendant !

Magda avait pourtant indiqué la bonne heure. Elle finit par comprendre que Tamara le faisait exprès et qu'elle prenait un malin plaisir à la tourmenter. Cela la rendait mal à l'aise. Le directeur avait sans doute tout raconté à Tamara, et ils avaient de bonnes raisons de se moquer d'elle à présent. Mais lui avait-il vraiment tout dit ? Qu'avait-il bien pu confier à Tamara, sinon que Magda était amoureuse de lui ? C'est alors qu'elle songea pour la première fois qu'elle aussi pourrait avoir un tas de choses à raconter.

Franz ne la respectait pas quand elle était jeune et il ne le faisait pas plus maintenant, alors qu'elle avait vieilli. Jamais il ne l'avait respectée, d'ailleurs. Il laissait cette petite merdeuse traiter Magda comme une moins que rien, la railler. En vérité, Magda lui était complètement indifférente.

Une voix intérieure lui soufflait de ne plus y penser, de se maîtriser, mais des images impitoyables resurgissaient dans son esprit. Il ne l'avait jamais aimée, il s'était juste servi d'elle. Pauvre idiote ! On la sifflait quand on ne pouvait pas faire autrement. Franz savait bien que son chien fidèle ne lui refuserait jamais rien, qu'il ferait le beau et lui quémanderait des caresses. Magda l'agaçait, elle lui tapait sur les nerfs, mais il n'était pas en mesure de renoncer à ses services. Terrible symbiose !

Magda frissonne. Un long silence s'ensuit.

Un jour, elle avait croisé la femme de Franz-Alfred au *Reichelt*. Dieu du ciel, elle faisait peine à voir ! Magda avait eu du mal à la reconnaître. Elle avait beaucoup maigri, ses yeux semblaient hagards, impossible de la fixer du regard. Elle s'était mise à débiter des propos sans queue ni tête, que Magda n'avait pas réussi à comprendre. Puis elle lui avait tourné le dos et avait disparu. Magda était horrifiée. Elle n'avait encore jamais vu la femme de Franz dans cet état. Elle fit rapidement ses courses et alla chercher de la *Thüringer Würstchen* chez son ancien élève, Martin. C'était l'élève le plus bête de toute sa carrière d'enseignante. Heureusement qu'il avait pu trouver ce travail, le pauvre garçon ! En revanche, il était très bavard, toujours au courant de tout et il connaissait tout le monde. Dans le temps, certains élèves l'aidaient à réviser et à faire ses devoirs. On avait d'ailleurs créé à l'époque un comité d'aide aux élèves étrangers. L'école avait bénéficié de fonds spéciaux pour mettre en place ce projet. Par la suite, il avait été dissous, car les élèves nécessiteux se faisaient rares. Aujourd'hui, lorsqu'elle en parle à des collègues d'autres établissements scolaires, ils ne la croient pas. Cela a changé depuis, mais durant des années, c'était ça, leur école.

— Vous êtes au courant ? L'épouse du directeur a voulu mettre fin à ses jours, mais elle s'est ratée. La corde a dû lâcher, on ne sait pas trop, et elle est maintenant dans une clinique, lui raconta Martin, l'air préoccupé.

Elle séjournait dans une clinique pour des gens qui avaient tout raté dans leur vie. Même leur suicide. Magda rentra chez elle, déposa son filet rempli de courses et se rendit directement à l'école.

Dans le métro, une multitude d'images se pressaient dans sa tête : elle se revoyait avec le gâteau, tremblante de peur et suant à grosses gouttes, sa vieille mère, son père en pleurs, Tamara devant l'hôtel, Franz et son carnet à la main, Roman à l'hôpital, avec le petit chat. Puis elle-même, de nouveau, accrochée au cou d'Alfred Zollner, et sa femme tout amaigrie. Et pour finir, elle ne vit plus dans la vitre du métro berlinois qu'une femme vieillissante aux cheveux gris.

Elle entra calmement dans le bureau de Franz. Pas en courant comme à son habitude. La secrétaire ne lui prêta aucune attention. Depuis des années, sa présence ici n'étonnait plus personne.

— Apportez-nous du thé, dit Magda en refermant la porte derrière elle.

— Salut ! lança Franz, sans même relever la tête.

Magda se dit alors que même un chien avait droit aux sourires de son maître, et parfois aussi à des caresses. Elle savait parfaitement pourquoi elle était venue ici. Elle s'approcha de la fenêtre. Attendit que la secrétaire verse le thé dans les tasses et qu'elle referme la porte.

— Il faut qu'on parle.

Penché au-dessus d'une pile de papiers, Franz releva la tête à contrecœur. Lorsqu'elle eut fini de parler, il lui rit au nez.

— Mêle-toi de ce qui te regarde et fiche-moi la paix ! dit-il en se levant.

Elle remarqua qu'il essuyait nerveusement ses mains moites dans le pli de son pantalon.

— Je te donne une semaine, déclara-t-elle sans l'ombre d'un sourire. Une semaine ! Compris ?

Elle était on ne peut plus sérieuse.

Il ne répondit pas.

C'était tout. Elle en avait assez pour le moment.

Le lendemain, il déboula dans sa classe comme un fou. Sans même frapper à la porte.

— Dans mon bureau ! lui ordonna-t-il d'une voix basse, mais suffisamment distincte pour que les élèves des premiers rangs lèvent la tête, interloqués.

— Pas maintenant !

— Tout de suite !

Elle vit de petites veines pulser sur ses tempes.

— Pas maintenant !

Il l'attrapa par le coude, mais elle se dégagea.

On n'entendait que le ronronnement du projecteur devant lequel ils se tenaient. Tous les yeux étaient fixés sur eux.

— Reprends-toi ! marmonna-t-elle.

La fin d'un conte de fées

Elle ne se présenta dans son bureau qu'à la fin de la deuxième heure. Il était assis, blême et immobile comme une statue. Il sursauta légèrement en l'entendant entrer.

— Ne viens plus perturber mes cours, dit-elle d'un ton réprobateur en s'appuyant contre la table. Je te l'interdis !

— Quoi ?

— Tu me déranges dans mon travail.

Il bondit vers elle, et elle crut qu'il allait la frapper.

— Eh bien, quoi ? fit-elle en éclatant de rire. Quoi ?

Il semblait perturbé. Et elle ne put s'empêcher de répéter :

— Tu me déranges dans mon travail !

Aucune réaction, tant et si bien qu'elle se pencha vers lui et murmura d'une petite voix :

— Franz, Franz…

Ses yeux étaient injectés de sang. Avait-il seulement dormi cette nuit ? Elle les voyait de si près maintenant, elle en avait toujours rêvé… Il se révéla plus rapide qu'elle ne pensait. Il se jeta sur elle comme une bête. Quelques secondes plus tard, il serrait ses doigts autour de son cou. Était-ce donc la fin ? Elle réussit malgré tout à l'attraper par les épaules. Elle perçut la stupeur dans ses yeux, il ne la croyait pas si forte. Mais l'étreinte de ses doigts sur son cou ne faiblissait pas. Ils se débattirent un moment. L'un d'eux fit tomber la lampe du bureau. Je vais perdre connaissance, pensa-t-elle. Quelqu'un frappa à la porte avec impatience. L'étau se desserra.

— Entrez ! bredouilla-t-elle d'une voix rauque en se tenant le cou.

La tête de la secrétaire apparut dans l'embrasure de la porte.

— Est-ce que tout va… commença-t-elle, avant de s'interrompre brusquement et de vite refermer la porte.

— Ça aussi, tu vas le consigner dans ton carnet, hein ? demanda Magda d'une voix étouffée.

— Quel carnet ?

Puis ce fut un long silence. Elle le brisa.

— Le tien, Franz… Tu es tellement méticuleux. Tu notes tout. D'après ce que j'ai lu… (Sa voix avait presque repris sa tonalité normale, même si les nerfs sur son cou frémissaient encore.)

— Qu'est-ce que tu as lu ? demanda-t-il doucement en accentuant chaque mot.

Si elle ne le connaissait pas, elle aurait pu croire que tout allait pour le mieux.

— Ton carnet. Le carnet gris à carreaux.

— Tu n'as aucun carnet, murmura-t-il entre les dents.

— Mais si, Franz, bien sûr que si ! Ton écriture est parfaitement lisible. Et l'année 1980 me semble particulièrement intéressante.

Il ravala sa salive. Elle l'entendit distinctement.

Inquiète, la secrétaire passa la tête dans l'entrebâillement de la porte.

— *Raus !* hurla-t-il en lui claquant la porte au nez.

Magda ne l'avait encore jamais vu dans cet état. Son cou était toujours douloureux, mais elle se trouvait hors de danger.

— Alors tu l'as lu, oui ? demanda-t-il en la fixant droit dans les yeux.

Elle ne répondit pas.

— Passe-moi la bouteille de cognac, celle de l'étagère du haut, à gauche, dit-elle après un long instant, et aussi les cigarettes fines que tu gardes dans le tiroir du bas.

Elle s'approcha de la fenêtre panoramique. Elle entendait Franz verser le cognac. L'air sentait le fumier. La vue derrière la fenêtre lui aurait semblé d'une beauté incroyable si Franz ne s'était soudain mis à rire, d'un rire effroyable et sans fin.

C'est comme si je l'entendais encore, ce rire. En disant cela, Magda frissonne.

La femme de Franz passerait sans doute le restant de sa vie dans un centre médicalisé, car il y a peu d'espoir qu'elle recouvre la santé… Pour le reste, la vie s'en est chargée. Le directeur Alfred Zollner a épousé Tamara. Ils ont eu trois enfants. Les yeux de plus en plus cernés, Franz est devenu très nerveux. C'est en tout cas ce que Magda avait appris. Elle ne connaît pas les détails, car elle ne travaille plus dans cette école.

Elle garde une copie du carnet chez elle, à la maison, et l'original est déposé dans un coffre à la banque. On ne sait jamais. Si Franz s'en prenait à elle, lui ou un autre, Magda montrerait le carnet à ceux qui sont en droit de savoir. Elle l'avait dérobé chez lui, la nuit où il l'avait conduite dans sa chambre. Il en avait beaucoup, de ces carnets. Elle en avait pris un au hasard. Il faut toujours être prévoyant et veiller à se protéger. Elle n'a pas vraiment regardé le contenu, ou plutôt si, mais elle l'a oublié. Parfois, mieux vaut ne pas en savoir trop. Ou bien oublier ce que l'on sait.

Magda doit maintenant faire la vaisselle, se dégourdir les jambes. La promenade du soir, c'est très important. Bonne soirée, alors. Sans vouloir être impolie, il est bientôt 21 heures. Demain, elle travaille, et elle doit encore ensuite aller rendre visite à la femme de Franz.

*

C'était quoi déjà le prénom de la femme de Franz ? J'ai un trou de mémoire. Attendez voir… Victoria ! Oui, c'est ça, elle s'appelait Victoria. Si c'est la sœur de Klaus ? Oui ! Klaus, celui qui s'est soûlé à mort en 2000.

ROMAN

Écoute, Peter, combien de fois tu vas venir me voir avec ce magnéto ? Magnétophone ou pas, tu enregistres à nouveau ! Nous avons déjà discuté de cette histoire, je ne sais rien de plus. D'autres questions, mais quelles questions ? Sur Magdalena ? Et qu'est-ce que tu lui veux, à Magdalena ?

Mais jusqu'où peut-on fouiller cette affaire, vieux ? Allez, laisse tomber.

Tout compte fait, je n'ai rien à cacher, on peut causer, mais débranche ce magnéto !

Je suis tombé amoureux d'elle tout de suite. Elle était si naturelle. Différente des petites amies habituelles de Franz, qui étaient toujours maigres, très grandes, avec des cheveux crêpés. Affreuses, en somme. Magdalena était, comment dire, plantureuse. Des cheveux blonds, longs jusqu'à la taille, toujours coiffés en une tresse, des yeux ronds et étonnés. De grandes mains, une belle allure. Cette Ukrainienne, Ioulia Timochenko, lui ressemble un peu. Mais Magdalena était encore plus jolie. Elle parlait magnifiquement l'allemand. Magnifiquement. Un peu trop, peut-être, et très vite, avec parfois, je ne sais pas, un accent autrichien, on aurait dit.

Je l'installais d'abord à la cuisine, je faisais du thé, elle se mettait à l'aise, et j'allais ensuite dans la pièce voisine. Assis là, je m'imaginais des choses invraisemblables en extrayant les petits paquets de son manteau en peau de mouton. Jamais je ne comprendrai Franz, comment avait-il pu exposer Magdalena à un tel danger ? Il répétait qu'elle n'était au courant de rien, qu'on ignorait même qu'ils se connaissaient, il y veillait, mais moi j'ai l'impression que Magda lui était complètement indifférente. Comment aurait-il pu lui faire passer la frontière avec tout ça, sinon ? Hein, comment ?

En réalité, son doctorat, Franz le doit uniquement à Magdalena. Elle prenait des notes pour lui, elle lui préparait des repas dans sa résidence universitaire, qu'elle allait ensuite lui apporter chez lui. Le garçon menait une vie de pacha et il n'en avait même pas conscience. J'ai rendu visite plusieurs fois à Magda, dans sa résidence. La dernière fois, le jour où, à l'heure convenue, elle n'était toujours pas là. J'ai paniqué alors, pensant qu'il lui était arrivé quelque chose. J'étais tellement dingo que j'avais confondu les jours. Franz m'a ensuite traité de tous les noms, il prétendait que je les mettais tous deux en danger – tous deux, tu parles ! Je le mettais LUI, plutôt, en danger, à cause de ma stupidité. Parce qu'il savait bien que j'aimais Magdalena, oui, il le savait.

J'aurais pu aller à Berlin-Est n'importe quand, si j'avais voulu. Il me suffisait juste de remplir un formulaire, de faire la queue à la frontière et de rentrer avant minuit, mais c'était devenu impossible. Tout simplement parce que ce débile s'était mis en tête de s'enfuir. Toutes les deux semaines, j'attendais donc Magdalena et ces fichus gâteaux, et je me promettais de tout lui révéler enfin. Mais je n'en ai jamais eu le courage.

Magdalena traitait Franz comme un mari têtu, tandis que lui la prenait pour une *Magd für alles*[1]. Elle était d'un tempérament explosif, toujours sûre de son fait,

1 Bonne à tout faire.

sauf avec Franz. Franz avait tous les droits. Il pouvait crier, donner des coups, exiger. Magdalena le tolérait car Franz était aussi capable, s'il le fallait, de simuler des sentiments chaleureux. Il avait besoin d'elle. Pour lui, c'était bien pratique de l'avoir à ses côtés. Il avait quelqu'un pour faire passer ses gâteaux, lui préparer ses repas et prendre les cours pour lui. La pauvre fille avait des visières sur les yeux, elle avait l'impression qu'il s'agissait d'un amour romantique, pimenté parce que bagarreur, singulier parce que non consommé. Une parfaite folledingue, une brailleuse. Quand elle arrivait chez moi, trempée de sueur, avec ses gâteaux, on aurait dit une véritable apparition ! Ses cheveux en désordre encadrant son visage, elle était si fraîche, si jeune, si authentique. Dieu, comme je l'aimais alors ! J'avais tant à lui offrir, j'aurais tellement fait pour la rendre heureuse. Mais pensez-vous ! Franz par-ci, Franz par-là. Pour mon frère, pourtant, une petite boulotte comme Magdalena était tout juste bonne à lui faire la cuisine.

Il aurait attendu quelques années, cet idiot, et aurait quitté le pays normalement. Mais non, pas question ! Il aimait l'aventure, les frissons et les intrigues autour de lui. Il a toujours été ainsi. Quand nos parents ne nous voyaient pas, il me battait. Quand je lui rendais la pareille, mon père me flanquait des raclées. Parce qu'il était plus jeune soi-disant, plus faible, ce merdeux puant ! Plus jeune, et alors ? Qu'est-ce que ça change, qu'il soit plus jeune ?

Il avait un an d'avance à l'école. Il travaillait bien, vraiment très bien, il se mettait tous les enseignants dans la poche. Il a sauté une classe, passant directement au cours moyen, et pour finir, on s'est retrouvés ensemble. Mon père était tellement fier ! Mais il était doué, Franz, c'est vrai ! Combien de fois je restais chez moi à plancher sur un problème, alors que lui, de presque trois ans mon cadet, avait déjà terminé tous ses devoirs en classe. « Mais que tu es bête ! » Voilà ce que j'entendais de la bouche de mon père, et je m'en prenais une dans la figure.

Quand j'y réfléchis un peu plus longuement, je me dis malgré tout que Franz n'a pas exploité tous ses talents comme il aurait pu. Il n'a pas choisi la bonne voie. Je ne comprendrai jamais pourquoi il a décidé d'étudier les langues.

Toute sa future « carrière », il la doit principalement à une seule personne : notre professeur d'histoire. Franz lui avait plu et, durant des années, ce professeur en a fait son chouchou. C'était un gros bonnet. J'écoutais en douce mon père, quand il discutait à voix basse avec ma mère à la cuisine, et j'avais appris deux, trois petites choses. Notre professeur menait en apparence une vie normale d'apparatchik, une petite maison dans les beaux quartiers, une femme, un enfant et un chien, mais pas de chance, il aimait les hommes, le bougre ! Il y en a beaucoup, des gars attirés par les hommes. Moi, personnellement, ça ne me dérange pas, ils peuvent bien faire ce qu'ils veulent. Mais à l'époque, ce genre de penchant vous menait tout droit en prison. Franz, ce roublard, connaissait les faiblesses de son professeur. Il les connaissait même très bien ! Depuis tout jeunot, ce petit merdeux se baladait avec son calepin et prenait des notes. Parfois je préférais ne pas trop savoir ce qu'il y inscrivait, parce que je me disais : moins j'en sais, mieux je me porte.

Mais il restait mon frère, tout de même, et je connaissais quelques-uns de ses petits péchés.

Nos parents ont divorcé alors que nous étions très jeunes encore. Mon père, un communiste et un apparatchik endurci, était resté à Berlin-Est ; maman, elle, avait emporté tout ce qu'elle pouvait et était partie s'installer chez sa mère, à Berlin-Ouest. Elle avait traversé le secteur à cinq reprises, chargée de petits baluchons, pour ne pas risquer de se faire prendre avec trop de bagages. *A priori*, cela n'aurait dû regarder personne, mais les soldats rôdaient toujours dans le coin et, ma foi, son cœur se mettait à battre à cent à l'heure. Quelque chose flottait dans l'air. Nous le sentions tous. À l'époque, on pouvait encore passer tranquillement. Ma mère a eu de la chance. Trois jours plus tard, des barbelés étaient installés, des soldats postés tout autour, avec des carabines. Peu après, le mur fut érigé et c'en était fini.

*

Le 12 août… je m'en souviens comme si c'était hier. Une moiteur étouffante. Ma mère traitait mon père de tous les noms à longueur de journée, et la nuit, elle pleurait. Elle ne sortait pas de la maison. C'était insupportable. Je m'inquiétais de ce qui allait advenir. Nous ne nous étions pas encore manifestés au centre d'accueil des réfugiés, ma mère n'avait pas la tête à ça. Et ma grand-mère se lamentait : « On dit que des milliers de personnes s'enfuient par le secteur. Impossible de passer avenue Marienfelde, tellement il y a de monde déjà ! Vas-y, enregistre-toi, bouge-toi, enfin. Mon Dieu, ça va être la guerre, la guerre ! »

Je venais de comprendre que je ne reverrais sans doute plus jamais mon père. Mon monde était resté là-bas, de l'autre côté du mur. La radio diffusait de la musique, interrompue de temps à autre par le discours de Willy Brandt et les pleurs de ma grand-mère. La voix en provenance de la radio annonçait ce que j'avais pressenti d'instinct en entendant mes parents se disputer, ou lorsque les élèves de mon ancienne classe, à Berlin-Est, se divisaient en deux camps : les uns qui avaient peur, mais croyaient que les choses allaient s'arranger d'une manière ou d'une autre, et ceux qui, le lendemain ou le surlendemain, s'enfuiraient là-bas. LÀ-BAS. C'est-à-dire ici, là où je me trouvais désormais. Quelque part de l'autre côté d'un mur qui allait s'ériger sans plus tarder.

Je sentais dans l'air le courant paralysant dont parlait Willy Brandt : « Quelle peur a permis à ce courant de prendre de l'ampleur ? La réponse à cette question est la suivante : les Soviétiques projettent une attaque sur notre pays, seul un très petit nombre de personnes a conscience de la gravité de cette menace. Les gens dans le secteur ont peur de voir emmurés ceux qui se trouvent derrière le rideau de fer. Ces gens-là ont peur de se retrouver enfermés dans une gigantesque prison. »

La nuit, je criais :

— Papa se fait emmurer ! Franz se fait emmurer !

— Il doit avoir de la fièvre.

Maman allait chercher le thermomètre, grand-mère m'appliquait des compresses froides sur le front.

J'avais treize ans et j'attendais avec angoisse la construction de la prison gigantesque. Je ne savais pas qu'une campagne électorale débutait en Allemagne fédérale. Je ne savais rien, en dehors du fait que tout, dorénavant, serait différent. Mieux peut-être ? Pour le moment, en tout cas, ça allait mal.

Des racines polonaises

Maman avait des racines polonaises. Son père était polonais. Il est mort à la guerre. Grand-mère disait qu'il avait été tué par les fascistes. Maman, elle, affirmait qu'il n'était pas du tout mort, mais qu'il s'était sauvé en Angleterre.

— Il avait un frère, disait-elle, un homme bien, vraiment très bien.

Il paraît que ce frère, notre oncle donc, avait disparu au cours de la bataille de Westerplatte[1]. Qui sait aujourd'hui, ce qu'est Westerplatte ? En Pologne, peut-être qu'on le sait, mais ailleurs dans le monde ? Ma mère m'en a beaucoup parlé. Elle est née à Gdańsk, ou Dantzig, si on veut, en allemand. Comme son arrière-grand-mère, sa grand-mère et sa mère. Ma mère et ma grand-mère vivaient de souvenirs, surtout ma grand-mère. Depuis que j'étais tout petit, elle me parlait de Wrzeszcz, le quartier de Gdańsk où elle avait grandi et où elle avait connu mon grand-père. Elle me parlait aussi du frère de son mari, celui qui avait disparu pendant la bataille, et de son épouse qui, comme ma

1 La bataille de Westerplatte (2-7 septembre 1939) marque le début de la Seconde Guerre mondiale. Les troupes allemandes livrent une attaque contre la garnison polonaise comprenant une centaine de soldats qui résistent héroïquement.

grand-mère, était allemande, de leur fille. Toutes deux étaient restées dans leur quartier d'origine, elles n'avaient pas fui Gdańsk. Maman et grand-mère leur ont envoyé des paquets et des lettres en Pologne toute leur vie durant.

À la maison, maman nous parlait en polonais. Elle nous serinait : « Il y a autant d'hommes en toi que de langues que tu parles. » Je reconnais sincèrement que ça ne me faisait ni chaud ni froid et que je lui répondais souvent en allemand. Franz, quant à lui, râlait depuis qu'il était tout petit, il répétait qu'il était allemand, qu'elle le laisse donc tranquille. Pourtant il ne parlait pas trop mal le polonais. Moi, de mon côté, je me débrouillais plutôt bien, à vrai dire, sûrement mieux que mon frère.

Maman était la nièce préférée de cet oncle de Westerplatte, et ce dernier avait bien veillé à ce qu'elle n'oublie pas ses racines polonaises. Elle se considérait comme polonaise, d'ailleurs.

Elle parlait polonais avec un accent allemand, mais elle martelait qu'elle était polonaise. Sans doute qu'avec ce Westerplatte aussi, les choses ne s'étaient pas vraiment déroulées comme on le racontait. Mais on sait comment ça se passe dans les familles, chacune veut avoir son héros pittoresque, et chez nous, c'était cet oncle, justement. Même Franz écoutait nos histoires la bouche grande ouverte. Il faut dire aussi que maman, en voyant nos yeux ébahis, en rajoutait toujours un peu. Elle ne savait prier qu'en polonais, ce qui n'a rien d'étonnant, au fond. Aujourd'hui, les Allemands eux-mêmes prient en polonais, parce qu'à Berlin, dans les églises catholiques, on ne trouve plus que des prêtres polonais. Moi aussi, je vais à l'église polonaise. Depuis peu, mais j'y vais. Et aussi à la chorale.

Et puis quand elle jurait, là aussi, elle le faisait uniquement en polonais. Comment elle disait déjà ? *Kurwa*, oui, c'est ça, « putain » !

Mon père nous interdisait de parler polonais à la maison.

— Si tu veux parler polonais, va donc chez ta mère, va donc le faire là-bas. Mais n'essaye pas de contaminer les garçons. Ici, on est en Allemagne, et ce n'est pas chez moi qu'on va parler polonais ! hurlait-il.

Ma mère lui répondait en polonais, et en hurlant, elle aussi :

— C'est bien là la nature allemande ! Ils ont un grain quelque part avec leur fichu teuton !

Et puis elle claquait la porte, si fort que les vitres des fenêtres se mettaient à vibrer.

Elle continuait à n'en faire qu'à sa tête de toute façon. Je n'oublierai jamais le jour où elle a forcé Franz à lire *Quo vadis* en polonais.

Du reste, parler de la sorte à la nièce du « héros » de Westerplatte, c'était jouer avec le feu, mais notre père n'en savait rien. Il était trop pragmatique, il ne comprenait pas l'âme slave. Comment avaient-ils pu tomber amoureux d'ailleurs, et même se marier, je n'en sais rien. Et puis, finalement, mon père a eu ce qu'il méritait. C'était un rustre. Aujourd'hui, je le comprends un peu mieux. Mon père, un petit fermier de Halle, qui avait rêvé d'une Allemagne libre. Il croyait ardemment au communisme et en Walter Ulbricht, et en Khrouchtchev aussi, il y croyait dur comme fer, en chacun d'entre eux, à toute cette idéologie. Pour cela, je le respecte. Pour y avoir cru. Car après cette terrible guerre, il fallait être ou stupide ou drôlement généreux pour croire encore en quoi que ce soit.

Mon père était rarement à la maison. Il passait des heures à organiser, militer, faire de la propagande, assister à des réunions, et il n'avait pas trop de temps ni pour nous ni pour notre mère. Parfois, il réussissait à se procurer du chocolat tchèque. « Tiens », disait-il en me caressant les cheveux. Il m'a aussi appris à faire du vélo. C'est tout.

L'éducation, c'était l'affaire de ma mère. Elle m'a élevé, moi. Mon frère, Franz, jusqu'à ses dix ans seulement. D'ailleurs, il a toujours suivi ses propres chemins, et s'il écoutait quelqu'un, c'était notre père.

Franz voulait absolument rester avec notre père, j'aurais préféré, moi aussi, être avec lui plutôt qu'avec ma mère, mais qu'est-ce que j'avais à dire ? Ma mère fonçait poings serrés sur mon père en hurlant qu'elle ne rendrait pas les enfants, jamais. Finalement ils ont négocié, comme au bazar, mon père a décidé de garder Franz. Je suis certain qu'il ne réalisait pas que leur dispute, cette fois, c'était du sérieux, que ce serait définitif… Ils négocièrent ainsi pour tout : pour l'argent, les enfants, pour savoir qui avait raison ou tort. Ma mère pleurait, criait, et mon père se montra grossier, inflexible comme jamais auparavant ; depuis la fenêtre encore il vociféra si fort contre nous que tout le monde pouvait l'entendre :

— Et ne t'avise pas de revenir ici !

S'il avait su qu'avec ses paquets, elle s'en allait ainsi chez sa mère en m'emmenant avec elle, du côté ouest, peut-être aurait-il réfléchi, mais cela n'avait même pas dû lui traverser l'esprit. Il devait se dire : ça lui passera, elle reviendra. N'avait-elle jamais dormi chez une amie ? Mais il s'était trompé dans ses calculs. Franz, lui, était debout derrière le rideau et il pleurait. Je savais qu'il pleurait, parce qu'il avait toujours sa tête de travers quand il pleurait.

J'ai détesté mon père. Pas pour ma mère ou pour moi, mais à cause de Franz et de sa tête de travers.

Ma mère a aimé mon père toute sa vie. Elle était partie, elle l'avait quitté, mais elle l'aimait.

Mon père est mort brusquement. Après sa mort, ma mère était complètement anéantie. Nous n'avons pas pu nous rendre à l'enterrement. Nous n'avons pas obtenu d'autorisation. Plus tard, on nous a raconté qu'au cimetière, il n'y avait que des dignitaires et qu'ils avaient prononcé des discours sans fin. Franz aurait passé plusieurs nuits allongé près de la tombe, sans bouger. Nous n'avons pu nous rendre sur la tombe de mon père qu'un an après sa mort. En 1971. Sans la politique de Willy Brandt, nous n'aurions pu aller nulle part. Je n'étais qu'un blanc-bec révolté à l'époque et je me conduisais comme si la mort de mon père ne me faisait ni chaud ni froid.

Après sa mort, Franz changea du tout au tout. À cause de lui, ma mère voulait retourner à Berlin-Est définitivement. Mais ma grand-mère et moi l'en avons dissuadée tant bien que mal. Elle supportait difficilement le passage de la frontière. Surtout la procédure qui allait avec. Mais à partir de 1971, dès qu'on a pu franchir la frontière plus librement, pas un seul mois ne s'écoulait sans qu'elle ne rende visite à Franz. Pour l'éducation, en revanche, il était déjà trop tard. Franz avait vingt ans. Elle l'aimait plus que moi, je le sais. Il était son remords. Elle revenait vieillie de dix ans de ces visites.

Elle pleurait :

— Ils vont l'achever complètement là-bas.

— C'est un garçon intelligent, la consolait grand-mère.

— Si tu savais comme c'est dur pour lui ! Si tu savais !

— Je sais, ma fille, je sais !

— Tu ne sais rien !

Finalement ma mère se mit à boire. Peut-être que si elle était retournée auprès de Franz, ç'aurait été mieux pour elle, qui sait ? Mais, bien sûr, c'était impossible. D'ailleurs, je ne sais plus moi-même.

Grand-mère en Pologne

Un jour, ce devait être en 1973, ma grand-mère s'est décidée à faire un voyage en Pologne. Pour le mariage du petit-fils de l'oncle qui avait disparu autrefois à la bataille de Westerplatte. Elle régla une montagne de formalités et partit à Gdańsk, pour le cher quartier de son enfance. À son retour, elle n'était plus tout à fait la même.

— Ma petite Inka, dit-elle en retrouvant ma mère à la gare, Inka, j'ai tout vu, ton école, la crèche où tu allais petite, notre église. Notre rue s'appelle maintenant Grażyny.

Elle pleurait.

— Chut, maman ! Les gens regardent !

Et moi, je l'apostrophai :

— Et comment devrait-elle s'appeler ? Schillerstraße ?

Quelques jours auparavant, j'avais regardé un reportage sur la visite de Willy Brandt à Varsovie. On le voyait agenouillé devant le monument aux héros du ghetto, en pleine méditation. J'avais été fortement impressionné.

— Et pourquoi pas ?

Grand-mère me regarda, l'air hagard, avant de poursuivre :

— Plus aucune de nos connaissances n'habite là-bas, les rues sont les mêmes, mais l'esprit est différent.

Elle s'arrêta un instant pour reprendre son souffle, et ajouta, l'air étonné, comme si elle venait juste de le réaliser :

— Mais ils s'en sortent tout à fait bien.

— Tu nous raconteras plus tard.

Maman la tira par le coude, car le métro que nous devions prendre pour aller chez Franz arrivait.

Je me suis emmêlé les pieds dans la valise, elle était lourde, et moi, d'une humeur de chien. Nous avions récupéré grand-mère à la gare de Berlin-Lichtenberg, du côté est. Il ne fallait pas parler fort ici, de ce côté-ci de Berlin, on parlait tout bas. Et grand-mère n'arrêtait pas de jacasser. J'étais très sensible moi aussi, autant que ma mère.

Le train en provenance de Gdańsk n'allait pas jusqu'à l'Ouest, et il en est encore ainsi aujourd'hui. Cela arrangeait bien ma mère. Elle avait un bon prétexte pour aller rendre visite à Franz. Elle devinait que je ne voudrais pas l'accompagner. J'évitais au maximum les passages de frontière. Mais ma mère savait comment s'y prendre :

— Tu ne vas pas venir chercher grand-mère avec moi ?

— Non !

— Elle serait si heureuse de nous voir tous ensemble…

— Mince alors !

— Elle aura sûrement beaucoup de bagages…

— …

— C'est tout le cas que tu fais de ta grand-mère ?

— C'est bon, je viendrai.

À la frontière, j'ai eu droit à une fouille corporelle. La journée s'annonçait merveilleusement.

Je ne supportais pas les frontières, les gares est-allemandes, les grandes rues et les néons blafards qui pâlissaient de plus en plus à mesure que l'on s'éloignait du centre, jusqu'à disparaître complètement. Le train nous amenait vers notre ancienne maison où je n'étais retourné que deux fois tout au plus après notre « déménagement » :

en 1971, un an après la mort de mon père, et ensuite à l'anniversaire de Franz. La dernière fois que nous nous étions retrouvés réunis ici tous ensemble (grand-mère, maman, Franz et moi), c'était encore avant la construction du mur.

Nous sommes montés dans la rame. Nous croisions des rues familières, des places, des murs de briques et un bâtiment où l'on pouvait lire : « ENSEMBLE, UNIS, VERS UN MÊME BUT ». Le train frôla pratiquement le panneau ; même s'il avait un peu pâli, il était toujours aussi criard que lorsque j'étais petit. J'ai soudain senti dans l'air l'odeur surie des petits pains Graham et de la chicorée. Une odeur venue de ma petite enfance. De la maternelle, je crois. Maman nous y conduisait en métro tous les matins. Sur place, il fallait boire de la chicorée au lait avec la peau et manger des petits pains Graham secs. Oui, c'était exactement cette odeur-là ! Je n'aimais pas la peau sur le lait ni les Graham. J'ai eu un haut-le-cœur en y repensant, et j'ai regardé autour de moi, inquiet. Tout allait bien, j'étais grand. J'avais un Wrangler sur les fesses et des cheveux longs, et je n'étais ici que de passage.

Mes yeux se sont posés sur ma grand-mère. Elle n'avait jamais été mince, mais, avec l'âge, elle avait grossi et occupait maintenant deux places assises. Elle tenait son sac à main serré contre sa poitrine en regardant nerveusement de tous côtés. Ses mains étaient délicates. J'ai remarqué des rougeurs malsaines sur son visage. Cette lubie qu'elle avait eue ! Revoir Gdańsk ! Et rendre visite à Franz, maintenant ! Maman était assise avec son gâteau sur les genoux, heureuse, souriante, je ne l'avais pas vue ainsi depuis longtemps. Elle avait acheté le gâteau dans une pâtisserie de l'Est. La pensée de la mousse jaune et de la gelée rouge me donnait la nausée. En la voyant assise, là, avec son gâteau, j'ai eu un instant de panique : et si j'avais seulement rêvé que je n'habitais plus ici ?

La rame était presque vide. Pas de parasites, pas de chômeurs dans la capitale de la RDA ! Tout le monde le sait. Ici, on était laborieux, ici on travaillait pour tendre « ENSEMBLE, UNIS, VERS UN MÊME BUT ». En même temps que nous voyageaient deux ou trois personnes : un type en faux Wrangler, un journal à la main, un garçon, la tête plongée dans un livre, ainsi qu'une petite fille en manteau gris, avec une peluche grise et un sac à dos gris également. Était-elle vraiment si grise que ça ? Je ne sais pas. Sûrement. Mon regard surprit encore une petite vieille avec un fichu sur la tête et des filets à provisions. Remplis de légumes, sans doute, parce qu'on voyait dépasser des poireaux. La petite vieille tenait serré entre ses genoux un vieil arrosoir, un peu rouillé. Elle devait rentrer du jardin ouvrier. Qui donc, à Berlin-Ouest, faisait pousser des poireaux dans un jardin ouvrier ? me suis-je demandé. Et qui prenait le métro en transportant un arrosoir rouillé ? Qui revenait de son jardin avec des filets à provisions ? Y avait-il, même, à Berlin-Ouest, des jardins ouvriers ? Sans doute, oui, et les gens y allaient pour bêcher, semer, sarcler. Mais moi, je voulais tout voir à ma manière, autrement. Autrement. Autrement. Autrement : cette pensée me martelait la tête au rythme des roues qui tambourinaient sur les rails. La petite vieille sourit avec bienveillance. Je ne lui rendis pas son sourire.

— On descend, me dit ma grand-mère en secouant doucement mon épaule.

Je suivais maman et grand-mère en lambinant, encombré par la lourde valise ; je m'efforçais de ne penser à rien. Dans la cage d'escalier de notre immeuble, un garçon flirtait avec une jeune fille. Une femme à l'étage secouait une couverture. Maman releva la tête.

— Bonjour, madame Hanemann !

— Bonjour !

Mme Hanemann. J'allais en classe avec son fils.

Dans la cage, une odeur de moisi. Depuis des années, cette même odeur qui méprisait le temps et se jouait de moi, le nouveau Roman. Je me traînais comme ma grand-mère dans les escaliers, même s'ils me semblaient moins raides qu'autrefois.

— Qu'est-ce que t'as à faire la tête ? me lança ma mère, debout devant la porte. Dépêche-toi !

— Laisse-le tranquille ! dit ma grand-mère en me pressant le coude.

Franz ouvrit la porte et, l'air inquiet, jeta un coup d'œil à l'extérieur.

— Vous ne pouvez pas faire moins de bruit ? On vous entend à des kilomètres à la ronde !

— Bonjour, mon fils !

— Moins fort, maman !

— Franz, mon chéri !

Grand-mère, tout essoufflée, ne cachait pas son émotion :

— Comme tu m'as manqué ! Mon brave garçon !

Elle essuyait ses larmes. Elle ne rendait pas visite à Franz aussi souvent que maman, et j'avais l'impression que Franz lui-même était un peu ému.

Je l'ai tapé sur l'épaule, pour me donner une contenance :

— Eh bien, mon vieux !

Il haussa légèrement un sourcil.

— Mon garçon, comment peux-tu vivre dans un tel bazar ? criait ma mère du fond de l'appartement. Allez, les enfants ! Mettez l'eau à chauffer pour le café, j'ai apporté un gâteau !

Et déjà elle accrochait son pardessus au portemanteau, retroussait ses manches, prenait une profonde inspiration, car, chaque fois qu'elle venait chez Franz, elle faisait le ménage. Elle se comportait comme si elle n'avait jamais quitté cette maison.

— Comme d'habitude, c'est le bazar ! gémissait-elle.

— Quel bazar ? bougonnait Franz, et il déballait le paquet de cigarettes qu'elle avait fait passer en fraude pour lui, pendant que je mettais à chauffer l'eau pour le café. Dans la même bouilloire qu'autrefois.

— C'est comme avant ! constata maman avec un sourire et en ouvrant le réfrigérateur. Mon garçon, mais tu n'as rien à manger ! Je vais devoir aller faire des courses !

Franz et moi avons échangé un regard. Grand-mère, entre-temps, avait entamé sa tirade, nous rappelant qu'après sa mort, il ne faudrait pas oublier la famille de Gdańsk, patati, patata. Au milieu de la table, sur une assiette ébréchée, trônait déjà le gâteau gélifié et fourré à la crème.

Lorsque nous avons quitté l'appartement, Franz a poussé un soupir de soulagement. Moi aussi.

Le tunnel

Le 13 août 1981, alors qu'une grande parade militaire défilait dans la capitale est-allemande pour célébrer le vingtième anniversaire de la construction du mur de Berlin, mon frère fuyait vers l'Ouest par le tunnel que mes amis et moi avions construit. Dans ces moments difficiles, j'ai été aidé par Jürgen, le plus grand fou que je connaisse. D'un côté du mur comme de l'autre, notre contact était le professeur de Franz, le fameux gars qui aimait les hommes.

Diverses conclusions me trottent dans la tête. Je pense parfois que c'est grâce aux peaux de mouton de Magdalena et à ses gros pulls, d'où j'enlevais ces petites « choses », que nous avons eu la paix pendant que nous creusions. À d'autres moments, je me dis que ça n'avait rien à voir. Honnêtement, aujourd'hui encore je n'en sais rien.

C'est moi qui décousais ces « trucs » des vêtements de Magdalena, pour les remplacer par quelque chose de similaire. Je n'étais pas obligé de le faire en réalité, mais Franz m'avait supplié de l'aider, et finalement j'avais accepté. Il s'agissait de très petits objets, plats, transparents et flexibles. Je n'ai jamais su ce que c'était exactement, je n'ai pas vérifié, je n'avais pas envie; d'ailleurs, ça n'aurait servi à rien. Je les cousais dans le col du manteau de Magda, et l'été, dans le revers de la manche de son pull. Selon les instructions de Franz. Je les plaçais toujours dans des endroits différents et j'étais mort de trouille à chaque fois. J'achetais le *Spandauer Volksblatt* tous les jours, même si l'information codée ne figurait dans le journal que toutes les deux semaines maximum. Parfois dans la rubrique « Vente de meubles », mais le plus souvent dans la nécrologie : *Nous avons le grand regret de vous faire part de la mort de notre mère, grand-mère et épouse adorée…* dont le nom commençait par A, et le prénom par la première lettre du mois en cours. J'apprenais ainsi l'heure et l'endroit où je devais livrer ces trucs minuscules ou les récupérer pour les coudre ensuite dans les manteaux et les pulls de Magdalena. La plupart du temps, les échanges se faisaient dans un cimetière. Il n'en manquait pas à Berlin. Je brûlais le journal aussitôt après dans le poêle.

Évidemment que je sais ce qu'il y avait dans les gâteaux. Il n'y avait rien du tout. C'était juste une façon de détourner l'attention des douaniers de tout le reste – de Magdalena, de ses gros pulls et de ses gros manteaux.

Que faire de Magdalena ?

Le jour où Franz s'est enfui, Magdalena dormait chez moi. Pas à mes côtés, malheureusement. J'espérais toujours qu'elle ferait attention à moi, qu'elle comprendrait. Mais elle était surtout occupée à écrire des lettres à Franz, des lettres qu'elle ne pouvait pas lui envoyer, bien entendu. Elles atterrissaient dans mon tiroir qui, au bout d'un an, débordait de partout. Comme Magdalena. Ces gâteaux lui profitaient bien. Le contenu du réfrigérateur, elle ne le mangeait pas, elle le dévorait. Tant qu'elle mangeait par appétit, ma foi, ça ne me dérangeait pas ! Mais elle mangeait par nervosité, et tout le temps. Pour tout dire, quand je repense à Magdalena, je la vois toujours en train de grignoter. Toujours quelque chose à la bouche. Elle grossissait.

Elle aimait Franz. Elle aurait tout fait pour lui. Tout ! Sauf qu'elle ne lui servait plus à rien. Qui plus est, depuis des années, Franz était amoureux de Victoria.

Ah, Victoria... Elle, c'est une autre histoire encore. Victoria était la fille de ce gars qui aimait les hommes. J'ignore par quel miracle il avait réussi à l'engendrer, mais c'était vraiment son père. Nous étions ensemble en primaire. Elle avait deux ou trois ans de plus que moi, mais on se voyait à la piscine. Elle nageait très bien et faisait partie du club de natation, comme Franz et moi. Sans me vanter, moi aussi je nageais bien, et nous nous retrouvions souvent en compétition. C'est comme cela que nous nous sommes connus. Victoria ne prêtait aucune attention à Franz, et cela lui prenait la tête. Tu penses ! Il avait cinq ans de moins qu'elle, six même, peut-être, tu te rends compte ! Victoria était mince et grande. Elle avait des yeux verts et un long cou bien galbé. Elle se tenait toujours droite, la tête haute, mais elle n'était pas orgueilleuse. Elle avait ce quelque chose en elle. Beaucoup de garçons avaient le béguin pour elle. Moi aussi, j'étais amoureux, mais j'étais trop jeune pour le comprendre. D'ailleurs, j'estimais qu'elle était trop belle pour faire attention à moi, et j'ai vite laissé tomber. Elle passait souvent nous voir à la maison, c'est vrai, et ma mère l'aimait beaucoup. Mais enfin, ça ne voulait rien dire.

Quand nous avons quitté l'école, le père de Victoria travaillait avec le mien, cela nous a rapprochés encore davantage. Pas loin de chez nous, il y avait un glacier extraordinaire, on y allait, elle et moi, manger des glaces. Nous parlions pendant des heures, de tout et de rien, c'était une fille vraiment chouette. Je me souviens que Franz, souvent, nous espionnait et il allait pleurnicher ensuite auprès de papa en se plaignant que je ne voulais pas l'emmener avec moi.

Lorsqu'il réussit enfin à séduire Victoria, maman et moi étions de l'autre côté du mur depuis longtemps. Franz devint fou, il laissa tout de côté, son évasion, son doctorat. Durant cette période, il y eut un temps mort, plus question de gâteaux ni d'expéditions et, d'une manière générale, plus aucun contact. À partir du moment où Victoria manifesta un peu d'intérêt pour Franz, seule cette idylle compta pour lui, et il voulait à tout prix se débarrasser de Magdalena. Elle devait s'en aller coûte que coûte. La Pologne ne lui semblait pas très sûre. Or, à l'époque, Magdalena pouvait encore sans problèmes traverser la frontière germano-polonaise. Tout comme je pouvais, moi, franchir celle entre les deux Allemagnes. De temps en temps, j'y étais bien obligé. Nous ne pouvions pas régler tous les détails par téléphone, Franz et moi !

— Il faut l'envoyer dans un endroit d'où elle ne pourra pas revenir, me disait-il, fébrile.

Pour se débarrasser d'elle, il avait prévu un plan minutieux. Je ne sais pas comment il s'y était pris. Peut-être lui avait-il envoyé des mouchards ? Ce genre d'actions, ça vous rapportait des bonus au final, et éloignait de vous le danger des soupçons. Je suis prêt à accuser mon frère de tous les maux. Je suis peut-être naïf, je sais peu de choses, mais il est vrai que Franz se comportait alors de manière étrange, et il était capable de tout.

Mon rôle consistait à faire croire à Magdalena qu'elle s'était fait repérer, qu'elle risquait gros. La déstabiliser, pour qu'elle se pose des questions, par exemple : « Et maintenant, qu'est-ce qui se passe ? On fait quoi ? » La persuader qu'elle ne pouvait plus rentrer chez elle, et que Franz ne pouvait pas s'enfuir. Je devais lui fabriquer des faux papiers au plus vite et l'envoyer au diable vauvert. Elle n'était plus utile à Franz, effectivement, mais je n'avais nulle intention de l'envoyer où que ce soit. J'ai pris alors une décision de ma propre initiative, sans en informer Franz. Magdalena en valait la peine. J'ai décidé qu'elle resterait à Berlin, chez moi.

Si seulement j'avais pu en prévoir les conséquences, j'aurais sans doute agi autrement. Ou peut-être pas, je n'en sais rien. Parce que Magdalena s'est effondrée. Elle restait couchée des journées entières, à regarder le plafond et à manger. Une loque humaine. Ce fut une période difficile pour elle ! Elle ne voulait pas de moi et de ma main tendue. Elle voulait mourir. Elle se sentait coupable, elle pensait qu'à cause de cet incident à la frontière, elle avait brisé la vie de Franz. En réalité, c'est moi qui ai brisé la sienne. J'aurais pu lui dire la vérité : écoute, ma fille, rentre chez tes parents, tu n'as rien fait de mal, Franz s'est servi de toi, il ne t'a jamais aimée. Mais moi je t'aime.

J'ai choisi le silence… en espérant qu'elle finirait peut-être par se rendre compte de mes sentiments pour elle.

*

Des odeurs de corps en sueur. Le tunnel. Des pas au-dessus de nos têtes… Je ne pouvais pas les entendre, mais je les entendais pourtant. Combien de fois j'en ai rêvé déjà ? Dans ces moments-là, je l'imagine toujours à mes côtés, je me blottis contre son corps tiède et je plonge dans une douce langueur. Pendant très longtemps, le corps de Nadia s'est substitué à celui de Magdalena.

La NBC

L'idée de faire sortir Franz a germé dans ma tête, en vérité, et j'ai du mal à comprendre pour quelles raisons je m'emporte ainsi et pourquoi j'ai raconté toutes ces sottises avant-hier. Notre mère était décédée, et sur son lit de mort je lui avais promis de prendre soin de Franz. Elle me faisait confiance. Pour elle, notre évasion et mes études à l'Université libre de Berlin, c'était l'accomplissement d'un rêve dont le destin avait privé Franz. Je me devais donc de pallier cette injustice. J'étais jeune, je croyais ce que me disait ma mère.

— C'est si dur pour lui, répétait-elle souvent.

Elle aimait en parler, mais moi je refusais de l'écouter. Il n'y en avait toujours que pour lui, Franz, toujours Franz.

Je me suis retrouvé seul, vraiment seul, car je ne pouvais pas compter sur ma grand-mère, qui agonisait dans un hospice, plutôt à cause de ses escarres, d'ailleurs, que de son cancer. J'étais en cinquième année de sciences politiques et de maths. Je voulais devenir enseignant. Mon idole, c'était Willy Brandt. Le monde des symboles m'avait toujours fait peur, mais j'ai fini par me laisser entraîner.

Pour être exact, c'est moi qui ai instillé l'envie de fuir dans l'esprit de Franz, mais je l'ai vite regretté. Je n'aurais jamais imaginé pareille réaction de sa part. Ses yeux se sont enflammés, et c'est devenu son seul sujet de discussion.

Il s'énervait, voulait s'évader sans attendre. Passer la frontière légalement était hors de question. En faire la demande, c'était s'exposer à des représailles, comme l'exclusion de l'université, voire l'incarcération, sous un prétexte bidon. Ma proposition de lui venir en aide, ma détermination à vouloir le faire sortir avaient ouvert en lui des vannes d'espoir, tant et si bien que Franz ne pensait plus qu'à une seule chose : s'enfuir !

Finalement, après des années de discussions acharnées et de préparatifs, sans compter les voyages avec les gâteaux et la mise en danger de Magdalena, une occasion inespérée de passer la frontière de manière simple et rapide s'est présentée : dans le coffre de la voiture diplomatique du fameux type de Franz ! À l'époque, il se rendait fréquemment à Berlin, jusqu'à plusieurs fois par mois. Il fallait saisir cette opportunité qui n'allait peut-être pas durer bien longtemps, qui sait ? Tout était déjà prêt, mais un incident de dernière minute a dû se produire, et Franz, finalement, ne s'est pas enfui.

— Je ne mettrai pas mon cul dans la Volga de ce pédé, a-t-il seulement déclaré.

Le pire, c'est que les voyages du type ont cessé. Franz a essayé de me donner une explication plausible, le mec, paraît-il, avait refusé, voilà tout. Ce qui était parfaitement crédible. Qui accepterait facilement un passager clandestin au risque de tout perdre ? Pour ma part, j'avais plutôt l'impression qu'il s'agissait d'autre chose. Et concrètement, du fric de la NBC.

Le chef de la NBC nous avait proposé de filmer l'évasion de Franz. Il était au courant du projet grâce, justement, au type qui aimait les hommes. C'est en tout cas ce que soutenait Franz. Je m'en souviens comme si c'était hier, un gars m'a appelé, il s'est présenté comme étant le plus proche collaborateur du chef de la NBC, et il est tout de suite entré dans le vif du sujet. On s'est rencontrés le lendemain.

Assis à la terrasse d'une brasserie, dans le quartier de Zehlendorf, nous avons discuté en anglais. À cette heure de la journée, les clients étaient peu nombreux. Le vent soufflait fort, l'automne venait de commencer, et des filets de sueur ruisselaient dans mon dos. J'observais les chênes branchus en rêvant de devenir l'un d'eux. De cesser d'exister. Tout simplement. De me muer en un arbre au feuillage bruissant. Quand je repense à tout cela aujourd'hui, j'en ai encore la chair de poule. Les gâteaux, les manteaux en peau de mouton, les colis, les films, je me demande comment j'ai fait pour que mes nerfs ne lâchent pas…

Avant de recevoir le premier acompte, il a fallu leur prouver que c'était du sérieux et que l'enjeu en valait la peine. Un jeudi, à 20 h 45 – je m'en souviens très bien, il pleuvait des cordes –, ledit collaborateur du chef de la NBC, accompagné d'un type plus âgé et très élégant, est monté dans la voiture de Jürgen. Nous leur avons bandé les yeux et les avons conduits sur place. On a fait quelques petits détours pour leur faire croire que c'était loin. Jürgen était dans son élément, un vrai James Bond ! Une heure plus tard, nous arrivions sur place. On leur a retiré les bandeaux avant de leur montrer l'endroit exact où nous avions commencé à creuser, ainsi que notre modeste matériel, car nous manquions cruellement d'argent. Ils étaient impressionnés. On a fumé un demi-paquet de cigarettes, on leur a de nouveau bandé les yeux et on les a reconduits en ville par des routes détournées. Bond appuyait sur le champignon. On se serait cru dans un film.

Ensuite, nous sommes allés dans un petit hôtel minable où, deux heures plus tard, nous avons conclu l'affaire par une poignée de main. L'un des hommes, le plus âgé, tenait absolument à agrandir et élargir le tunnel, il lui fallait plus d'ampleur.

— Vous comprenez ? On n'a pas besoin d'un trou, mais d'un vaste couloir, il faut de la place pour les caméras, pour les fugitifs et pour nous… Et pour vous aussi, bien sûr.

— Ah oui ! Et pourquoi ne pas y ajouter aussi quelques passants pour qu'ils puissent prendre des photos souvenirs en pleine action, hein ? a alors demandé Jürgen, excédé.

Le vieux lui a lancé un regard assassin, mais Jürgen n'a pas bronché. Par la suite, ces deux-là ne s'adressèrent plus qu'à moi.

— Vous recevrez autant d'argent qu'il vous faut. On ne va pas lésiner pour ce tunnel.

Les soucis d'argent qui m'empêchaient de dormir étaient donc résolus pour le moment. Nous avons reçu un gros acompte, payé en trois fois. Grâce à ce financement, nous avons pu poursuivre les travaux, acheter une camionnette d'occasion, des pelles, déblayer la terre. Une fois l'action terminée, on devait recevoir le solde. On a fini par se disputer à cause de ce fric, car, au moment des comptes, Franz et son fameux type ont détourné le reste de la somme.

Je n'ai sans doute pas assez surveillé les choses. Mais l'argent, je m'en fichais pas mal. Tout ce que je voulais, c'était faire sortir Franz, comme je l'avais promis à notre mère.

Le tunnel – suite

Mais avant de pouvoir le faire, il fallait d'abord terminer de creuser ce fichu tunnel. Je vais peut-être un peu trop vite, je reprends donc depuis le début. On creusait dans le quartier de Wedding, et une petite dizaine de gars étaient de la partie. Des amis et nos connaissances proches, rencontrés à l'université, pour la plupart. Deux autres personnes étaient également dans le coup, mais j'y reviendrai par la suite.

Sacrée conspiration, à une époque où les agents de la Stasi étaient partout !

Nous étions nombreux, il n'empêche qu'on manquait toujours de bras pour travailler. Nous n'étions pas assez pour une action d'une telle envergure, mais les gars avaient vraiment la trouille, et ce, des deux côtés du mur. Le mur, ou plutôt une forteresse infranchissable.

Tout comme Franz, Jürgen et les autres étaient avides d'aventures et d'argent. Ils étaient au courant pour la NBC. Après quelques mois de travail acharné, ils se voyaient déjà sous la lumière des projecteurs, au journal télévisé, une belle somme d'argent en poche. Moi, depuis le tout début de notre travail dans le tunnel, j'étais saisi de doutes. Je la sentais mal, toute cette affaire, et j'avais même l'intention de me retirer, mais les gars ne voulaient rien savoir.

Comme je l'ai déjà mentionné, c'est moi qui avais suggéré à Franz de construire ce tunnel, car je ne voyais pas d'autres solutions. Franz était tellement excité que, en l'espace de quelques mois à peine, il avait pris la décision de s'évader par la cave de l'un des immeubles situés à proximité du mur. Pas trop près, mais tout de même. Il me disait qu'il avait examiné le terrain dans les moindres détails. J'ignore comment il avait pu le faire, car les patrouilles sillonnaient souvent les quartiers frontaliers. Se balader près du mur aurait pu se terminer de manière tragique pour lui. Mais qui aurait pu dire ce qui passait par la tête de Franz ? Personne ! En quelques jours, il s'était procuré une carte détaillée du secteur avec toutes les mesures nécessaires. Un vrai travail de professionnel ! Je suis mathématicien, je m'y connais. La carte indiquait les endroits les plus dangereux, comme une conduite de gaz, par exemple, ou des travaux sur la voirie. Bref, Franz disposait d'une carte stratégique, précise au centimètre près. Je me demande où il l'avait dégotée. Qui avait fait tous ces calculs pour lui ? Je le lui avais demandé à l'époque, mais il éludait mes questions, revenant toujours au même sujet.

— Frérot ! Trouve-moi une équipe ! Des gens qui savent bosser ! répétait-il sans en démordre.

J'ai vite compris que quelque chose clochait. J'avais un mauvais pressentiment. Et j'avais raison. Franz était un idiot ! Dès le début, il a reconnu avoir mis au parfum le type qui aimait les hommes. Je tiens à le souligner, pour qu'on n'aille pas imaginer que je cautionnais tacitement son comportement bizarre et maladif. Non ! Tout se passait à mon insu, sans mon consentement. J'ai failli rompre tout contact avec Franz lorsque j'ai appris qu'il avait mis ce type dans la confidence. J'étais stupéfait. Je lui ai tourné le dos, prêt à m'en aller.

— Tu veux foutre ton propre frère dans la merde ? Espèce de salaud ! Moi, je veux t'aider, et toi, pauvre crétin, tu vas voir un agent… Non mais t'es malade ! me suis-je écrié en partant.

Franz a couru derrière moi en menaçant de se mettre à hurler, là, dans la cage d'escalier, si je ne revenais pas immédiatement, car il n'avait rien à perdre, lui. Et il a ouvert sa bouche d'abruti.

Ce genre d'argument, à Berlin-Est, en 1980, était très persuasif. J'ai fait demi-tour. Pourtant, je ne comprenais toujours pas pourquoi Franz avait fait cela. Il savait bien qui était ce type, puisqu'il ne s'en était jamais caché. Un officier de… de quoi au fait ? Face à ce genre d'individu, il ne fallait rien dévoiler. Rien ! Notre père non plus n'en avait pas une très bonne opinion. Bien sûr, il ne le disait pas ouvertement, mais nous sentions qu'il le craignait et ne lui témoignait qu'un respect contraint et forcé. En apparence, tout allait bien : notre amitié avec sa fille, les réunions entre nos parents, mais nos relations semblaient empreintes de peur et d'hypocrisie. J'avais peine à croire qu'avec un père tel que lui, Victoria puisse être une fille aussi sympathique. Comme je n'ai jamais compris pourquoi Franz entretenait des relations si cordiales avec cet individu.

Je me suis assis dans le canapé de notre ancien appartement. Un canapé plus vieux que moi. Mes parents l'avaient acheté peu après leur mariage. C'était la dernière fois que je me trouvais assis là, dans cet appartement. Par la suite, nous nous rencontrions uniquement dans des parcs ou en ville. Mais, à ce moment-là, les choses me semblaient définitivement compromises. Franz m'a alors regardé droit dans les yeux en m'assurant qu'il contrôlait tout. Au bout d'un long moment seulement, il a ajouté qu'il n'avait pas le choix.

Comment pouvait-on ne pas avoir le choix ? Et quel choix au juste ?! Pourquoi s'était-il rendu chez un officier de la Stasi en lui révélant qu'on était en train de creuser un tunnel ? Cela me dépassait. Franz m'a répondu qu'il s'agissait d'un ami de la famille, que cet homme comptait beaucoup pour notre père. D'un geste, je l'ai fait taire : il comprit qu'il était inutile d'avancer ce genre d'arguments. Pas avec moi.

— Je lui fais confiance, je n'ai pas d'autre possibilité. Si je ne l'avais pas mis au courant, dit-il en cherchant ses mots… eh bien ! je ne serais certainement pas assis là, en ce moment, avec toi.

Il n'a plus rien dit. Et moi, je lui ai annoncé que je me retirais de l'affaire, il n'avait qu'à demander à ce type de lui creuser son tunnel.

Franz m'a alors demandé :

— Tu veux vraiment savoir ce qui est en train de se jouer là ?

— Non, lui ai-je répondu instinctivement.

Ce fut de nouveau le silence.

— Je comprends. Mais sache qu'il ne nous empêchera pas de construire ce tunnel, car il tient bien plus que nous à ce que rien ne filtre. Je te le jure, mon vieux !

Aujourd'hui encore, j'ignore ce qu'avait voulu dire Franz, et lorsque j'aborde le sujet avec lui, il fait semblant de n'avoir jamais rien dit de tel.

— Tu as dû rêver ! me lance-t-il, comme à son habitude, me tournant une fois de plus en ridicule.

Pour finir, c'est le hasard qui a déterminé la construction du tunnel.

Bien entendu, je n'avais pas gardé le projet pour moi. Je n'allais quand même pas creuser le tunnel tout seul, non ? Le premier à qui j'avais parlé du plan d'évasion, c'était Jürgen. Mais sans lui préciser que nous construisions ce tunnel pour un homme seulement. J'ai inventé une histoire, racontant que c'était pour plusieurs personnes, parmi lesquelles se trouvait mon frère. J'ai menti, et cela m'a beaucoup pesé. Jürgen et moi, on se connaissait depuis l'enfance. Lorsqu'en 1961, après mon évasion, je m'étais retrouvé dans une école de Berlin-Ouest, Jürgen avait été le premier à me tendre la main. C'était l'un des rares élèves qui ne me traitaient pas de sale communiste. On n'oublie pas ce genre de choses.

Jürgen nous avait raconté qu'une amie de sa tante s'était évadée par le fameux « tunnel 29 ». Cédant à nos demandes insistantes, la tante en question s'était fait inviter chez ladite amie pour prendre un café. Elle nous avait emmenés avec elle et nous avait présentés comme des chercheurs qui consignaient les souvenirs des gens ayant quitté illégalement la RDA. Son amie se montra plutôt réservée, voire suspicieuse, et refusa de parler de quoi que ce soit avec nous. Vexée et inaccessible, elle n'arrêtait pas de lancer des regards pleins de reproches à la tante de Jürgen. Rien d'étonnant. Nous étions sur le point de sortir, lorsque Jürgen a fait mine de pleurer. Il nous a joué une de ces comédies ! Jamais je n'oublierai cette scène : sa mère, sa grand-mère, sa tante vivaient depuis des années de l'autre côté du mur, et lui se retrouvait orphelin, racontait-il en reniflant. La tante de Jürgen en était restée bouche bée. Tout comme moi. Bien entendu, il mentait comme un arracheur de dents. Du coup, la dame aussi a pleuré tout son soûl. Elle caressait la tête de Jürgen (qui avait déjà plus de trente ans à l'époque) en lui fournissant des informations qui avaient de quoi nous effrayer. Les cent soixante-dix mètres du tunnel que Franz nous avait montrés sur papier me semblaient à présent totalement absurdes. Elle nous a aussi parlé de tuyaux éclatés, d'éventuelles inondations, de dangers pouvant surgir à tout moment, de mouchards, d'agents, et d'un tas de choses que je n'avais absolument pas prises en compte. J'étais épouvanté. Une fois de plus, j'ai décidé de tout laisser tomber et, durant une semaine, je n'ai plus rien voulu entendre. Jürgen, lui, c'était tout le contraire ! Il a déclaré qu'il continuerait à creuser coûte que coûte, avec ou sans moi, et que je devais le mettre en contact avec la personne du côté est.

Avec Franz à l'Est et Jürgen à l'Ouest, je n'avais plus le choix.

La femme nous a raconté que, sans l'aide d'un certain homme, toute leur action serait tombée à l'eau. L'homme en question était un *Fluchthelfer*[1]. Elle nous a même donné son adresse. Sauf qu'il n'y habitait plus. Nous avons cependant fait des recherches, pendant plusieurs semaines, et fini par le retrouver. En vérité, c'est Jürgen qui l'a retrouvé.

Tiens, c'est la première fois que je raconte comment nous avons fait sa connaissance. Nous avons longuement sonné à une porte à la peinture écaillée. L'homme qui nous a ouvert n'avait pas l'air très en forme. Il paraissait fatigué. En plus, il puait la vodka. J'ai fait signe à Jürgen de laisser tomber. Évidemment, il n'a pas réagi, car il éprouvait une affection particulière pour les chats, les chiens et les clodos. Alors, pourquoi ne pas se lier d'amitié avec un ivrogne ? Aussi lui a-t-il demandé depuis le seuil :

— Vous aidez bien à organiser des évasions, monsieur ?

1 Une personne qui aide les fuyards.

Si l'homme était ivre, il a dessoûlé d'un seul coup. Mais il ne voulait pas entendre parler d'une quelconque collaboration. C'était ne pas connaître Jürgen ! Il l'a charmé en moins d'une heure.

Le type en question s'appelait Klaus.

— Tu parles trop, dit-il à Jürgen dès le premier jour.

Après seulement quelques discussions, il nous a fait comprendre que le projet du gars de l'Est n'avait aucune chance d'aboutir et que, de toute façon, l'affaire lui semblait louche. Je ne pouvais qu'acquiescer mentalement.

Très vite, il nous a présenté Thorsten. Thorsten était plus jeune que Klaus, il devait avoir à peu près notre âge. Il avait un physique incroyable, assez impressionnant. C'était un géant musclé, au visage d'ange. Sa peau lisse et ses grands yeux bleus n'allaient pas du tout avec son crâne rasé. Il était très beau. Au point que je me demandais s'il ne se faisait pas trop remarquer.

Il était architecte de métier, avions-nous appris. Bien qu'il n'ait pas participé à la construction du « tunnel 29 », il avait pris part à d'autres actions dont, tout comme Klaus, il refusait de parler. Du reste, cela ne nous intéressait pas, à l'époque. Pendant les jours qui ont suivi, nous nous sommes retrouvés dans les endroits les plus divers, pour tout revoir depuis le début. Thorsten avait anticipé les moindres difficultés et était au courant de détails dont je n'aurais même pas supposé l'existence. Cela devenait sérieux. Malgré son expérience considérable, Thorsten écoutait toujours Klaus. Ce dernier avait une parfaite connaissance du terrain ; les décisions finales en matière de construction et de technique lui revenaient. Klaus prit la décision de commencer les travaux sur le terrain d'une vieille fabrique désaffectée, qui avait déjà servi d'entrée pour un premier tunnel. Selon lui, jamais personne n'aurait eu cette idée, et il en était très fier.

Personnellement, je ne la trouvais pas si terrible que ça, son idée.

— Tu vois, mon grand, c'est exactement ce qu'ils pensent à l'Est, dit-il pour me rassurer. Et ici aussi, d'ailleurs, ajouta-t-il en buvant sa vodka directement au goulot.

— Assez !

Thorsten se leva et lui arracha la bouteille des mains. Il alla la vider dans l'évier.

Si seulement c'était possible, mon évier aurait sans cesse la gueule de bois.

*

Une fois les travaux entamés, Klaus cessa de boire. Une semaine plus tard, il était beau comme un dieu, et personne n'aurait jamais pu croire que cet homme était porté sur la bouteille. De toute façon, il était très mystérieux. Mais ça, tu le sais aussi bien que moi. Le premier jour, il s'est pointé à notre rendez-vous en fredonnant, un walkman sur les oreilles.

— Qu'est-ce que tu écoutes ? lui ai-je demandé.

La musique dans son casque marchait si fort que Klaus ne pouvait pas m'entendre.

— C'est Elvis ! répondit Thorsten à sa place.

Le lendemain, Klaus est arrivé avec son walkman et une guitare accrochée à l'épaule.

— Et ça, c'est pour quoi faire ? lui demanda Jürgen en toquant contre l'étui.

— Tu verras.

— Klaus aime bien gratter la guitare de temps en temps, expliqua Thorsten en me lançant un clin d'œil.

Quelques jours plus tard, Thorsten apporta une trompette.

— Non, mais ça va pas!? fis-je, incapable de comprendre leurs intentions.

— Toi aussi, tu vas te mettre à jouer? voulut savoir Jürgen, étonné.

— On va former un groupe! lança Klaus en s'esclaffant.

Le jour même, nous nous présentions chez le propriétaire de l'usine pour louer les locaux. Il ne cacha pas sa stupéfaction. Il ne comprenait pas que quelqu'un puisse avoir besoin d'une usine en ruine.

— Vous n'envisagez aucune production, aucun investissement, vous n'avez aucune activité commerciale…, répétait-il, perplexe.

— Non, avons-nous acquiescé en chœur.

— Et puis-je vous demander ce que vous comptez y faire?

— De la musique!

C'est ainsi que nous avons pu profiter « légalement » des ateliers d'une usine ayant servi une fois déjà d'entrée à un tunnel. Et pas n'importe lequel, le fameux « tunnel 29 »! Je dois avouer que je me sentais un peu comme dans un mausolée. Klaus soutenait que la présence de marne dans le sol était si importante à cet endroit qu'on pourrait se passer de toute nouvelle construction pour soutenir la galerie.

— Ça reste à prouver, déclara Jürgen en tapotant les poutres de soutien vermoulues.

— Si j'avais su à l'époque ce que je sais aujourd'hui, je me serais passé de construction de soutien. La terre est tellement dure ici qu'elle supporte tout.

Nous étions néanmoins un peu inquiets à l'idée d'une possible inondation, mais Thorsten semblait confiant. Il a dit qu'il avait bien réfléchi et que la galerie devrait se trouver à huit mètres de profondeur, c'est-à-dire deux mètres de plus que le « tunnel 29 ».

— On va creuser en montant progressivement. En cas d'inondation, l'eau s'écoulera vers le bas et il sera plus facile de l'évacuer, affirmait-il.

Klaus fumait deux, trois paquets de Camel par jour en réfléchissant à l'évacuation de la terre. Penché au-dessus de ses plans, il se grattait la tête. Pour finir, il décida de résoudre le problème du transport de la terre autrement cette fois-ci. Il me l'expliqua tout en écoutant *You'll Never Walk Alone*, chanté par Elvis, bien sûr.

J'ai poussé un soupir :

— Ça ne marche pas un peu fort ?

Il n'a pas réagi.

— Pas la peine de construire des rails, s'écria-t-il, car la voix d'Elvis montait en puissance.

— Alors comment ferons-nous pour évacuer la terre ? hurlai-je.

— J'ai une autre idée, fit Klaus en battant la mesure avec un crayon contre le plateau de son bureau. On va acheter des conteneurs.

— Quoi ?

— Des chariots !

Klaus proposait d'utiliser des *Fleischsatten*, des conteneurs à roulettes qui servaient à transporter de la viande.

Walk on, walk on with hope in your heart, entendait-on partout dans l'usine. Cela devenait insupportable.

— Klaus, baisse-moi ça, je t'en prie !

— Quoi ?

J'ai esquissé un geste avec la main.

— On vient de former un groupe de musique, non ?

J'ai agité la main une deuxième fois, mais Klaus n'a pas baissé le son. C'est donc accompagné par *Suspicious Minds* et *I'm a Roustabout* que j'ai dû écouter une multitude de détails concernant les *Fleischsatten*.

Lorsque je repense à cette période-là, je revois toujours Elvis, et dès que j'entends chanter Elvis, je vois le tunnel.

Les *Fleischsatten* ne sont pas immenses, mais ils ont une grande contenance, et aussi des roulettes. Malheureusement, à l'usage, ce n'était pas évident. Plus le tunnel s'allongeait, plus cela devenait compliqué, les roues, inadaptées à la surface accidentée, n'arrêtaient pas de se casser sous le poids considérable de la terre, et il fallait les remplacer. Une fois, la pièce qui fixait les roues au chariot s'est rompue entièrement, et il a fallu en acheter un nouveau, ce qui impliquait des coûts supplémentaires. Un chariot valait cinq cents marks ! En tout, nous avons dû en racheter cinq nouveaux ainsi que plusieurs dizaines de roues, ce qui ne pouvait manquer d'étonner le grossiste qui commandait le matériel pour nous à Düsseldorf. Certes, nous faisions très attention à ce que les commandes soient passées chaque fois par des personnes différentes. Espérant dissiper ainsi les soupçons.

Le plus inquiétant était que l'argent fondait à vue d'œil. *Fluchthelfer*, ce n'est pas seulement une fonction de prestige, mais un vrai métier aussi, parfois. Klaus et Thorsten exigeaient d'être payés à la semaine. Il faut dire qu'ils ne ménageaient pas leurs efforts, il n'empêche qu'à eux deux, et avec ces fameux *Fleischsatten*, une bonne partie de la somme déjà payée par la NBC avait été engloutie. Et nous avions encore beaucoup de travail à abattre et des dépenses en prévision. Certains d'entre nous dormaient dans les caves de l'usine, afin de ne pas perdre de temps dans les transports. J'ai fini par l'interdire, craignant d'éveiller malgré nous les soupçons du voisinage.

— Quel voisinage ? Personne n'habite ici ! hurla Jürgen en échangeant un regard complice avec Thorsten.

Les voilà tous contre moi, pensai-je.

— Il faut bien surveiller tout ce fourbi. Quelqu'un devrait rester ici jour et nuit, intervint Klaus en posant son bras sur mon épaule. Il y a toujours le risque de voir débarquer des visiteurs indésirables.

Klaus était le seul à me comprendre. Les autres pensaient que j'exagérais, que j'étais trop prudent, trop émotif. Des gens, pourtant, habitaient bien à proximité de l'usine, et ils nous observaient très certainement. Nous essayions d'arriver sur place le soir ou tôt le matin, et évitions soigneusement d'entrer tous ensemble sur le terrain, mais chacun séparément, tour à tour, une personne toutes les quinze minutes.

— Tout ça commence à te rendre fou, m'a dit Thorsten un jour.

Et sans doute avait-il raison.

Au parc

J'ai regardé autour de moi. Tout ce que je voyais, c'était une excursion scolaire, des gamins sans cesse rappelés à l'ordre par leur enseignante et un couple d'amoureux, le regard fixé sur deux cygnes qui nageaient dans l'étang. Rien de spécial.

Pour nos indispensables mises au point, on se donnait rendez-vous dans ce parc. Notre parc. Je n'étais pas de très bonne humeur. Une heure plus tôt, j'avais dû subir une fouille corporelle à la douane. Normal.

J'adorais ce parc. Notre mère nous y emmenait souvent quand nous étions petits. C'est ici que mon père m'avait appris à faire du vélo. À l'époque, ce parc était pour moi comme une véritable forêt. Aujourd'hui, je remarquais surtout ses bancs dévastés et ses poubelles éventrées. L'autre face de Berlin-Est, la capitale de la République démocratique allemande. J'ai demandé à Franz s'il voyait toute cette saleté. Il m'a répondu qu'il ne connaissait rien d'autre. Oui, la construction du tunnel était une bonne décision.

La cave

De plus en plus souvent, il fallait traverser la frontière pour étudier les environs et les détails de notre entreprise, côté est. Cela exigeait des nerfs d'acier et engendrait des dangers de diverse nature. Jürgen devint un expert en la matière. Comme motif de ses demandes, il notait dans les formulaires qu'il voulait rendre visite à son vieux grand-père, qui vivait dans le quartier éloigné de Mahlsdorf. Ce grand-père existait réellement. Jürgen traversait donc la frontière et, pour éviter tout soupçon, il passait d'abord chez lui, ensuite réglait ses affaires – enfin, les nôtres – et puis, s'il lui restait du temps, il retournait voir son grand-père. Ainsi Jürgen partit un jour en reconnaissance pour étudier la Rheinsberger Straße. Une autre fois, il devait chercher le numéro 4 de la Ruppiner Straße, mais il découvrit que l'immeuble avait été démoli. Il fallut changer les plans. Nous savions où se trouvait l'entrée du tunnel, mais à quel endroit en sortir, ça, nous l'ignorions encore…

Jürgen avait une nombreuse parentèle avec qui il entretenait des relations suivies. Il comptait, par exemple, visiter Berlin-Est avec sa grand-mère presque centenaire et les autres membres de sa famille vivant à l'Ouest. Ou aller chez son cousin, dont le fils fêtait sa *Jugendweihe*[1], ou encore chez son grand-père. Il avait constamment des affaires à régler à l'Est.

— Mais qu'est-ce que tu fabriques là-bas, bon sang? lui demanda Thorsten.

— Diverses choses…

Un jour, il était allé avec sa grand-mère faire des courses chez Salamander. Ils étaient partis ensemble s'acheter de nouvelles chaussures à Berlin-Est. Véridique! Ils avaient fait sensation en traversant la frontière, parce que la grand-mère, vêtue avec élégance, portait aux pieds des bottes en caoutchouc, Jürgen aussi, d'ailleurs. Plus tard, ils s'étaient tous deux débarrassés de leurs bottes et avaient refranchi la frontière, chaussés de souliers chics, de chez Salamander bien entendu!

— Des jolies chaussures, se vanta Jürgen, pas chères, en cuir.

Thorsten, Klaus et les autres gars fixaient Jürgen, les yeux écarquillés.

— Tu plaisantes, sans doute? dit Thorsten.

Klaus, lui, sortit sa guitare et, quelques instants plus tard, on entendait dans tout le bâtiment :

Well, it's one for the money… You can do anything but lay off of my blue suede shoes.

Les gars tapaient des mains, ils riaient, Klaus était dans son élément, j'étais le seul à ne pas avoir le cœur à la fête.

— Tu es vraiment parti là-bas pour acheter des chaussures? je lui ai demandé.

1 Cérémonie laïque destinée aux adolescents de quatorze ans et directement héritée de la RDA. Rite étatique quasi obligatoire, la *Jugendweihe* – littéralement « consécration de jeunesse » – peut être définie comme une « introduction solennelle dans le monde des adultes ».

— Et qu'est-ce que tu croyais ! s'exclama-t-il, tout fier, en me montrant pour la énième fois ses mocassins, pas mal du tout, il faut bien le dire.

Pour parler franchement, c'était la seule chose qui lui allait à peu près bien, parce qu'on savait tous comment il s'habillait, Jürgen… Ainsi, donc, il se rendait à Berlin-Est très souvent. Mais, désormais, d'autres affaires étaient en jeu. Il n'était pas question de se faire repérer, on ne pouvait se permettre la moindre erreur. Jürgen, cependant, vivait dans son monde. Hélas ! il lui était arrivé plus d'une fois de se présenter à la frontière quelques minutes à peine avant minuit. À minuit, les papiers perdaient leur valeur, et se présenter après l'heure était tout simplement imprudent. Jürgen jouait avec le feu, et il surgissait souvent sur la Friedstrichstraße au dernier moment. La frontière était déserte à cette heure-là : arrachés à leur somme, les douaniers n'étaient guère de bonne humeur. Ils sermonnaient longuement le pauvre bougre et regardaient ses papiers, en mémorisant bien son visage. Parfois, ils soulevaient le combiné du téléphone et un garde-frontière venait chercher Jürgen pour procéder à une fouille corporelle. Ce comportement inconsidéré me rendait fou.

— Je vais craquer ! hurlais-je en perdant une fois de plus le contrôle de mes nerfs. Ce n'est pas compliqué, je vais craquer.

Ce jour-là encore, Jürgen était arrivé en retard, et il nous racontait cela comme si de rien n'était.

— Du calme, du calme… nous interrompit Klaus, mais, à son air, je voyais bien qu'il en avait assez, lui aussi.

Je me rappelle un des nombreux conseils de notre état-major. De nouveau, il fallait franchir la frontière. Cette fois, pour trouver une cave, au 45, Brunnenstraße, qui aurait finalement servi d'entrée au tunnel du côté est.

Thorsten et Klaus avaient un plan, ils avaient repéré l'entrée, le bâtiment, tout convenait à merveille, mais ils ignoraient à quoi ressemblaient les sous-sols. Il fallait étudier en détail l'emplacement des caves, des escaliers, les dispositifs de sécurité. Si les caves avaient des fondements en béton, c'était fichu, cela ferait trop de bruit au moment de percer la sortie, il faudrait donc trouver une autre solution.

Nous étions convaincus que Jürgen effectuerait le déplacement. Toutefois, échaudé par les scènes que je lui faisais à chacun de ses retards, il déclara qu'il n'en avait pas la moindre intention.

— J'y suis allé une centaine de fois, et je ne suis passé de justesse que trois fois seulement, hurlait-il.

— C'est ça !!!

J'ai tapé du poing sur la table, effrayé de ma propre violence. Les rendez-vous avec la NBC, les objets suspects que je devais coudre dans les pulls de Magdalena, ajoutés aux allers-retours dans les cimetières, c'en était trop, mes nerfs me lâchaient.

En l'espace de quelques minutes à peine, nous avons eu le temps de nous exprimer mutuellement nos griefs. Pour finir, Jürgen se leva et claqua la porte. Klaus sortit derrière lui pour tenter de le calmer. Jürgen revint quelques instants plus tard, mais nous avons repris de plus belle.

— Tu as changé, me reprochait de plus en plus souvent Jürgen, ce en quoi il m'énervait encore davantage, car je sentais qu'il avait raison.

— Calmez-vous ! s'écria Thorsten pour clore la discussion.

Malheureusement, cette fois-là, c'était tombé sur moi. Aujourd'hui, je me dis que cela valait mieux finalement.

Car seuls Klaus, Thorsten, moi et toi, Peter, savions où devait se trouver l'entrée du tunnel, côté est. Même Franz, jusqu'au dernier moment, n'en avait pas la moindre idée. Une telle conspiration me plaisait bien.

Nous t'appelions « P'tit Peter » ? Tu le savais, ça ?

Il n'était pas question d'exposer les gars qui nous aidaient à creuser. Je me suis opposé à ce qu'on t'envoie, toi, bien que Klaus ait insisté en disant qu'on pouvait se fier à P'tit Peter. J'ai décidé d'endosser l'entière responsabilité. Klaus et Thorsten étaient grillés, du fait de leurs actions passées, et donc il ne restait personne d'autre que moi pour partir en reconnaissance. Rencontrer son frère dans un parc, c'est une chose, c'en est une autre que de fureter dans la zone frontalière. Je devais me rendre à Berlin-Est pour dénicher cette fameuse cave au 45, Brunnenstraße. Et non seulement la trouver, mais l'ouvrir aussi, éventuellement, sans éveiller les soupçons de quiconque.

Elle doit être fermée à clef. Ou pas ? me demandais-je. Peut-être est-elle simplement cadenassée ? Je réfléchissais dans le train, les yeux fixés sur le panneau : « ENSEMBLE, UNIS, VERS UN MÊME BUT ». Je sentais à nouveau l'odeur de la chicorée et des petits pains Graham. Beurk ! Je suis sorti. J'avançais comme si j'étais en transe. J'avais peur, tout simplement. Je me trouvais dans un endroit non autorisé, dans la zone frontalière quasiment, et du côté est avec ça, alors que j'étais un citoyen de la RFA. Si je me faisais prendre, c'était fini. J'arrivais au but, les jambes flageolantes, sans avoir croisé une seule patrouille. Une ville de fantômes, ai-je pensé furtivement. J'ai franchi un portail. Des murs écaillés. Pas un chat. Au fond, dans la cour, une femme étendait du linge. Je suis resté figé.

M'avait-elle remarqué ? Du calme, Roman, du calme ! J'ai reculé tout doucement, sur la pointe des pieds, pour pouvoir me cacher derrière le portail. La femme entra dans la cage d'escalier, laissant la porte grande ouverte. J'ai décidé d'attendre. Quelqu'un finirait bien par ouvrir cette cave !

Peu à peu, je perdais espoir. Des enfants, tout d'abord, dévalèrent l'escalier ; ensuite, une femme, mais personne ne descendit à la cave. Tous sortaient par l'autre porte, celle qui donnait sur la rue. Un peu plus tard, quelqu'un descendit à nouveau. Une maman tenant son enfant par la main. Parfait, je vais attendre ici jusqu'à perpète. J'ai jeté un coup d'œil par une fente, rien ne se passait. Mais au bout de plusieurs minutes, j'ai entendu des pas à nouveau et j'ai vu la silhouette voûtée d'un homme. Que portait-il à la main ? Un seau ! Un seau dans une main, une canne dans l'autre. Le petit vieux sifflotait tout bas, s'arrêtait de temps en temps pour se reposer, il sifflait, faisait une nouvelle pause, enfin il sortit un trousseau de clefs de sa poche, et moi, en remerciant Dieu et en lui promettant mille choses en échange (d'arrêter de fumer, de ne plus toucher à la vodka...), j'ai suivi le grand-père aussi vite que possible... car, à l'évidence, il se rendait à la cave ! Je marchais sur la pointe des pieds en retenant mon souffle et en me demandant comment je réagirais s'il se retournait. Mais le grand-père était entièrement occupé à descendre les marches, faiblement éclairées par une ampoule blanche. Enfin, nous atteignîmes le sous-sol. Mon guide se traîna vers la gauche et s'arrêta devant une porte faite de planches. Il laissa sa clef sur le cadenas et disparut à l'intérieur. De mes mains tremblantes, je retirai le trousseau pour prendre les empreintes des autres clefs avec du mastic. J'avais tout juste réussi à m'occuper de la dernière lorsque j'entendis des pas dans l'escalier. J'ai vite remis la clef dans le cadenas en faisant un bond de côté, et je me suis caché derrière un tas de vieux meubles. Par chance, la cave de ce visiteur devait se trouver quelque part du côté opposé, car je n'ai vu personne. Pendant ce temps, le petit vieux avait emporté ses pommes de terre et avait pu quitter les lieux, en refermant la porte à clef. J'ai poussé un juron.

Le mystérieux visiteur a passé plusieurs heures dans sa cave. Et moi avec. Je ne m'ennuyais pas. Je devais gérer un autre problème : j'avais une envie pressante. Mon imagination me fournissait pas mal de distractions : je me suis d'abord vu en phase de décomposition, puis en squelette recouvert d'une toile d'araignée, un morceau de mastic à la main. Puis, comme dans un kaléidoscope, de nouvelles images sont apparues : je me trouvais dans un camp de travaux forcés, emprisonné pour une vingtaine d'années au moins. L'état de ma vessie a eu raison de ma terreur, j'ai ouvert ma braguette. Le bruit du jet s'est répercuté en un écho sourd le long des murs de la cave. J'ai tendu l'oreille. Rien, silence total. Dans ma tête, je m'imaginais déjà en Sibérie, en peaux de mouton, des *valenki*[1] aux pieds, en train de me régaler de racines, lorsque, enfin, une clef grinça dans la serrure et quelqu'un ouvrit la porte d'entrée de la cave. Puis, j'entendis une petite voix :

— Papa ! Papa ! Maman est sortie, tu peux remonter à la maison !

Cette histoire, celle du type qui se cachait à la cave pour échapper à sa femme, j'ai dû la raconter pendant des années à Klaus et à Thorsten, quand on se voyait au Singe bleu. Pourtant, je n'avais pas le cœur à rire à ce moment-là. L'enfant était sorti, mais pas le père. J'ai attendu cinq minutes, rien,

1 Bottes de feutre portées en Russie.

dix minutes, rien. Un, deux, trois : allez ! J'ai laissé tomber les racines et les *valenki*, décidant que c'était maintenant ou jamais. Je filais vers l'Ouest, comme si j'étais poursuivi par un ours de Sibérie. Je suis arrivé à la frontière à 23 heures pile.

Les travaux du tunnel progressaient, mais sans cesse surgissaient de nouvelles difficultés. Nombre d'entre nous avaient un emploi, certains une famille, des enfants. On devait creuser tous les jours et en continu, hormis quelques heures pendant la nuit. Il fallait faire vite. Bien entendu, nous ne pouvions pas tous creuser en même temps, nous avions donc un graphique, un plan de répartition, établi à la minute.

Quand j'y repense aujourd'hui, Peter, finalement, de nous tous, c'est toi qui avais le plus de temps libre. Tu creusais, tu conduisais le camion, tu réglais mille problèmes, ne serait-ce que l'évacuation de la terre, etc. Klaus et Thorsten rigolaient toujours en évoquant ta mystérieuse retraite anticipée. Invalidité, tu parles ! Tu travaillais comme quatre au tunnel, mais tu serais incapable de rester assis derrière un bureau à cause de ton mal de dos ? Pour tout dire, sans toi, je ne m'en serais pas sorti, tu planifiais les graphiques, tu expédiais toute la paperasse, tu nous fournissais en provisions. Tu étais capable de t'occuper à la fois des détails organisationnels et de ton jardin. Tu te souviens comme je te bassinais avec mes questions : « Mais pourquoi as-tu besoin d'un jardin, et qu'est-ce que tu y fabriques ? – Je cultive des légumes, me répondais-tu, tu sais, de la salade, des tomates, des poireaux, etc. »

Tu changeais ma vision du monde.

Jürgen et moi ne chômions pas non plus. Nous enseignions déjà tous deux à l'école et étions pris jusqu'à 15 heures au moins. Je ne sais pas comment nous faisions pour préparer nos cours, enseigner, creuser, enseigner, creuser, enseigner et creuser encore... Il n'est pas arrivé une seule fois, me semble-t-il, que quelqu'un manque à l'appel. Les gars devaient inventer de sacrées excuses pour leurs familles et leurs amis, trouver des explications pour justifier leurs absences des jours entiers, des nuits entières parfois. Ce n'était pas facile. Une fois, la femme d'un gars l'a même suivi jusqu'à l'usine, et lorsqu'il est rentré chez lui, après minuit, ses valises se trouvaient devant la porte. Elle hurlait : « Môssieur s'est imaginé des rendez-vous galants dans une usine ! » Le gars était effondré. Finalement, Thorsten s'est rendu chez cette épouse, il a usé de je ne sais quels arguments, et la bonne femme s'est calmée. Plus tard, Thorsten m'avait expliqué : « Lorsque tu ne sais pas quoi inventer, dis la vérité, tout simplement. »

Dans les cas difficiles, on envoyait toujours Thorsten pour négocier, il avait du bagout, et puis il était beau gosse, quoi !

La conversation

Au sous-sol de l'usine, juste à l'entrée du tunnel, les gars avaient accroché des photos de leurs proches, ceux qu'ils voulaient faire sortir du secteur est. Il y avait beaucoup d'enfants. Cela vous fendait le cœur. Difficile de trouver meilleure motivation. C'est Klaus qui leur avait soufflé cette idée. Un vrai pro ! Je me dis souvent qu'il a gâché ses talents de stratège, et parfois aussi qu'il a eu une fin terrible. Évidemment que j'ai des remords, tu n'en as pas, toi ? Le laisser se soûler à mort de cette façon…

Grâce à Klaus et aux calculs de Thorsten, et les miens aussi, tout se déroulait sans difficulté majeure. Nous creusions le tunnel en nous relayant. Nous étions bien organisés et, malgré quelques disputes et désagréments liés à cette tâche pénible, nous étions vite parvenus à la frontière de l'Est. Le moment que nous craignions le plus. Comment faire pour passer ? Malgré toutes nos précautions, creuser un tunnel sans faire de bruit était tout simplement impossible. Les *Fleischsatten* faisaient sans conteste moins de boucan qu'un chariot sur les rails, mais on ne pouvait pas exclure non plus d'avoir été mis sur écoute.

— Mais qu'est-ce que tu vas encore inventer ! s'exclama Jürgen, qui me reprochait mon anxiété exagérée.

— Il a raison. Je ne cesse d'y penser. Pourquoi ai-je tant insisté pour les chariots à roulettes, hein ? Pour cette raison, précisément ! Imaginez seulement le fracas si on devait pousser des caisses à coups de pied, ou bien les tirer par des cordes… dit Klaus, confirmant ainsi mes craintes.

Selon toute probabilité, des micros, sensibles au moindre bruit, étaient installés dans les caves du côté est, à proximité du mur. Même si nous ignorions tout de l'équipement dont disposaient les gardes-frontières, il y avait de fortes chances pour qu'il soit très performant. Peut-être n'étaient-ils pas en mesure de déterminer avec exactitude la provenance du bruit, mais savoir qu'ils enregistraient le moindre frémissement du sol me rendait malade. Désormais, le danger pouvait surgir à tout moment. Nous devions en tenir compte. On ne plaisantait plus !

— Ils peuvent construire un tunnel qui nous coupera la route. Creuser à trois ne suffit plus, il faut au moins quatre personnes en permanence ici, voire cinq ! C'est plus prudent, expliquait Klaus, énervé.

— Et je les trouve où ? Tu peux me le dire ? Nous avons notre travail à l'école, nous trimons ici, et les autres aussi ont leur vie, lui répondais-je d'une voix désespérée.

— Ah ! ça, aucune idée ! concluait-il, préoccupé, en reprenant sa besogne.

De son côté, Jürgen était un intarissable puits d'optimisme. Le lendemain de cette discussion, il s'est pointé chez moi avec sa grand-mère qui, nous le savions tous, était le chef de leur clan familial. Elle m'a dit qu'elle était au courant de tout et avait demandé à ses quatorze fils et petits-fils de la région de Hambourg de venir nous prêter main-forte. Du reste, je ne sais plus trop quel était le lien entre eux. Elle avait tout organisé sans nous en parler, ni à moi ni aux autres, juste à Jürgen.

— Fais quelque chose, sinon je risque de perdre patience, dis-je en regardant Thorsten.

À ma grande surprise, Thorsten et Klaus considéraient que ce n'était pas plus mal, au fond. Tandis que, pour des raisons évidentes, j'évitais de mettre au courant qui que ce soit, eux associaient à notre projet un tas de personnes sans mon consentement, sans même daigner m'en informer. J'en avais assez ! Il faut croire que mon avis ne comptait plus depuis longtemps. Si Jürgen a décidé d'engager toute sa famille sur le chantier du tunnel, très bien ! je m'en lave les mains, me suis-je dit.

— Il faut toujours qu'il râle ! déclara Jürgen.

Cependant, grâce à l'aide apportée par sa famille, les travaux avançaient à grands pas. Et il me fallut peu de temps pour reconnaître que le hasard avait bien fait les choses. Les gars de Hambourg, jeunes, forts, habitués à travailler la terre, appréhendaient l'effort physique d'une tout autre manière que nous, citadins gringalets. Ils travaillaient de façon plus efficace et étaient bien plus résistants. Ils étaient parfaitement organisés aussi. On n'avait plus besoin de solliciter l'aide de ceux qui, en passant ici des journées entières, devaient inévitablement se mettre à dos leur femme et leurs enfants. En un sens, cela m'arrangeait. Ce n'est qu'à la fin, à l'étape décisive, que nous leur avons demandé de partir. À tous sans exception. Du reste, je m'en suis chargé personnellement, car plus le dénouement approchait, plus les choses se compliquaient pour moi…

Il fallait que j'en parle au plus vite à Thorsten et à Klaus. La tension m'était devenue insupportable. D'ailleurs, Thorsten disait toujours : « Si tu ne sais pas quoi inventer, dis la vérité. » J'ai pris mon courage à deux mains, je me suis raclé la gorge et j'ai tout avoué en quelques mots.

Je leur ai parlé des gâteaux, des objets dissimulés dans le manteau en peau de mouton, avant de passer au plus important, enfin, au pire : leur avouer que le tunnel était destiné à une seule et unique personne, mon frère, Franz.

— Putain ! Mais c'est la merde, cette affaire ! s'exclama Klaus en crachant ostensiblement. Alors on est en train de creuser ce fichu tunnel pour un seul type ?

— Oui.

— Comment ça, oui ? Oui, quoi ? lança Klaus, furieux. Je croyais que des gens nous attendaient de l'autre côté pour passer ! T'es sérieux, avec ton frère ?

— On ne peut plus sérieux. J'ignorais totalement où je mettais les pieds. Tout est allé si vite, dis-je de façon chaotique, sous le regard transperçant de Thorsten.

— Jürgen non plus n'est pas au courant ?

— Non.

— Et Peter non plus ?

— Non plus.

— Écoute-moi, mon vieux, je me fiche de savoir comment tu vas arranger l'affaire. Mais qu'est-ce que tu vas leur dire, là ? Que, depuis des semaines, ils creusent le tunnel pour un seul type ?

Pendant que Klaus hurlait, Thorsten ne disait mot. J'étais vraiment mal. J'aurais préféré qu'il crie, n'importe quoi, pourvu qu'il dise quelque chose. L'horloge posée sur le bureau égrenait lentement les minutes. (C'est toi qui l'avais installée là, tu t'en souviens, Peter ?)

— Et toi, Thorsten, qu'en penses-tu ? T'as avalé ta langue ou quoi ? demanda enfin Klaus en agitant sa main. Ah ! comme je te comprends.

Nous étions assis autour du grand bureau où s'empilaient des feuilles remplies de calculs et de dessins. Tout ça pour rien. Thorsten se taisait. J'étais sur le point de me lever pour sortir lorsqu'il m'arrêta du regard.

— Qu'est-ce que tu couds, au juste, à l'intérieur des manteaux ?

— Je n'en sais rien, répondis-je, conformément à la vérité. De toute façon, c'est fini, je ne couds plus rien.

— Et cette fille ?

Thorsten me fixait des yeux, mais je lui répondis calmement. Je n'avais rien à cacher.

— Cette fille est maintenant ici. Elle ne peut plus rentrer.

— Je n'y comprends rien, dit Klaus en roulant des yeux.

J'ai dû tout leur raconter depuis le début : mon frère m'avait demandé de lui venir en aide, par conséquent je déposais de minuscules paquets dans des cimetières et j'achetais le *Spandauer Volksblatt*; tout cela était organisé par le type qui aimait les hommes. Je leur ai aussi parlé de Magda, dans les moindres détails, qu'elle habitait chez moi, que Franz avait été jadis amoureux d'elle, mais qu'il s'en était ensuite débarrassé, etc.

Klaus a levé les bras dans un geste de défense.

— Parle pas si vite !

J'ai terminé en une quinzaine de minutes environ, je parlais à toute vitesse.

— Quel salaud ! fit Klaus en guise de conclusion.

— Qui ça ? demandai-je, étourdi.

— Comment ça, qui ? Ton putain de frère !

— C'est qui ce pédé ? voulut savoir Thorsten.

— C'est une longue histoire. Je crois qu'il fait du chantage à mon frère, mais je n'en sais trop rien.

— Ça sent mauvais, cette affaire ! dit Klaus.

— Oui, ça pue drôlement, confirma Thorsten, le regard toujours fixé sur moi.

— Il va peut-être falloir tout replanifier, non ? demandai-je d'une petite voix.

— Quoi ? s'exclama Klaus qui était visiblement en train de perdre patience.

— Je... je ne sais plus quoi faire. Il... il s'agit de mon frère, dis-je en bégayant.

— Non, mais c'est du délire ! Faites ce que vous voulez, mais ce sera sans moi ! lança Klaus en se levant.

— Après tout, le *Fluchthelfer*, c'est toi, oui ou non ? fit Thorsten tout bas.

Le plan

Durant une bonne partie de la nuit, Thorsten et Klaus m'ont posé d'innombrables questions. Ensuite Thorsten a déclaré que nous reprendrions cette discussion, mais en attendant, il fallait interrompre les travaux. Ce furent les pires moments de ma vie.

Quelques jours plus tard, Thorsten m'a appelé en me demandant de venir chez lui. Il était avec Klaus. Le visage sombre, ils semblaient soucieux, mais avaient néanmoins décidé d'entreprendre une action éclair le lendemain de l'évasion de Klaus. Heureusement, dans la phase finale des travaux, personne à part nous trois ne connaissait les détails concernant l'achèvement du tunnel.

Par des moyens connus d'eux seuls, Klaus et Thorsten avaient informé une trentaine de personnes de l'évasion planifiée. Ils avaient d'abord demandé à nos gars de préparer une liste des personnes qu'ils souhaiteraient faire sortir de Berlin-Est. Mais sans leur préciser quand aurait lieu l'action. Parmi quatre-vingt-dix personnes, ils en avaient choisi à peine une trentaine. Je trouvais que ce n'était pas assez.

— Toi, tu ferais mieux de la fermer ! s'écria Klaus.

Évidemment ! Nous ne pouvions pas courir le risque de faire sortir autant de monde après l'évasion de Franz. Nous avions toutes les raisons de croire que le gars de la Stasi, celui qui aimait les hommes, observait le moindre de ses faits et gestes. Mais nous ignorions ce qu'il savait vraiment, et dans quelle mesure Franz l'avait mis au courant de cette affaire. Aujourd'hui, quand je repense à tout cela, je me dis que nous étions loin de la réalité, mais on se prenait pour des héros, et moi je me croyais drôlement futé, rusé comme un renard, allons donc !

Le type en question, à coup sûr, ne devait pas avoir la moindre idée de l'emplacement exact du tunnel. Nous étions les seuls à connaître l'endroit où se trouvait l'entrée à Berlin-Est. Il savait néanmoins qu'un tunnel existait, ce qui était déjà beaucoup. Selon toute probabilité, Franz était suivi. C'était bien la raison pour laquelle je ne pouvais rien lui révéler. Il ne devait apprendre la date de son évasion qu'au dernier moment. Par ailleurs, le type tenait absolument à ce que personne ne soit informé de l'existence du tunnel, détail que Franz a tendance à oublier aujourd'hui et qui, à l'époque, nous procurait un brin d'espoir insensé. Nous avons même décidé que Franz sortirait de chez lui déguisé en femme, afin que personne ne puisse le reconnaître et le filer.

Ce fut une action menée avec une précision vraiment incroyable, une parfaite conspiration, de sorte que, jusqu'au bout, personne n'était au courant de rien. Il en allait tout autrement, en revanche, avec la NBC, qui voulait coûte que coûte filmer l'évasion. Ils nous avaient déjà payé, en trois fois, un acompte important, et craignaient dorénavant que les choses ne prennent du retard. La date du 13 août avait ici son importance. D'un côté, le défilé pour commémorer le vingtième anniversaire de la construction du mur, et en dessous, le tunnel, et l'évasion filmée en direct. Si j'avais été le chef de la NBC, je me serais moi aussi frotté les mains en pressant tout le monde sans relâche. Pour toutes ces raisons, nous avons attendu le dernier moment pour prévenir la NBC qu'à cause de complications diverses, l'évasion pouvait se faire un jour plus tôt ou plus tard, ou même être tout simplement annulée. Ils n'avaient aucun recours possible : la moitié de la somme avait été versée sur notre compte depuis longtemps, et étant donné la situation, aucun de nous ne se préoccupait du solde.

Pour ma part, je pouvais enfin pousser tranquillement mon chariot rempli de terre et ne pas me sentir comme le dernier des salauds en passant devant les photos accrochées aux murs.

Aujourd'hui, je sais bien entendu que le moment n'était pas le mieux choisi pour une évasion. Les troubles en Pologne connaissaient un large écho en Europe, y compris dans les pays de l'Est. C'est précisément au mois d'août, si j'ai bonne mémoire, que les grèves aux chantiers navals de Gdańsk ont débuté, je sentais que ç'allait chauffer. J'avais déjà quelques informations, car un de mes cousins éloignés venait parfois en visite à Berlin-Est. Comme je l'ai déjà dit, j'entretenais avec lui un contact régulier. Ma mère l'aimait beaucoup, puisque c'était le petit-fils de l'oncle qui avait péri à Wersterplatte. Dès qu'il arrivait à Berlin-Est, elle prenait le métro, se mettait dans une file d'attente afin d'obtenir les papiers nécessaires pour traverser la frontière et le retrouvait dans notre ancien appartement de la Tucholskystraße. Ils regardaient ensemble les photos qu'il apportait, discutaient et, pour finir, ma mère lui donnait de l'argent qu'il ne voulait jamais accepter. Ils s'aimaient bien et se respectaient mutuellement. Parfois, très rarement, ma grand-mère s'y rendait à la place de ma mère, mais ces visites étaient trop éprouvantes pour elle et c'est moi qui, à un moment donné, ai fini par prendre le relais.

Mais, en 1980, pour des raisons évidentes, nous ne pouvions plus nous rencontrer chez Franz. On se donna donc rendez-vous dans un café. Je me souviens que cette année-là, en juillet, mon cousin semblait surexcité par la situation en Pologne. Il travaillait alors aux chantiers navals depuis plusieurs années et, en témoin oculaire, me relatait directement ce qui s'y passait. Il m'a parlé avec émotion d'une femme[1] qui s'était fait licencier à quelques mois de la retraite. Pour les ouvriers, c'en était trop, ils se ne laisseraient plus faire par les dirigeants, qui jouaient avec le feu, parce qu'eux, la base, étaient vraiment prêts à tout.

Je me souviens aussi que j'avais dû le calmer en lui rappelant que nous n'étions pas à Gdańsk, mais à Berlin-Est. Il n'avait pas peur, et c'est à peine s'il comprenait mes craintes. Il était survolté. Avec le recul, je pense que j'ai été le premier homme de ce côté du rideau de fer à avoir entendu parler de Lech Wałęsa et à avoir compris son importance. Peut-être parce que je me souvenais encore des émeutes de 1970. De ma mère éplorée, récitant des prières, lorsque la radio parlait des dizaines de blessés et de morts lors des événements de Gdańsk. Je savais bien que si tout cela recommençait maintenant, dix ans plus tard, ce serait la guerre, ou le début d'un tremblement de terre. En vérité, cela ne me préoccupait pas outre mesure. J'avais autre chose à faire. Mon cousin venait deux fois par an en Allemagne de l'Est pour y faire ses courses ; c'était trop peu pour que je me soucie réellement de ses problèmes. Du reste, c'était sa dernière visite. L'année suivante, l'état

1 Anna Walentynowicz, ouvrière des chantiers navals de Gdańsk, militante syndicale et figure légendaire du syndicat Solidarność.

de guerre était déclaré en Pologne et le rideau de fer s'est refermé pour de bon. Mon cousin, lui, a été interné.

Je dois dire que la Pologne évoquait pour moi deux pays différents. D'abord, celle de mon cousin, la Pologne de 1980, puis cette autre, la patrie nostalgique de ma mère, que je ne connaissais qu'à travers ses récits. Ce pays, j'avais tenté de le comprendre de son vivant. Mais, à l'époque, j'étais trop jeune, et après la mort de ma mère, trop vieux déjà. Sans oublier que moi aussi j'avais mes deux pays et mes deux fêlures.

Cela mis à part, en 1980, je n'avais la tête à rien. J'étais impliqué dans l'affaire des gâteaux, désespérément amoureux de Magdalena et entièrement dévoué au projet du tunnel.

Le 11 août 1981, à 22 h 45, nous avons enfin terminé le travail. Avec ses 188 mètres, c'était sans doute le tunnel le plus long de l'histoire de l'Allemagne divisée par le mur. Il débutait dans une petite usine, depuis longtemps désaffectée et qui, une fois déjà, avait servi d'entrée à un souterrain.

Je ne sais pas si tu te rappelles…

À 23 h 15, tu étais parti avec le dernier camion rempli de ferraille et de terre… Moi, j'étais assis devant mon petit bureau dans l'annexe de l'usine, je jouais avec un stylo. Je puais, j'étais sale et incapable de faire quoi que ce soit. Conformément à l'accord passé avec le chef de la NBC, nous avions achevé les travaux dans les délais, mais sans les prévenir. J'avais des ampoules sur les mains et je rêvais de retrouver mon lit. Le reste de l'équipe était dans le même état. Une équipe réduite à son minimum. Sur les dix derniers mètres, nous n'étions plus que trois à creuser : Klaus, Thorsten et moi. Comme je l'ai déjà dit, nous ne voulions mettre personne en danger. Par ailleurs, nous ne pouvions faire confiance qu'à nous-mêmes. Il s'agissait de la vie de plusieurs personnes. Creuser si près du but, ouvrir une brèche dans une cave pour passer, cela exigeait des nerfs d'acier. Le lendemain, je devais traverser la frontière et informer personnellement Franz de son évasion imminente. Une tâche à la mesure de James Bond. Quant à Jürgen, il avait tout de même fallu limiter ses escapades à Berlin-Est. Il n'éprouvait plus la moindre peur, considérant ses visites comme une sorte de défi, ce qui le rendait particulièrement imprudent. Il ne nous a jamais pardonné cette mise à l'écart, il l'a vécue comme un outrage.

Éreinté, Klaus était couché en face de moi ; deux mètres plus loin, Thorsten, replié sur lui-même, dormait en chien de fusil. Côté est, la sortie du mur paraissait sûre, car elle se trouvait dans une petite cave inutilisée depuis des années. À quelques mètres du réduit dans lequel le petit vieux m'avait enfermé l'autre jour.

Nous avions donc planifié de faire passer à l'Ouest trente personnes. Il s'agissait surtout des familles des gars qui nous avaient apporté leur aide pour les travaux. Thorsten et Klaus restaient des heures entières à discuter des détails et des risques éventuels, mais sans moi. Peut-être ne me faisaient-ils pas entièrement confiance, à moi non plus ? Quelqu'un était chargé de traverser la frontière pour prévenir les personnes choisies de leur probable évasion, mais j'ignorais les détails. Thorsten et Klaus s'occupaient eux-mêmes de tout.

— Toi, tu es trop nerveux ! déclara Klaus.

— Et tu as déjà marqué ton territoire à la cave, ajouta Thorsten, sans l'ombre d'un sourire.

Cette fois-ci, ma tâche était donc limitée à prévenir Franz. Pendant que mon frère, déguisé en femme, s'évadait par le tunnel, je traversais en toute tranquillité le passage frontalier sur la Friedrichstraße. Je rentrais chez moi. Curieusement, je ne m'étais même pas fait fouiller.

Cependant, l'action prévue pour minuit n'a pas eu lieu. À part Franz, personne d'autre n'a réussi à s'enfuir cette nuit-là.

À peine quelques minutes après mon retour chez moi, alors que Franz était déjà sorti du tunnel, on sonna à ma porte. Il était 22 h 40. Franz n'était évidemment pas dans mon appartement. Nous ne voulions pas qu'il soit au courant de ce que nous tramions cette nuit-là. Il dormait chez toi. S'il avait remarqué que je m'étais absenté, je lui aurais dit quoi ? Que j'étais en train de faire passer d'autres fugitifs à l'Ouest ? J'ignore comment il aurait réagi. Je préférais ne pas savoir trop de choses. Pas tout de suite, en tout cas. J'étais juste en train d'aider mon frère, à qui je ne faisais pas confiance. Une situation désespérée !

La sonnette bourdonnait avec insistance. Qu'est-ce que c'est encore ? me suis-je demandé. J'étais sur le point de sortir, car j'avais rendez-vous avec Klaus et Thorsten un quart d'heure plus tard. Une heure plus tard, l'essentiel de notre action allait commencer. Nous devions faire passer par le tunnel trente personnes. C'est-à-dire, eux devaient…, car moi, je n'étais qu'un gardien et aussi celui qui devait aider les fugitifs à rejoindre en toute sécurité leurs familles dans Berlin-Ouest. J'ai ouvert. Derrière la porte se tenaient deux hommes.

— Habillez-vous ! Vite !

Ils ne m'ont même pas laissé prononcer un mot.

— Habillez-vous !

J'ai enfilé docilement ma veste et je les ai suivis dans l'escalier. Une fois dans la voiture, l'un des hommes m'a bandé les yeux. Impression de déjà-vu. Sauf que la distribution des rôles n'était plus la même. J'ignorais totalement ce qui se passait, j'étais sous le choc. Une demi-heure plus tard, on m'a enlevé le bandeau. Quelqu'un m'a poussé, un autre a ouvert une porte. C'est la fin, ai-je pensé. Mes yeux s'habituaient petit à petit à la pénombre. Sans opposer la moindre résistance, je suis passé par la porte, j'ai monté un escalier pour finalement me retrouver dans une pièce sombre, avec juste une table et une chaise à l'intérieur. Au bout d'un moment, un homme est arrivé, qui s'empressa de me poser un tas de questions au sujet du tunnel. Toujours les mêmes, mais dans un ordre différent. Il est sorti quelques minutes plus tard. Puis un autre est arrivé. Les personnes qui m'interrogeaient changeaient toutes les quelques minutes et me posaient en boucle les mêmes questions. Tout s'embrouillait dans ma tête, mais j'essayais de donner invariablement les mêmes réponses. Pourquoi ? Pour qui ? Qui l'a construit ? Qui a donné l'ordre ? Qui a financé ? Qui a dirigé l'opération ? Je répondais, conformément à la vérité, que c'était mon idée, que les travaux avaient été financés par la NBC, qu'il s'agissait de faire sortir mon frère et qu'il n'y avait pas de chef. Je n'ai pas dit un mot sur l'évasion des trente personnes supplémentaires, planifiée cette nuit-là.

Cela a duré une éternité. Pour finir, on m'a fait sortir. Dans le couloir, j'ai aperçu brièvement le visage de Klaus. À l'étage en dessous, j'ai vu Thorsten flanqué de deux types ressemblant à ceux qui étaient venus me chercher. Je n'ai même pas eu le temps de réfléchir, car on m'a de nouveau bandé les yeux avant de me conduire à un autre endroit. Là aussi, rien qu'une table et une chaise. J'en avais plus qu'assez. Puis un homme noir est entré dans la pièce. Il était grand et surnaturel, telle une statue. J'étais impressionné. Normal ! Après toutes ces émotions, voir débarquer un Noir vêtu d'un uniforme chic, le pantalon à galons. Un général ! Contrairement à ses prédécesseurs, il parlait mal l'allemand. Je ne comprenais rien. Il a fini par me demander si je parlais anglais. J'ai acquiescé. Il a poussé un soupir de soulagement. Il m'a dit que le film de la NBC avait été confisqué et le tunnel inondé. J'ai serré les dents.

— Vous n'êtes pas en danger, ajouta-t-il en me fixant du regard. Mais vous feriez mieux de ne rien divulguer à personne au sujet de ce tunnel.

J'étais fatigué, déconcerté, mais j'ai soutenu son regard.

— Il se passe quoi au juste ? ai-je demandé.

— Je ne sais pas exactement, mais je l'apprendrai, dit-il en esquissant un sourire. Et je vous demanderai de ne plus participer à aucune autre évasion, d'accord ?

Je me taisais. Soudain, l'expression de son visage changea à tel point qu'il en devint presque effrayant.

— Vous avez mis en danger la vie de nombreuses personnes ! Mais qu'avez-vous imaginé, *fuck !*

Je continuais à me taire. Il poussa un gros soupir et vint vers moi.

— Vous fumez ?

J'ai fait oui de la tête. Il a posé devant moi un paquet de Marlboro, puis il est parti. Un quart d'heure plus tard, les deux types qui étaient venus me chercher sont entrés dans la pièce, ils m'ont bandé les yeux et m'ont déposé devant chez moi. Sans même réfléchir à ce que je faisais, j'ai hélé un taxi et je suis allé à l'usine. J'ai vu de la lumière.

Le terrain avait été clôturé avec des barbelés. Partout, on pouvait lire : « TERRAIN SOUS SURVEILLANCE. DÉFENSE D'ENTRER. » Il n'y avait même plus de portail.

VICTORIA

Conversation surveillée

Roman était une marionnette entre les mains de son frère, Franz-Alfred. À son tour, ce dernier était la marionnette de… Que cherchez-vous, au juste ? Je n'ai pas envie d'en parler. Qu'est-ce que vous me voulez ? Qui s'intéresse encore à cette histoire ? Vous ? Mais qui êtes-vous ? Je n'ai aucune intention de discuter de ça avec vous. D'ailleurs, j'ignore tout de ce tunnel. En 1981, cet homme s'en est servi pour s'évader. Des professionnels, choisis par Roman, l'avaient construit spécialement pour lui. Il paraît que le tunnel a été utilisé jusqu'en 1989. Une construction solide, qui a ensuite servi pour des échanges entre services haut placés. J'ignore lesquels. Vraiment. Je ne m'en souviens plus. Je n'ai rien à vous dire de plus. Au revoir.

Quoi ? Un ami de qui ? De Roman et de Magda ? Je connais bien leurs amis, mais vous, je ne vous connais pas. Je peux vous dire qui étaient les amis de Roman : il y avait Jürgen, Klaus et Thorsten. Quant à Magda, son ami, c'était Roman, Jürgen aussi, peut-être et, d'une certaine façon, Franz-Alfred également. Mais je ne me souviens pas de vous. Quel est votre nom ?

Cela ne me dit rien du tout.

*

Oui, pour ça, vous avez raison, Klaus était quelqu'un de bien. Vous le connaissiez ? Alors, parlez-moi un peu de lui. Si cela m'intéresse, je vous raconterai peut-être quelque chose, moi aussi.

Le bonhomme vert

~~J'ai soixante ans. J'ai soixante-cinq ans. Non, barrez ça. On recommence. J'ai soixante-cinq ans.~~

Je suis une vieille femme malade. Aujourd'hui, même à soixante-dix ans, on n'est pas vieux. Mais les années pèsent sur moi. Les gens de mon âge portent des jeans, des blousons à capuche, ils ont des écouteurs sur les oreilles et font bien plus de sport que leurs enfants. Tenez, dans le parc à côté, presque tous les sportifs ont la soixantaine. Comment ça, quels sportifs ? Ceux qui pratiquent la marche nordique, avec les bâtons. Les fenêtres de ma chambre donnent sur un jardin public, alors je regarde. Il y a de quoi devenir fou, dès 7 heures du matin, ils organisent déjà leurs courses.

Et vous, monsieur, vous devez avoir mon âge, peut-être même un peu plus, non ? Vous ne le cachez pas, je vois, et vous ne vous déguisez pas non plus, mais vous avez quand même l'air d'un clown. Allez, approchez un peu ! Qu'est-ce que vous avez là, sur le nez ? Un pansement ? Qu'est-ce qui vous est arrivé ? Vous êtes tombé ? Oh là là ! Bon, d'accord, asseyez-vous.

Moi, je ne fais pas de jogging, comme vous pouvez le constater.

Je me déplace en fauteuil roulant depuis cinq ans. Je suis seule. Pas solitaire, mais seule, ce qui est tout à fait différent, croyez-moi. Les solitaires ressentent de la solitude, alors qu'ils ont du monde autour d'eux. C'est précisément parce qu'il y a du monde autour qu'ils la ressentent aussi fort. Comme vous voyez, je suis dans une maison de repos, sans personne auprès de moi. Une maison de repos pour gens fortunés, appelons ça ainsi. Pour ceux qui envisagent de rentrer chez eux, c'est parfait.

Vous savez, on mange bien ici, et on nous emmène en fauteuil roulant au parc, celui où il y a des joggeurs, comme je viens de vous l'expliquer. Un bien joli parc. Une bonne partie est privée et appartient à notre institution. C'est là où je me sens le mieux, le plus en sécurité. J'y connais le plus petit arbre, le moindre buisson, j'arrive à faire la différence entre les haies ; même si à première vue elles semblent toutes identiques, c'est faux. Je vous montrerai la différence une prochaine fois. Non, vraiment ? Vous aussi, vous arrivez à les distinguer ? Sous ma fenêtre, c'est un troène, oui, vous avez raison, tandis que près de l'entrée, c'est du buis. Ah, je comprends, vous avez un jardin… Vous aimez les parcs ?

Vous voyez, j'ai une belle chambre ensoleillée, mais je n'aime pas trop le soleil. Près de mon lit se trouve une petite armoire ou, plus exactement, une commode, le seul meuble que j'ai emporté de chez moi. Le seul qui ne venait pas de l'homme prénommé Franz-Alfred (depuis mon passage à Berlin-Ouest, je l'ai toujours appelé comme ça, Franz-Alfred. Non pas Franz, non pas Alfred, mais toujours Franz-Alfred).

Après la chute du mur, je me suis rendue chez ma grand-mère et j'ai pris cette commode. Elle me rappelle mon enfance. Dans un tiroir, je garde les souvenirs de mon grand-père. Sur le dessus, j'ai placé une photo de ma mère. Je n'éprouve pour elle aucun sentiment, mais elle est jolie là-dessus. Tenez, regardez… Magdalena m'a offert un joli cadre. Elle l'a ramené pour moi de Pologne. Je me suis dit que je devais y mettre quelque chose, pour ne pas la froisser. Je ne suis pas sentimentale, je n'ai que quelques photos ici. Une de Roman, une de ma *Jugendweihe*, une autre de ma grand-mère dans son cercueil, et celle de ma mère, donc. Et ça, c'est une photo de Klaus. Dans le tiroir, j'ai gardé aussi des photos de mon grand-père et de mon père, mais celles-là, je ne vais pas les exposer.

Je n'ai pas d'enfant, pas de sœurs ni de frères non plus, ma mère est morte en couche. Ma grand-mère, qui m'a élevée, est morte en 1991. Je suis la fille d'un officier haut gradé ~~des services spéciaux~~. J'ai vécu à Berlin-Est jusqu'en 1980. Cette année-là, je me suis dissimulée dans le coffre de la voiture de mon père – à l'époque il était déjà diplomate – et sans même qu'il s'en rende compte, je suis passée à l'Ouest. Je ne peux rien vous dire de plus, même si mon père est décédé depuis plusieurs années. Tout cela est à la fois si lointain et si proche. L'Allemagne est un pays de progrès, qui a atteint des sommets de civilisation, ici, on ne pratique pas la chasse aux sorcières.

Après la réunification de l'Allemagne, personne n'avait plus à cœur de faire disparaître quoi que ce soit ni qui que ce soit. Privés de leur identité, la République démocratique allemande et tous les gens qui l'avaient créée, bons ou mauvais, honnêtes ou malhonnêtes, n'existaient plus, pour ainsi dire. Comme moi, par exemple. Tout ce qui reste de nous, c'est *Le Marchand de sable* et la tombe de Klaus. Savez-vous que cette série d'animation détient le record de durée au monde ? Avant de m'endormir, je parle toujours à Klaus.

On nous a vite sorti de la tête nos sympathies pour l'Est, mais cela s'est fait avec un certain savoir-vivre.

Ils nous ont donc laissé le petit bonhomme vert, orange et rouge aux passages cloutés. Il a finalement été adopté par toute la ville de Berlin – par Berlin-Ouest aussi. Le bon petit bonhomme des feux de signalisation routière.

Franz-Alfred, Roman, les glaces, etc.

L'homme prénommé Franz-Alfred a passé la frontière sans encombre, comme vous devez le savoir… Il est sorti du tunnel, comme il y était entré, en vêtements de femme, sous lesquels il portait un jogging. Un cadeau d'anniversaire de ma grand-mère. Un bon vieux jogging acheté à l'*Intershop*. Il le portait à la maison, ensuite. Franz-Alfred n'aimait pas gaspiller, il soignait aussi son apparence, faisait attention à son corps et à notre chien.

Je savais qu'à l'université, il mettait déjà en scène sa propre vie. Il avait de petits carnets où il consignait les événements et les gens. Parfois, il m'en faisait la lecture. Il se mettait à lire un passage, puis s'interrompait, tournait quelques feuilles pour reprendre plus loin. Il avait une belle écriture et rien, pas le moindre détail, n'échappait à son attention. Je ne doute pas une seconde qu'il m'ait consacré quelques pages, à moi aussi. Cela doit être une lecture passionnante, ces carnets. Je regrette de ne pas les avoir lus quand je le pouvais encore. Il m'arrive parfois d'être étourdie, vous savez, une vraie tête de linotte !

Franz-Alfred était un bel homme, il plaisait beaucoup aux femmes. Je dirais même que les femmes en étaient folles. Il s'en entourait, il les exploitait et se vantait de leur présence autour de lui. Partout où il allait, les femmes accouraient. Parfois aussi les hommes. À l'époque, cet individu ne m'intéressait pas encore.

Je le connaissais depuis de longues années, car nous étions dans la même école primaire. Comme lui et son frère Roman, j'étais aussi inscrite dans un club de natation. Roman et moi avions le même entraîneur. Nos pères étaient liés d'amitié. Roman était un gentil garçon, peut-être pas aussi beau que Franz, mais vraiment très gentil. Il dégageait quelque chose. Disons qu'on était amis, lui et moi. Il ne m'embêtait jamais, comme les autres garçons. Il avait trois ans de moins que moi. Mais pour son âge, il savait beaucoup de choses, peut-être même trop. Et il lisait énormément. C'est en tout cas ce que pensait mon père qui enseignait dans notre école. ~~Par la suite, il a cessé d'enseigner. En raison de ses obligations professionnelles, il a dû renoncer à son travail à l'école.~~ Mon père préférait nettement Franz. Il avait toujours rêvé d'avoir un fils, mais ma mère n'avait pas eu le temps de le lui donner.

Je ne sais rien sur ma mère. Pour ma grand-mère, le mariage de mon père était une mésalliance et elle disait invariablement « cette femme », en parlant de sa belle-fille. Quant à mon père, on ne pouvait parler avec lui que lorsqu'il avait le temps, mais il n'en avait presque jamais.

Au déjeuner du vendredi, le seul jour où il nous rendait officiellement visite, il me posait des questions sur mon travail à l'école, ou bien me demandait si j'avais lavé mon brassard, avec l'inscription FDJ. Toutes les semaines, c'était la même chose.

— Papa, je ne fais plus partie de la Jeunesse libre allemande !

— Ah bon ?!

— Je n'ai plus le temps pour ça.

— Quoi ?

— Mais elle plaisante ! intervenait alors grand-mère.

J'étais prête à tout pour attirer son attention.

Mon père habitait les faubourgs de Berlin avec sa nouvelle femme et son chien. Je n'aimais ni le chien ni la femme. Papa ne tenait pas à nous rendre visite très souvent ; grand-mère, elle, n'aimait personne, je pouvais donc mener une vie tranquille, dans une maison où l'on veillait à me donner une bonne éducation, des repas réguliers et du linge de corps propre. Sinon, je faisais ce que je voulais.

Contrairement aux apparences, mon père était un homme joyeux, et il lui arrivait parfois de venir chez grand-mère en dehors de ses visites du vendredi, accompagné de ses copains, qu'il ne nous présentait jamais. Ils jouaient aux cartes à la cave, fumaient des cigares cubains et écoutaient de la musique. Évidemment qu'il m'est arrivé de les espionner ! J'étais si contente qu'il soit chez nous, et non chez cette bonne femme et son chien. En revanche, grand-mère était furieuse. Elle disait qu'il finirait par s'attirer des ennuis. J'ignore ce qu'elle voulait dire par là, car il ne faisait pas venir de femmes et ne mettait pas la maison sens dessus dessous. Après leur départ, grand-mère faisait un grand ménage et désinfectait la cave. Elle se comportait souvent de façon étrange.

J'aimais bien aller chez Roman. Il habitait avec ses parents sur la Tucholskystraße. J'adorais cet endroit, mal entretenu, sale et pauvre, avec des immeubles gris, mais à proximité se trouvait la merveilleuse et unique Oranienburger Straße. Au coin de la rue, on vendait les meilleures glaces de tout Berlin. La grisaille de cet endroit très ordinaire me semblait presque magique, exceptionnelle. Je ne saurais expliquer pourquoi. Il n'y avait là rien de particulier, juste des immeubles.

Je m'imaginais souvent que j'habitais avec Roman et Franz et que j'étais leur sœur. Car leur mère à eux, c'était une véritable maman. Une petite femme plutôt jolie qui les serrait contre elle. Ils n'avaient d'ailleurs pas du tout honte qu'elle les câline, les embrasse, les chatouille ou se roule par terre avec eux. Même en ma présence. Sans doute parce que ce n'était pas une Allemande, mais une Polonaise ou une Hongroise, je crois. Elle leur parlait dans sa langue, mais quand j'étais avec eux, elle essayait de s'exprimer en allemand. Quelle langue était-ce ? Je n'en sais rien, du polonais ou du hongrois. N'est-ce pas la même chose ? Non ? Vraiment ? Vous savez, ailleurs, cela a peut-être son importance, mais pour moi, ici, dans cette maison, c'est du pareil au même.

Maintenant, je dois prendre mes comprimés et je ne suis pas sûre de vouloir continuer cette conversation.

Mais qu'attendez-vous de moi au juste ? Qui êtes-vous ? Je ne sais rien !

Une semaine plus tard

Mais où étiez-vous passé ? Je commençais à me poser des questions. Vous vous appelez comment déjà ? Walter ? Non, pas Walter ? Comment ? Peter. Ah ! Bon alors, écoutez-moi.

J'étais furieuse que Roman ne me prête aucune attention, qu'il me considère comme une simple camarade. Il m'a beaucoup manqué quand il est allé s'installer avec sa mère chez sa grand-mère. Vous savez, j'avais très peu d'amis à l'époque, et Roman était donc très important pour moi.

Au début, je croyais que tout cela rentrerait dans l'ordre, que les barbelés allaient finalement être retirés, mais à la place ils ont construit un mur. Mon père disait que l'Occident cesserait enfin de nous voler nos médecins et nos juristes. Mais ils avaient eu le temps de me voler Roman et sa mère. J'étais désespérée. C'était comme si l'on avait détruit mon foyer. Seul Franz (à l'époque, je l'appelais encore Franz) est resté, et aussi son père. Le père buvait beaucoup et passait ensuite plusieurs jours dans son lit à dessoûler. Quand il recevait des appels téléphoniques, Franz disait que son père était souffrant. Il se tenait tranquille durant un mois, puis recommençait à se soûler plusieurs jours d'affilée, car il ne buvait pas simplement, il se soûlait. Il n'a d'ailleurs jamais fait carrière nulle part. Mon père disait de lui qu'il avait gâché sa vie à cause de ses bonnes intentions et de « cette femme ». Car elle avait détruit non seulement sa carrière, mais aussi sa santé. « Cette femme », c'est-à-dire la mère de Roman et de Franz. Pour ma part, j'estimais que la deuxième épouse de mon père était en train de lui gâcher la sienne.

Parfois, je me dis que papa avait raison. Un jour, je suis allée rendre visite à Franz, car je croyais dur comme fer que tout cela n'était que du bluff, et que Roman et sa mère allaient revenir. En vérité, je n'avais jamais entendu dire que quelqu'un s'était évadé vers l'Est... Ni qu'il y revenait. J'étais jeune à l'époque, et un tas d'idées me venaient à l'esprit. Franz était en train de faire ses devoirs, il jetait de fréquents coups d'œil dans ma direction. Il était rouge comme une pivoine. Sans doute devait-il avoir honte, car son père était couché dans la chambre attenante, ivre mort.

— Franz ! Franz !

— Oui, papa ?

— Elle est revenue ?

— Non, pas encore !

— Tu parles avec qui ?

— Avec une amie.

Puis, au bout d'une minute :

— Franz !

— Oui !

— Ta mère est revenue ?

J'ai entendu ensuite le père pleurer. Franz s'est précipité dans sa chambre, et moi je suis partie. Et voilà.

Cela s'est passé il y a un demi-siècle. Même plus.

Vous savez, Franz-Alfred a de nombreux défauts et peut parfois se conduire comme un vrai salaud, mais il a tout de même hérité de son père ce que le mien qualifiait de « nobles intentions ». Je suis étonnée de vous dire ça, mais c'est un fait.

Franz me parlait de tout. J'étais au courant pour Magdalena, pour son projet d'évasion, pour les drôles de gâteaux et les minuscules paquets qu'elle transportait dans ses pulls, et j'avais aussi des nouvelles fraîches concernant le tunnel et sa progression. Franz-Alfred était éperdument amoureux de moi et il me racontait tout. Pas uniquement à moi, d'ailleurs. Pour le tunnel, il avait aussi mis mon père dans la confidence.

Quant à ma grand-mère, elle se faisait du souci : j'avais beau avoir passé la trentaine, je ne songeais toujours pas à me marier. Mon père, lui, ne faisait aucune remarque. Il s'en fichait complètement quand j'avais vingt ans, alors pourquoi s'en préoccuperait-il davantage maintenant que j'en avais trente ? Je vais vous dire, monsieur, mon père et Franz entretenaient une relation assez proche. Franz lui faisait confiance, et mon père l'aidait beaucoup ; cela n'avait rien à voir avec le profit qu'il tira ensuite de leur amitié. Il aimait vraiment Franz comme son propre fils, mais ça, je vous l'ai déjà dit. Parfois, je détestais Franz pour cette raison. J'espérais que ce mariage me rapprocherait de mon père.

C'est lui qui nous a payé notre voyage de noces. Nous sommes allés en Bulgarie. Avec papa. Là-bas, nous avons pris certaines décisions.

De retour de Bulgarie, j'ai dit à Franz que je serai à Berlin avant lui. J'ignorais encore que cela se ferait aussi vite. Telle que j'étais, je me suis glissée dans le coffre de la voiture de mon père. Personne n'a jamais su comment j'avais réussi à rejoindre Berlin-Ouest. Mais on a finalement découvert où je me trouvais, et les services compétents ont été prévenus aussitôt. Mon père a dû ensuite se démener pour redorer son image. Mais c'était un homme d'influence et de pouvoir, il avait aussi d'autres atouts que je ne m'explique pas, de la chance sans doute, car il retombait toujours sur ses pattes. Il devait avoir un pouvoir immense, puisqu'il s'en sortait toujours ainsi.

Et puis, il m'avait, moi, vous comprenez ? Non ? Je dirais que mon père avait besoin que je sois de ce côté-ci du mur.

*

Après mon évasion, ma grand-mère a rompu tout contact avec moi. Elle ne répondait ni à mes lettres ni à mes appels téléphoniques. Aujourd'hui, cela ne m'étonne plus. Elle ne comprenait rien. Pour elle, je les avais tous trahis, mon père, mon grand-père ainsi qu'elle-même.

Pourquoi je m'étais glissée dans ce coffre ? Je n'en sais rien. J'avais toujours des idées folles. Mais peut-être était-ce pour de sérieuses raisons ?

Nous avons tous nos secrets et nos cauchemars nocturnes. Ne me posez plus de questions aujourd'hui.

Grand-père

Mon grand-père s'appelait Wilhelm Kreifeld. C'était un spécialiste de la littérature et un écrivain. Un écrivain médiocre, entre nous soit dit. J'ai lu un jour un de ses livres, j'ai même essayé d'en lire un autre, mais c'était trop pénible. Mon père ne partageait pas mon avis. Plus je vieillis, plus je me dis que mon père non plus n'était pas très intelligent.

Mon grand-père avait reçu une multitude de décorations et une médaille de l'État, dont je ne me rappelle pas le nom, mais la cérémonie de la remise fut une véritable fête : interviews, médias, journal télévisé… C'était une époque formidable pour mon grand-père, monsieur. Il a fait un infarctus pendant le congrès des écrivains. Il est mort quand j'avais quinze ans.

Ma grand-mère aimait mon grand-père, il était tout pour elle, et je suis sûre qu'elle était née spécialement pour lui rendre la vie plus agréable et plus facile. Cela se passait de la façon suivante : enfermé dans son bureau des journées entières, grand-père était occupé à écrire, et grand-mère lui apportait ses petits déjeuners, ses déjeuners et ses dîners, qu'elle laissait devant la porte. Il ne l'autorisait jamais à entrer. Elle y trouvait une petite feuille contenant une liste de souhaits, comme par exemple :

Le déjeuner d'hier était particulièrement réussi. Bravo !

1. Pour le petit déjeuner de demain, j'aimerais une orange, du jus de carotte et du riz cuit de façon habituelle.

2. J'aimerais en plus une pomme épluchée. Du thé noir bien infusé et une saucisse viennoise avec un peu de moutarde. Je souhaiterais être servi à 13 h 25.

3. Ne m'attends pas avec le dîner, je vais travailler la nuit. Ne te dérange pas pour me servir ma compote, demande à Rita de me l'apporter à 18 heures. De la compote de pommes.

Nous nous verrons dimanche à la promenade du soir. Près de l'étang. À 19 heures. Note tout de même que je risque d'avoir cinq minutes de retard…

PS. Il n'y a plus de savon dans ma salle de bains (j'aimerais la savonnette américaine à la lavande).

Je me souviens en effet qu'elle lui déposait quelque chose devant la porte, puis frappait doucement, mais je n'étais pas au courant de ces petites feuilles. Un jour, j'en avais trouvé une dans l'armoire de ma grand-mère. J'ignorais complètement que notre savon à la lavande était américain, vraiment !

Je me souviens aussi que grand-père téléphonait à grand-mère pour organiser nos promenades, deux semaines à l'avance. C'était, paraît-il, la seule chose normale qu'il faisait. (En tout cas, d'après Rita, qui était employée chez nous depuis des années.) Mais peut-être était-ce plutôt anormal, car il faut savoir qu'il appelait au salon depuis son bureau, situé juste au-dessus. Nous avions deux téléphones. Un au rez-de-chaussée et un à l'étage. Avec deux lignes différentes, chacune ayant son propre numéro. Imaginez seulement ! On parle des années cinquante du XXe siècle ! Quand le téléphone était encore un luxe. Et mon grand-père, lui, communiquait avec sa femme essentiellement par téléphone, ou bien il lui écrivait de petits messages, comme celui que j'ai trouvé dans l'armoire.

Nous allions nous promener chaque dimanche, après le petit déjeuner, vers dix heures et demie. Pour ma grand-mère, c'était une des rares occasions de voir son mari à la lumière du jour, mais très brièvement, car la promenade, c'était pour moi, pas pour elle.

J'avais le droit d'entrer dans le bureau de mon grand-père quand je le voulais. J'y avais même un landau et une maison pour mes poupées. Rita s'efforçait de me faire sortir, elle disait que grand-père devait travailler, mais il la rassurait en disant que je jouais en silence et que je ne le dérangeais pas. Ce n'était pas tout à fait exact, car grand-père était souvent obligé de jouer avec moi. Quand j'étais plus grande, je faisais mes devoirs dans son bureau, et il sortait pour ne pas me perturber.

Lors de nos promenades, mon grand-père ne voulait pas d'autre compagnie. Il tenait à rester seul avec moi. Derrière la villa s'étendait un vaste jardin avec un étang. Nous l'appelions « la roseraie », car ma grand-mère et Rita y cultivaient des roses. Le jardin était magnifique, mais je ne l'aimais pas. Je ne pouvais pas y jouer.

— Veux-tu bien t'en aller ! hurlait ma grand-mère lorsque je creusais dans la terre pour faire mes « secrets ».

Avec les secrets, on procédait de la façon suivante : il fallait creuser un petit trou et ramasser des pétales de rose qu'on utilisait pour composer une mosaïque au fond du petit trou. Ensuite, on la recouvrait d'un bout de verre en mettant du sable par-dessus. Quand on le déterrait, on retrouvait son image-secret sous verre. Mes secrets, je devais les faire au parc, car dans notre jardin, c'était impossible. Il était difficile de creuser dans une terre durcie par des racines. Furieuse, je faisais exprès de casser les roses de mamie.

— Rita, que se passe-t-il avec ces roses ? Fais attention quand tu les arroses !

Pauvre Rita ! Ha, ha, ha !

Mon grand-père et moi traversions donc la roseraie, faisions le tour de l'étang et marchions un petit moment encore avant d'arriver devant le portail qui était presque entièrement envahi de lierre sauvage. Tel un rideau, le portail s'ouvrait et se refermait avec fracas. Vlan ! Et je me retrouvais alors dans un autre monde ! Je sentais une fraîcheur soudaine, comme si je traversais une frontière invisible. Derrière le portail poussaient des arbustes de robinier touffus, mais très rapidement, on débouchait sur un chemin étroit couvert de petits cailloux colorés. Le chemin s'arrêtait aussi soudainement qu'il commençait pour laisser la place aux « arbres savants ». Des platanes. Une magnifique allée, bordée de platanes savants. C'est grand-père qui avait inventé ce terme, car leurs troncs faisaient penser aux visages ridés des sages. L'été, les branches épaisses laissaient à peine filtrer la lumière.

— Tu sais, papy, je viens d'être touchée par la flèche de Cupidon !

— Que dis-tu ?

— Regarde en haut !

— Je ne vois rien !

Il leva les yeux. Je lui ai demandé s'il voyait les rayons de soleil, fins comme une toile d'araignée, percer à travers le feuillage épais.

— Oui, un peu.

— Justement, ce sont les flèches de Cupidon qui me transpercent le cœur ! Ici, regarde !

Bien des années plus tard, ma grand-mère m'a offert un petit paquet contenant quelques photos délavées (de moi avec mon grand-père) et un carnet avec un poème de trente strophes, intitulé *Ma petite Victoria*. Il ressemblait à peu près à cela : *Oh! ma Vicky jolie/ ma petite Vicky/ Dis-moi, ma chérie/ Si tu aimes ton papy*. Et ainsi de suite, dans la même veine. En gros, c'étaient ses observations au sujet de sa petite-fille adorée, les souvenirs de l'achat du landau pour ses poupées, la description du parc et aussi quelques conseils d'ordre général, composés à l'aide de strophes et de rimes très simples. La page suivante était vide, puis une belle calligraphie annonçait : *Conversations avec ma petite-fille : les flèches de Cupidon*. Je ne sais pas si je me souviens réellement de ces conversations, ou si je les ai lues dans ce carnet. Je ne sais plus.

L'allée en question n'était pas très longue, mais il nous fallait un peu de temps pour atteindre les érables nains derrière lesquels apparaissaient un grand sapin et une petite fontaine décorée d'un ange grassouillet. Un banc se trouvait à côté. C'est là que nous faisions une courte halte. Nous sortions le Thermos rempli de thé et les tartines au fromage que Rita nous avait préparées. C'était notre pique-nique.

Il me suffit de fermer les yeux pour voir devant moi le visage concentré de mon grand-père.

— Alors, ma chérie, disait-il en tendant le bras vers la gauche. Qu'est-ce que c'est ?

— Un arbre à perruque.

— Très bien ! Et là-bas ?

— Un noisetier ?

— Non ! Mais comment as-tu pu te tromper ? Regarde ce fruit marron, un noisetier ne donne pas ce genre de fruits. Regarde les feuilles, leur ovale délicat et ondulé. Bon, et là ?

— Où ça, là ?

— Là-bas ! Près des platanes.

— C'est un staphylier !

— Très bien ! Et celui-là, t'en souviens-tu ?

— Évidemment ! m'exclamais-je, indignée. Un érable circiné !

Une fois par semaine, mon grand-père allait se promener avec ma grand-mère. Ils faisaient sept fois le tour de l'étang… Toujours sept tours, jamais six ou huit. À elle aussi, il faisait passer un examen. Il appréciait que l'on se souvienne des choses. Il ne l'interrogeait pas sur les arbres, mais sur les écrivains. Quant à Rita, il lui posait des questions concernant les Jeux olympiques.

— Et en 1916 ?

— Ah ! Vous ne m'aurez pas, répondait-elle en agitant son chiffon. En 1916, il n'y a pas eu de Jeux. C'était la guerre !

— Parfait, ma petite Rita !

Là-dessus, il l'attirait vers lui, mais pas du tout comme grand-mère, autrement, et il l'embrassait dans le cou.

Et Rita éclatait de rire. Elle riait, elle riait.

Une fois par mois, il emmenait mamie au théâtre ou à l'opéra, et chaque année ils partaient en vacances. Ils le faisaient déjà bien avant ma naissance, paraît-il. (C'est Rita qui me l'a dit.) Pendant que les premières bombes tombaient sur Berlin, mon grand-père aurait déclaré :

— C'est fichu pour le théâtre !

— Tu plaisantes ? fis-je, le regard fixé sur Rita.

J'adorais ces histoires.

— Pas du tout, me répondit-elle en riant. Ton grand-père était spécial !

— Il n'a pas fait la guerre ? demandai-je de façon détachée, car je savais que si je manifestais trop d'intérêt, elle ne me répondrait pas.

— Non.

— Pourquoi ?

— Parce qu'il travaillait.

— Ah bon ? Et il travaillait où ? poursuivais-je en fixant les roses pourpres derrière la fenêtre.

— Dans des bureaux. Mais tu es très curieuse, ma parole !

Je n'insistais pas davantage. Je me disais que mon grand-père avait une chance incroyable de travailler toujours dans les mêmes bureaux, avant, pendant et après la guerre. Il faut savoir que mon grand-père n'écrivait pas que des livres. Après la guerre, par exemple, il écrivait des discours pour des membres haut placés du régime, et aussi des rapports ou des comptes-rendus. Je n'ai jamais compris quoi exactement, je n'ai pas pu tout entendre. J'écoutais souvent aux portes. Mon père et mon grand-père adoraient téléphoner, et moi j'adorais intercepter leurs conversations. Pour Klaus, je l'ai appris tout à fait par hasard, lors d'une dispute entre grand-père et grand-mère. Ce fut la seule fois où ma grand-mère a élevé la voix contre lui. J'ai appris alors une chose très intéressante. Que mon père avait un frère, Klaus, et que ce dernier habitait – mais oui ! – à Berlin-Ouest.

Cet oncle, je lui ai parlé pendant de nombreuses années, je me confiais à lui. Pour de faux, bien sûr, car il vivait de l'autre côté du mur. Rita me racontait parfois des choses sur lui, mais en cachette. Il était interdit d'en parler à la maison. J'ai dû promettre à Rita de ne rien dire à personne. C'était notre secret.

Tous les quelques mois, ma grand-mère organisait un déjeuner auquel étaient conviées les épouses des personnalités les plus influentes du pays, et je dois dire que je n'ai plus jamais revu un tel faste depuis. En revanche, les femmes qui venaient chez ma grand-mère étaient toutes laides, vieilles et grosses. La richesse et la laideur – quel mélange étonnant !

Le lendemain, je me précipitais au salon pour ramasser méticuleusement ce qu'elles avaient laissé : des sequins, des perles ; une fois, j'ai même trouvé une petite bague sertie de diamants. Grand-mère et Rita ont passé des jours entiers à fouiller le salon, à genoux. Grand-mère se lamentait, Rita hochait la tête en continuant les recherches. Personne ne m'a rien demandé. Je n'ai donc rien dit non plus. Mais c'en était fini des déjeuners chez nous.

Je vais aller me promener maintenant. Avec un jeune et bel infirmier. Je n'ai plus le temps. Demain, peut-être, je vous en dirai plus…

Le lendemain

À l'école de Franz-Alfred régnait un régime sévère auquel étaient soumis non seulement les enseignants et les élèves, mais aussi les parents. L'école jouissait d'une excellente réputation, et Franz-Alfred la dirigeait d'une main de maître. Son prestige augmentait de jour en jour.

Je me souviens combien il était inquiet après son évasion. Il avait appris que Roman avait gardé Magdalena auprès de lui. Franz-Alfred avait traîné, livide et dépité, durant une semaine entière. Il avait peur d'avoir Magdalena sur le dos. Je lui ai conseillé de la faire venir dans son école, montrant ainsi qu'elle ne lui faisait pas peur et qu'il maîtrisait la situation. Par la même occasion, il gagnerait à la fois son respect et sa gratitude. Je savais comment agir avec les gens simples. Dans ce domaine, rien n'a changé depuis des siècles. Mon grand-père possédait une grande bibliothèque. Il écrivait des livres médiocres, mais ceux de sa bibliothèque étaient excellents.

J'ai dit à Franz de retrouver Jürgen, de renouer les contacts avec lui, en laissant sous-entendre que l'école avait besoin d'un prof d'allemand et qu'elle offrait une possibilité de carrière aux enseignants des filières professionnelles. Jürgen avait les qualifications requises, mais il avait aussi la poisse. Par ailleurs, son péché mignon, c'étaient les femmes, mais on en parlera plus tard. Avant qu'il vienne travailler à l'école de Franz-Alfred, je m'étais renseignée sur lui et j'avais compris que l'école pourrait en tirer profit. Comment j'ai fait? Simplement! En usant de bon sens! Intuition féminine!

Avec Roman, c'était facile, car on savait qu'il accepterait de travailler pour son frère. Ah, sacré Roman!

Quand on réunit tout le monde autour de soi, on connaît les moindres faits et gestes de chacun et l'on peut intervenir si nécessaire. Il m'a suffi de quelques mois à peine pour me rendre compte que j'avais raison. Les gens qui ont peur ne font pas de vagues.

La situation a changé quand Franz est tombé dans les griffes de Tamara, ou inversement plutôt, quand Tamara est tombée dans celles de Franz. Mais à l'époque, cela n'avait plus aucune espèce d'importance pour moi.

En privé, ma relation avec Franz-Alfred était un peu différente. Le plus dur, c'était la nuit. Je m'imaginais donc que j'étais avec Roman, et le lendemain, au petit déjeuner, je voyais des yeux noisette me regarder avec adoration, pas ceux de Roman, malheureusement. Je devais tout de même bien jouer mon rôle, puisque nous avons vécu ensemble une bonne dizaine d'années sans trop de heurts. Je vivais à ma façon. Côté ouest, Berlin n'était pas si terrible. On aurait dit une île d'insouciance aux multiples facettes. Nous vivions dans le luxe; j'y étais habituée depuis mon enfance, mais ce luxe-là se limitait à la savonnette américaine, aux vacances en Bulgarie et à la Volga de mon père, une voiture de fonction avec chauffeur (très beau garçon, le chauffeur). Ici, à l'Ouest, nous menions la grande vie. J'avais tout. Avec Franz, nous avons visité le monde entier, nous sommes allés dans des endroits dont la plupart des gens ignorent même l'existence.

Je travaillais comme professeur de biologie, à mi-temps. Je n'étais pas obligée, mais il valait mieux avoir une occupation plutôt que de ne rien faire.

Les enseignants à Berlin, c'étaient des pseudo-intellectuels toujours pressés, avec obligatoirement un sac en toile en bandoulière d'où dépassait un bout du *Tagesspiegel*. Indépendamment du sexe, ils percevaient un salaire très confortable. Ils portaient invariablement des chaussures sales, parfois des sabots. C'était censé symboliser leur mépris pour les réalités prosaïques de la vie. Moi, je portais des chaussures propres, mais pour le reste, je préférais me conformer à la règle.

Tout le monde croyait que notre train de vie était dû à la fortune héritée de la famille. J'ignore qui avait fait circuler cette rumeur, mais Franz-Alfred et moi n'avons pas protesté. Vous savez quoi ? Je n'ai aucune envie de parler de ça.

À propos de Roman

Très vite, j'ai remarqué que Roman se comportait bizarrement lorsque Magdalena se trouvait dans les parages. J'avais du mal à y croire, mais il devait vraiment être amoureux de cette femme. J'ai lu dans un magazine que les femmes très grosses faisaient de l'effet à certains hommes, parce qu'elles les enveloppaient dans une aura de parfum sucré. Grâce au travail plus actif de leurs glandes, elles produisent davantage de phéromones que les femmes minces. Leur odeur agit donc comme une drogue, provoquant des réactions très spécifiques. En tant que scientifique, je pouffais de rire, mais cela a fait tilt dans mon esprit. Je n'aurais jamais cru que Roman puisse être sensible à ce genre d'odeur et que celle de Magdalena pouvait lui faire tourner la tête. Malheureusement, ce devait être le cas, car il se comportait comme un idiot en sa présence :

« Oui, ma petite Magdalena. »

« Bien entendu, ma petite Magdalena. »

« Comme tu voudras, ma petite Magdalena. »

« Répète, ma chérie, je n'ai pas compris. » (en piquant un fard !)

« Est-ce que tout va bien, Magdalena ? »

Magdalena était une femme gentille, bête et patiente, mais elle avait tout de même du mal à le supporter.

Normal ! Un tel débordement de dévotion et de tendresse, ça ferait fuir n'importe qui.

J'ai passé beaucoup de temps à analyser l'amour de Roman. Curieusement, je ne parvenais pas à être jalouse de Magdalena. J'avais aussi laissé tomber ma réflexion sur les phéromones et compris que Magdalena devait ressembler à la mère de Roman. Cela m'a réconfortée.

Magdalena est d'une rare loyauté. De tous mes amis et connaissances, elle est la seule qui me reste encore aujourd'hui. Mais quels amis, en fait ? Pour être honnête, peut-on seulement dire que j'avais des amis ? Non, je n'ai pas d'amis. Quant à mes relations féminines, parlons-en ! En revanche, j'ai toujours eu des amants, et aussi un essaim de bonnes femmes jalouses autour de moi.

— Oh ! l'infirmière maigrichonne vient me chercher. Elle non plus ne m'aime pas. Les femmes en général ne m'aiment pas. Quoi ? C'est fini ? Ah, c'est l'heure du dîner ! Dites, le bel infirmier n'est pas là aujourd'hui ? Non. Dommage ! D'accord, on y va. Un instant ! À demain alors ! Ou bien non, demain non !

Le surlendemain

Lorsque l'homme prénommé Franz-Alfred m'a dit de rester forte, car il s'en allait, je lui ai ri au visage. Que je sois forte ou pas, il n'en avait rien à faire, tout ce qui le préoccupait, c'était que je ne parle pas, que je ne le dénonce pas. Il avait peur, tout simplement. C'est pour cela qu'il avait tant tardé à m'annoncer son départ.

— Pour des raisons qui nous échappent ! a-t-il dit pour clore sa tirade.

C'était la meilleure ! Des raisons qui nous échappent ! Je m'étais déjà souvent demandé comment il comptait se débarrasser de moi. Mais il n'a pas osé. Le fait qu'il n'ait rien entrepris, je le devais à Magdalena. Quelle ironie du sort !

Cela faisait deux ans que j'avais observé un changement dans le comportement de Franz-Alfred, et je savais bien que c'était à cause de Tamara. Une grande fille, à forte poitrine, à qui Franz-Alfred donnait des cours particuliers d'anglais. Faut se l'imaginer : Franz-Alfred donner des cours particuliers d'anglais ! Incroyable !

Aujourd'hui, Tamara est devenue son épouse. Ils ont trois enfants. Je sais pas mal de choses au sujet de leurs enfants, grâce à Magdalena. J'ai toujours dit que les hommes avaient un goût lamentable. Je vous donne leurs prénoms : Chanel, Brooklyn et Scarlet Mitchel. Étonnant, non ? Si les gamins sont aussi réussis que leurs prénoms, cela prouve au moins qu'il existe une justice en ce monde.

Quant à ma séparation avec Franz-Alfred, tout le monde était persuadé que ce serait un choc pour moi. Oh, peut-être un peu… Je m'étais habituée à lui. À Franz-Alfred, j'entends. Il m'a proposé de nous séparer alors que j'entretenais une liaison avec un blond qui excitait ma curiosité. Ce détail aurait dû amortir le coup, mais ce n'était pas le cas. Pour diverses raisons, d'ailleurs. Il avait été amoureux de moi durant toutes ces années, et voilà que c'était fini ? Subitement ? Sans compter que ne plus avoir de mari signifiait un tas de soucis et de formalités dont je me serais passée. D'un côté, je me réjouissais à l'idée qu'il s'en aille et qu'il emporte avec lui son chien baveux… Mais je savais bien ce que voulait dire se retrouver seule et abandonnée. Et par qui ? Je vous le demande. Par Franz-Alfred ! Il était comme il était, mais je l'avais pour moi. Et à présent, tout était fini !

J'aurais surmonté cette situation grotesque sans trop de problèmes, ou plutôt je m'y serais habituée. Le divorce ne m'aurait pas trop perturbée, je pense. Je serais restée dans la maison que Franz-Alfred m'avait laissée dans un élan de générosité, provoqué uniquement par la peur que lui inspirait Magdalena, avec son trésor caché dans un coffre.

De toute manière, j'avais mes occupations et mon travail. Je chantais dans une chorale, et la ville de Berlin offrait de nombreuses distractions… Tout se serait très bien passé mais, une semaine plus tard, j'ai vu quelque chose qui a fait basculer mon monde. En sortant de chez mon esthéticienne, sur le Kurfürstendamm, j'ai aperçu Roman. Roman, en compagnie d'une jeunette. Plus tard, j'ai appris que c'était la sœur de Tamara. La même Tamara pour laquelle Franz-Alfred m'avait quittée. Roman et la sœur de Tamara étaient en train de s'embrasser dans la rue. Sans aucune pudeur, il lui touchait les seins, et elle, elle riait. Et la façon qu'il avait de ramener en arrière les cheveux de cette fille ! Il fallait les voir ! Ils semblaient si, si, si… comment dire, oui ! si insouciants et si jeunes. Par la suite, durant de longues années, le visage de cette fille me regardait à tous les coins de rue, du haut des affiches. Nadia, une top modèle. Eh oui ! Comment ne pas devenir folle avec tout ça, hein ?

Je les ai suivis un moment, pauvre idiote ! C'est tout ce dont je me souviens.

L'amour de Roman pour Magdalena était un amour imaginaire qui, de mon point de vue, ne représentait aucun danger. Je savais qu'ils n'allaient pas se mettre ensemble, que cela n'aboutirait à rien, car Roman ne s'engagerait jamais en sachant que Magdalena resterait toujours amoureuse de Franz-Alfred. Cette fois-ci, c'était différent : Roman s'affichait sur le Kurfürstendamm avec une jeune fille. Et cette fille, ce n'était pas moi.

Une semaine plus tard

Notre lycée a accueilli deux garçons fantastiques, des jumeaux : Artur et Tomek, transférés chez nous de l'école de Franz-Alfred. Leurs parents, des Polonais, je crois, venaient de déménager dans le quartier de Wannsee. Les garçons auraient été ainsi obligés de passer deux heures dans les transports pour rejoindre leur ancienne école. Roman s'en préoccupait beaucoup, il se sentait proche d'eux, et même Franz-Alfred s'intéressait à leur avenir. Ce fut pour moi une expérience nouvelle. Franz-Alfred a toujours été pour moi une espèce de microbe, je l'observais comme au microscope, analysant ses moindres réactions : si je le pique là, il fera ceci ; si je lui dis ça, il réagira ainsi ; si je lui prépare un plat, il le mangera. Par la suite, cela me manqua…

J'avais donc proposé de toucher un mot à mon directeur au sujet des jumeaux. Mon directeur ne ressemblait en rien à Franz-Alfred. Il ne se mêlait pas de tout et était ouvert à de nouvelles propositions. Tomek et Artur habitaient à proximité de notre lycée, tout s'accordait à merveille. J'avais déjà entendu dire qu'ils étaient vraiment très doués, mais dans ma longue carrière pédagogique, je n'avais encore jamais rencontré d'élèves aussi brillants. Je me souviens d'un cours où nous avions parlé des récents progrès techniques dans le domaine de la purification des eaux. Tout ce qu'ils disaient, leur façon de formuler leur pensée, était très intéressant, pour moi aussi, spécialiste en la matière. D'autres enseignants ont confirmé mon impression, et je regrette beaucoup qu'ils ne soient restés qu'une seule année dans notre lycée. Ils ont eu leur bac avec la meilleure mention. En obtenant d'excellentes notes dans toutes les matières. Cela n'arrive pas souvent. Aujourd'hui, l'un d'eux, je ne sais plus lequel, est le plus jeune professeur d'université en Allemagne, paraît-il.

Tout cela s'était passé bien avant ma séparation avec Franz-Alfred. Si je vous parle de ces garçons, c'est parce qu'ils étaient une sorte de lien entre Roman et moi. Bien sûr, ils étaient brillants, aimables, et alors ? Si Roman ne m'avait pas demandé de l'aide, je ne me serais jamais intéressée à eux. En fait, c'étaient les fils d'un cousin éloigné de Roman, originaire de Gdańsk. Quoi qu'il en soit, Roman s'est beaucoup occupé d'eux. Il m'appelait au moins une fois par semaine pour savoir s'ils s'étaient bien intégrés dans la classe, me demandait un avis objectif. Il accompagnait le père des garçons aux réunions de parents. J'ai compris alors qu'il devait se sentir très seul, qu'il aurait voulu avoir des enfants, une épouse, qu'il rêvait de fonder une famille, et que ses sentiments débiles pour Magdalena avaient brisé sa vie.

— Tu sais, Victoria, c'est aussi un peu ta famille, m'expliquait Roman.

— Ma famille ?

— Franz ne t'a jamais parlé de notre cousin ?

— Non.

— Le père des jumeaux, c'est notre cousin.

— Oui, et alors ?

— Victoria, si je suis l'oncle de Tomek et d'Artur,

Franz l'est aussi, poursuivait Roman en riant. Et toi, tu es donc leur tante !

Franz-Alfred n'était pas très porté sur la famille. Sa seule famille, c'était Roman. Mais avec lui aussi, il n'entretenait que des contacts sporadiques.

— Il suffit que je le voie à l'école, répondait-il lorsque je lui demandais pourquoi. Et toi, depuis quand es-tu devenue si attachée à la famille, hein ?

Les deux garçons rencontraient tout de même quelques problèmes. Ils s'ennuyaient en classe. Le programme était bien en dessous de leur niveau, ils auraient déjà dû passer à l'université. Mais tout le monde ne les aimait pas, non. Le prof de maths, par exemple. Il leur reprochait leur insolence et le fait de monter le reste de la classe contre lui. Quelle bêtise ! Je voyais Roman dans un café. Il se faisait du souci, s'énervait, semblait très préoccupé. Un jour, il est venu avec le père d'Artur et de Tomek, le fameux cousin. C'était un homme calme et réfléchi. J'ai été surprise par sa connaissance parfaite de l'allemand. Mais je me souviens que sa présence me dérangeait, car je voulais être seule avec Roman. En tête à tête. On se voyait rarement. Chaque rencontre était pour moi un moment exceptionnel. J'avais envie d'en profiter au maximum, de la célébrer ! Je voulais être avec lui, et non pas perdre notre temps à discuter de problèmes dont, à vrai dire, je n'avais strictement rien à faire.

Je n'ai jamais voulu avoir d'enfant. L'idée d'en avoir un avec Franz-Alfred me donnait la nausée. Je faisais très attention de ne pas tomber enceinte, mais j'ai souvent rêvé que j'étais mère et que je me précipitais quelque part en courant. Dans le lointain, je voyais se dessiner la silhouette floue de Roman qui, à mesure que je m'en approchais, se délayait peu à peu, pour finalement disparaître avant même que je puisse l'atteindre. Maintenant, je ne rêve plus de rien.

Au parc
(conversation non surveillée)

Savez-vous que les murs ont des oreilles ? On ne vous l'a pas appris dans l'administration ? Vous êtes très intelligent, mais imprudent. Vous croyez que je suis folle, hein ? Réfléchissez un peu.

Ma chambre ne me semble pas assez sûre, et elle ne le sera d'ailleurs jamais. Même lorsque je serai allongée là, inconsciente. Je vais vous dire quelque chose, monsieur. Écoutez-moi bien et regardez cet arbre… Il est magnifique, n'est-ce pas ? Quel branchage ! Un arbre fort et sain.

Connaissez-vous ce proverbe : « Pour un arbre solide, il faut une hache solide » ? Vous croyez sans doute être la hache, non ? Mais faites attention de ne pas devenir l'arbre. Car il n'existe aucun arbre que l'on ne puisse abattre.

Lorsque vous sortirez d'ici, s'il vous plaît, dites à voix basse, mais de façon à ce que les passants puissent quand même vous entendre : « Seigneur, cette bonne femme est folle ! » Répétez-le au moins trois fois. Puis, une fois rentré chez vous, regardez dans votre poche. Vous y trouverez une clef. Tout ce que je viens de vous raconter est parfaitement vrai ; le reste, vous le lirez vous-même. Avec Magdalena, nous pensons pouvoir vous faire confiance. Retenez bien le numéro 333, et le nom de la gare : Ostbahnhof. Et maintenant, reconduisez-moi dans ma chambre. Et n'allez surtout pas seul à la gare pour ouvrir le casier. Mais vous avez un QI très élevé, n'est-ce pas ?

Vous avez donc deviné sans difficulté que je suis la sœur de Klaus, l'homme qui a été assassiné, n'est-ce pas ? Et maintenant, allez-vous-en, ouste ! Le journal de Klaus vous révélera tout.

Bonne chance ! Ouste ! ouste !

KLAUS

Carnet de notes de Klaus Steinbach (Kreifeld),
écrit en l'an 2000
~~Ce carnet est destiné à Victoria Zollner, née Kreifeld.~~
~~Notes et réminiscences.~~
~~Que Dieu me donne la possibilité~~
~~de le lui remettre un jour.~~

Welcome to my world

Welcome, Klaus. Happy Birthday, mon vieux! Aujourd'hui, c'est mon anniversaire. Pour l'occasion, je regarde une cassette vidéo : *Elvis'68 Comeback.*

Elvis en blouson de cuir noir, Elvis en costume blanc, Elvis en chemise noire et foulard rouge. Elvis en chemise rouge au col relevé, une guitare à l'épaule. Puis de nouveau en costume blanc. Il serre tellement fort son micro en interprétant *If I Can Dream* qu'on distingue très bien ses osselets.

Sacré Elvis ! Il faut augmenter le son.

Que ce soit clair, n'importe quel autre gars portant ce genre de petit costard doré mériterait une bonne claque.

Je me détends et je me prépare un troisième café, car j'ai un peu mal à la tête après la journée d'hier, et il est temps de faire une petite pause. Quand je bois de l'alcool, je n'écoute pas de musique, et surtout pas le King. On n'écoute pas le King en étant soûl. Mais aujourd'hui, je suis sobre, je vais augmenter le son.

Ah ça, j'aurais dû m'y attendre ! La voilà qui sonne déjà à ma porte, cette espèce de mégère. Je vais mettre le volume à plein tube, pour qu'elle en profite bien. Elle cogne de toutes ses forces, quel monstre ! Un jour, elle finira par avoir ce qu'elle mérite – j'irai lui casser la figure.

Après les dernières visites inopinées de Johannes Foerster et du chauve, j'ai décidé de prendre l'air et j'ai donné rendez-vous à Thorsten et à Roman dans un bistrot. Thorsten est encore capable de boire pas mal ; mine de rien, Roman aussi a une bonne descente, mais ils sont plus jeunes que moi. Moi, j'ai déjà eu mon plein d'alcool, sans doute. Je ne sais pas ce qui m'arrive, mais si cela continue, j'arrêterai de boire pour de bon.

Quelle affreuse mégère ! Elle a pris un gourdin métallique ou quoi ? Elle va rayer ma porte, cette sale bonne femme. Depuis quelques années déjà, personne n'habite plus à l'étage du dessous. Au-dessus, il y a juste le grenier. Seule cette vieille loge toujours en face.

La musique me détend. J'aime me noyer dans la voix d'Elvis. J'ai quatre grosses enceintes acoustiques, réparties dans plusieurs pièces, et trois petites dans la salle de bains. Du plus loin que je me souvienne, la voisine n'a cessé d'envoyer des plaintes contre moi, mais contrairement à elle, je paie régulièrement mon loyer, on me laisse donc tranquille.

Le King est unique, c'est pour cela que j'aime passer mon anniversaire en sa compagnie.

La vie peut être parfois tellement tordue qu'on n'y comprend pas grand-chose. Mieux vaut donc ne pas trop réfléchir, mais en profiter, écouter des chansons agréables et toujours choisir les solutions les plus simples. Elvis est génial, simple et authentique. En vérité, je ne peux pas dire que j'aime toutes ses chansons. Quand elles deviennent trop compliquées, cela m'agace, et je n'apprécie pas tellement non plus les nouvelles interprétations. La nouveauté m'indispose au plus haut point. J'exècre tout ce qui déroge à la norme, au schéma que je me suis construit. Est-ce une maladie ? Même si ce n'est pas le cas en général, pour moi c'en est une. J'avoue que je n'ai observé les premiers symptômes qu'au cours de ces toutes dernières années. Peut-être est-ce la vieillesse, tout simplement ?

Après une bonne cuite, j'éprouve le besoin de me replonger dans le passé. Ma guitare, je l'ai reçue de mon père. Lui n'en jouait pas très bien, en revanche, il maîtrisait parfaitement le piano.

Comme je l'ai déjà dit, chez moi, la gueule de bois éveille un tas de souvenirs.

Maintenant, je vais me lever et m'expliquer avec la voisine, car elle me tape sur les nerfs et perturbe ma tranquillité.

Les racines

J'ai quitté Berlin-Est bien avant la construction du mur. Enfin, pour être exact, j'étais parti de chez moi dans l'idée de passer du secteur est au secteur ouest. Décidé à visiter le vaste monde. J'avais tout juste quinze ans, à l'époque, et je devais être en pleine crise d'adolescence. Rita était la seule personne à qui j'avais dit la vérité. Je ne pouvais pas faire autrement.

— Mais qu'est-ce que tu racontes, mon enfant ? s'est-elle exclamée en fondant en larmes.

J'ai caressé sa main rêche.

— Ton père, ta mère, que vont-ils devenir ? Pense un peu à eux, mon enfant !

Cet argument, censé me persuader de rester, produisit sur moi l'effet inverse. Il provoqua la décharge d'énergie dont j'avais grandement besoin à ce moment-là, sans doute parce que les larmes de Rita me déstabilisaient toujours. Tandis que Rita se calmait peu à peu, je n'avais pas de temps à perdre. Mon père n'allait pas tarder à descendre, alerté par les pleurs de Victoria. Elle était sans doute sortie de son petit lit. Elle le faisait depuis plusieurs jours déjà. Elle venait d'avoir trois ans et, selon moi, n'avait plus vraiment besoin de faire la sieste, mais personne ne tenait compte de mon avis dans cette famille. En repensant à Victoria, j'ai eu la gorge serrée. J'ai caressé une nouvelle fois la main de Rita et j'ai regardé par la fenêtre. Les roses étaient sur le point d'éclore, le temps de ce mois de juin était splendide, une journée idéale pour promener la petite. Rita me regardait de ses yeux délavés.

— Va la voir, vas-y !

En disant cela, je lui montrais l'escalier du regard. Moi, je n'ai pas bougé, occupé que j'étais à triturer nerveusement mon sac entre mes mains. J'y avais fourré un pull, deux caleçons et un peu de nourriture. Les mains et les lèvres de Rita tremblaient. Il fallait agir vite, alors je me suis levé ; j'avais la sensation de peser trois tonnes. Je me suis dirigé vers la sortie. Sans même me retourner. Je savais que Rita restait là, immobile. Victoria hurlait à tue-tête. D'un pas rapide, décidé, j'ai traversé la salle à manger, la cuisine et le couloir. C'est seulement après avoir refermé la porte d'entrée derrière moi que je me suis arrêté un instant et j'ai appuyé ma tête contre l'encadrement. J'ai fermé les yeux en serrant fort les paupières, jusqu'à ressentir une petite douleur. Il ne fallait pas que je m'attarde trop. Je devais m'arracher à cette fichue porte, sinon je risquais de rester scotché là. Soudain, une force phénoménale m'a poussé à partir, m'obligeant à concentrer mon attention uniquement sur mes pieds. Je suis arrivé au portail. J'ai frissonné en l'entendant se refermer avec fracas, mais mon père ne pouvait pas l'entendre, son bureau se trouvait trop loin.

Lorsque Elvis chante *Don't Cry Daddy*, je ne pense jamais à mon père.

Victoria me rend visite deux fois par semaine. C'est vraiment une chic fille.

— Ne me regarde pas comme ça, dit-elle en riant. Qu'est-ce que tu veux manger ?

Je n'ai pas faim, mais je lui réponds que j'aimerais bien du foie de veau.

— Du foie ? C'est dégueulasse.

— Moi, j'aime ça. Mon boucher m'a dit qu'il était tout frais.

— Ce vieil ivrogne t'a encore refilé de la merde !

Je ne proteste pas.

— D'accord, dit-elle en soupirant. Aujourd'hui, du foie de veau, et pour demain ?

— De la soupe peut-être.

— Aux pommes de terre ?

Je passe sous silence le fait que je déteste la soupe aux pommes de terre. Quoi que je dise ou que j'achète, Victoria y trouvera toujours à redire. Chez elle, elle ne fait pas la cuisine, elle a quelqu'un pour ça. Aussi se défoule-t-elle sur moi. Elle joue à la dînette. Je pousse un soupir et je tourne mon regard vers la télévision. Mes paupières s'alourdissent de plus en plus, je suis sur le point de m'endormir.

Des murmures, des éclats de voix, j'ouvre les yeux. De la cuisine me parviennent des odeurs de nourriture. J'ai dû faire un rêve, mais je ne m'en souviens pas. Il fait encore clair dehors, cela prouve que je n'ai pas dormi longtemps. La télé marche toujours ; sur la chaîne ARD, le journal télévisé. Je bâille. La speakerine parle lentement, distinctement, en accentuant chaque mot. En bonne professionnelle, elle ne lit pas son texte, mais l'a appris par cœur. Pour commencer, on parle de la famine en Afrique et du tremblement de terre, puis on passe aux élections en Géorgie… Il est ensuite question du crash d'un avion égyptien dans le golfe Persique et de mineurs ensevelis dans une mine de charbon en Chine. Pour finir, on nous montre brièvement quelques images de la rencontre au sommet entre deux vieillards qui se serrent la main dans un geste amical, alors qu'ils se détestent.

— J'ai du mal à regarder ça! dis-je à Victoria.

— Alors change de chaîne! répond-elle en haussant les épaules, et elle pose une tasse de thé devant moi.

Elle est aux petits soins avec moi, cette fille. Je change de programme. Le foie de veau sent drôlement bon.

La deuxième chaîne retransmet un gala contre la famine dans le monde. Des stars collectent de l'argent par téléphone en répondant aux appels des téléspectateurs. Visages pensifs, hochements de tête, costumes élégants. Au milieu de tout cela, des photos terrifiantes, des courts-métrages sur la misère humaine. Je détourne la tête.

Finalement, je me lève et je vais dans la chambre chercher mon téléphone. Victoria passe la tête par la porte de la cuisine. Je tape le numéro qui apparaît sur l'écran de la télé. La connexion est rapide, une voix agréable me répond. J'indique mon numéro de compte et j'effectue un virement de cinquante marks au bénéfice de la fondation. Voilà, c'est fait. Je raccroche. Sur l'écran du téléviseur, je vois maintenant un petit garçon noir, terriblement maigre, avec une grosse tête, il est assis et me regarde sereinement. Sans hésiter, je recompose le même numéro. Occupé. Le pays entier est en train d'appeler. Hier, lors d'une rencontre qui n'avait rien à voir avec la famine en Afrique, le chancelier a dit : « Soyez généreux ! » Et le peuple a suivi son appel. C'est bien qu'il ait parlé ainsi.

Ça sonne toujours occupé. Victoria m'observe attentivement. Je fixe l'écran. À côté du numéro s'affiche maintenant le montant de la somme récoltée. On entend déjà les commentaires précisant qu'il s'agit d'une somme record et qu'aucun autre pays n'a encore réussi à lever autant de fonds, alors que le monde entier participe. J'appelle de nouveau. Cette fois-ci, c'est une voix d'homme qui répond. J'indique mes coordonnées et je fais un don de cent marks. La voix me remercie gentiment. Je suis très fier de mon pays et aussi de moi-même, et je me mets à compter : si chacun, ou ne serait-ce qu'une personne sur deux, donnait autant, alors... J'en parle à Victoria, mais en vain. Elle est contre ce genre de galas, et parfois je la trouve sans cœur. Je le lui dis, mais je le regrette aussitôt. Trop tard. Victoria se met à me faire la morale.

— Tu vas dilapider toute ta pension de retraite !

Elle éteint la télévision.

— Rallume !

— Non !

— Alors, rentre chez toi !

J'aurais mieux fait de me taire, car je sais qu'elle s'en ira et ne reviendra plus me voir pendant un certain temps. Victoria est très susceptible, bien qu'elle fasse semblant d'être quelqu'un d'insensible, de dur, mais je la connais. Pourtant, elle ne s'en va pas. Elle me fixe du regard et, pour finir, rallume le téléviseur.

— Dis-moi, Klaus, tu crois que les gens sont bons, tout simplement ? me demande-t-elle avec le plus grand sérieux.

— Certains sont bons, d'autres pas, déclaré-je en haussant les épaules.

— Mais regarde tout ce cirque, ces costards ! Les gens agissent bien uniquement quand on les regarde. Sinon, ils font des choses pas très reluisantes. La bonté, la méchanceté, cela n'existe pas en soi. Tout ça n'est que de la biologie.

— De quoi tu parles, quelle biologie ?

— L'évolution. Ce gala, par exemple. C'est un étalage de générosité, donc de la biologie. Les choses sont bien plus simples que tu ne le crois. Ce n'est pas la bonté qui prévaut pour toi et tous ces gens-là, dit-elle en pointant l'écran, mais le souci du qu'en-dira-t'on, de sa propre image, le calcul des bénéfices que cela peut rapporter. Tu comprends ?

— Non.

Je n'aurais pas dû dire cela. Je vais avoir droit à un cours magistral. Je bâille prudemment une fois ou deux. En vain ! Victoria est déjà en train de m'expliquer les mécanismes des comportements humains en s'appuyant sur les processus de l'évolution.

— Mais de quoi parles-tu ? dis-je en poussant un soupir.

— Si nous nous comportons bien, c'est parce que nous savons que nous en tirerons profit, nous ignorons lequel, mais ce sera profitable, quoi qu'il en soit. Pour ceux-là, là-bas, à la télé, il peut s'agir tout simplement de prestige, ils passent à la télé, on les complimente, et nous, cela nous émeut. Chacun offre ainsi quelque chose à l'autre, c'est ça, l'échange mutuel… qui participe à notre évolution. Mais il s'agit avant tout des profits que cela engendre. Une sorte de coït culturel entre primates.

Je la contemple. Quelles sottises !

— Pourquoi viens-tu donc ici ?

Je lui pose cette question sur un ton parfaitement neutre, bien que je me le demande souvent. Victoria hausse les épaules.

— Parce que tu es une fille bien, dis-je en m'empressant de répondre à sa place.

— Non, mon cher, c'est du conditionnement

biologique, la famille s'entraide naturellement, tout comme les membres d'une même espèce.

— C'est-à-dire…

— C'est-à-dire que je donnerais ma vie pour mes deux frères ou pour mes huit cousins.

— Tu veux dire que je fais semblant d'être bon pour frimer devant toi, hein ? Et toi ? Tu viens me rendre visite pour faire perdurer l'espèce, c'est ça ?

— Que tu es bête ! s'écrie-t-elle en me lançant un coussin.

Victoria rit, et son rire est aussi joli que celui de la petite fille d'antan, dans la maison de mon père. Alors que je quittais définitivement la maison, elle ne riait pas, elle pleurait. Rita aussi pleurait. Tout comme ma mère probablement, allez savoir. Mon père ? Je ne sais pas. Je n'en ai rien à faire.

Depuis quelque temps, j'ai l'intention de transmettre à Victoria toutes mes notes. Elles se trouvent dans un désordre total, et j'essaie de les classer chronologiquement. Le soir, je prépare un texte dans ma tête, que j'ai vite oublié le lendemain. Certaines réflexions, je les écris sur le vif, comme en ce moment, pour ne rien oublier. J'ignore pourquoi, sans doute pour avoir une sorte d'introduction qui précédera l'essentiel. J'ai l'impression que Victoria souffre d'un manque d'amour. Mais je ne suis pas un spécialiste dans ce domaine. J'estime, par ailleurs, que tout être humain a le droit de connaître ses origines. Or, Victoria ne les connaît pas.

Elle pose devant moi une assiette de foie de veau encore fumant. Je suis sur le point d'éteindre la télé, car je n'aime pas manger devant l'écran allumé. C'est que j'ai quand même quelques principes. Mais je n'éteins pas, car un document d'archives apparaît soudain sur l'écran. Victoria se fige, les yeux rivés sur le téléviseur. Un aéroport. Un reportage en noir et blanc. Des portes s'ouvrent, un homme apparaît. Brun, grand, vêtu d'un manteau élégant. Il descend lentement l'escalier. Plan rapproché sur ses cheveux lisses, coiffés à l'américaine, son front haut et ses lèvres charnues. Le foie aux oignons frits me reste en travers de la gorge. Je me lève. La speakerine dit quelque chose. Ensuite, une photo, le même homme, mais un peu plus âgé. Il ne s'agit plus d'images d'archives. À nouveau, un documentaire, cette fois en couleurs. Encore cet homme, toujours à l'aéroport, manteau noir, chapeau. Je me rapproche du téléviseur. Je fixe les poches sombres sous les yeux de l'homme aux cheveux gris. Je n'ai pas le moindre doute, c'est lui. Des joues flasques, un grand nez, des sourcils broussailleux, les traits un peu altérés, mais c'est bien lui.

Victoria tourne son regard vers moi, puis encore vers l'écran, ébahie.

— C'est impossible, dit-elle.

— Impossible, dis-je en répétant derrière elle.

J'ai devant moi le visage d'un homme bien vivant, alors que je sais qu'il n'est plus en vie, en aucun cas il ne peut être en vie. J'en ai la certitude absolue. L'avant-veille encore, j'ai dû le répéter à maintes reprises à Johannes Foerster, et ensuite tout raconter une nouvelle fois, et de manière très détaillée, ainsi qu'il l'exigeait, à l'hercule au crâne rasé.

*

Il est 1 heure du matin. Victoria est rentrée chez elle. Je reste assis dans ma cuisine, les yeux fixés droit devant moi. Sur la table est posée une bouteille de vodka, apportée quelques jours plus tôt par le boucher qui me fournit le foie. Je sais parfaitement ce dont j'ai besoin, un demi-litre ne me suffira pas et je serai obligé de sortir en pleine nuit en quête d'une autre bouteille. Alors mieux vaut ne pas commencer… En ce moment, j'ai bien d'autres soucis. J'ai mis le pied dans la merde, sans même sortir de chez moi.

Notes pour Victoria

Mon père avait des relations, il était au courant de bien des détails pouvant compromettre ceux qui, très vite, avaient retrouvé la bonne grâce des Alliés, car il était difficile de reconstruire l'Allemagne sans les Allemands. Considérant cela, ajouté à de nombreuses circonstances défavorables, il devint clair pour moi que je ne pouvais pas rester à Berlin. Cette ville n'était pas assez sûre pour le fils de Wilhelm Kreifeld.

J'ai quitté la maison le 20 juin 1948, à midi, préoccupé par de multiples problèmes personnels. Je ne pouvais nullement savoir que, le jour même, une réforme monétaire entrerait en vigueur dans les secteurs ouest. Durant la nuit, le *Reichsmark* fut remplacé par le mark allemand, sans consultation préalable avec l'Union soviétique. Berlin-Ouest en subit aussitôt de lourdes conséquences, moi aussi.

Dans la nuit du 23 au 24 juin, nuit que j'avais passée chez un copain, dormant par terre dans un immeuble destiné à la démolition, on ordonna le blocage de la zone ouest. Toutes les voies d'accès terrestre passant par la zone d'occupation soviétique avaient été coupées, et il n'y en avait pas d'autres. Du moins, pour moi. J'ai cru d'abord que mon père y était pour quelque chose. Cette réaction montre clairement l'importance que je lui attribuais dans le processus historique mondial.

Berlin, une enclave dans le territoire contrôlé par les Soviétiques. Panique, chaos, effroi ! Ce n'est pas ainsi que je m'imaginais mon premier jour loin de mon père, mon premier jour de liberté. Mon plan, c'était de passer une nuit dans le secteur ouest de Berlin et, dès le lendemain, aidé par l'ami qui m'hébergeait, de parvenir jusqu'à Hambourg. En le payant, bien sûr. Mais, tout comme moi, mon ami se retrouvait coincé à Berlin, et il n'était plus question de Hambourg.

— Tu sais, mon vieux, ma mère s'inquiète, m'annonça-t-il au bout de quelques jours.

— Juste une nuit encore, le suppliai-je.

Il n'avait pas l'air enchanté.

— Juste une, la dernière, répétai-je.

— D'accord, la dernière.

Je poussai un soupir de soulagement.

— Mais essaye d'éviter ma mère.

Je me suis dit que ma mère non plus n'aurait pas été ravie de me voir ramener un inconnu à la maison. Mais je ne l'imagine pas manifester à ce point sa nervosité. Bien entendu, elle m'aurait questionné : qui est cet ami ? Ne s'est-il pas enfui de chez lui ? Peut-être a-t-il des problèmes ? Mon père, en revanche, aurait certainement procédé à une enquête. Ne serait-ce que pour cette raison, je n'aurais jamais invité quelqu'un à la maison, je l'aurais plutôt caché dans la pergola du jardin en ne mettant que Rita dans la confidence. Mais mon ami n'avait pas de père, pas de pergola ni de bonne, il avait juste trois frères et sœurs, et une mère hystérique. La situation faisait penser à la guerre. J'étais l'enfant de la guerre et je venais tout juste de m'habituer à la paix, mais surtout j'étais un gros lâche. Il ne me serait même pas venu à l'idée de passer la nuit sur un banc public, dans un parc ou dans une gare. Depuis tout petit, j'avais une peur panique du noir. C'est pour cela que je suppliais mon ami de m'héberger chez lui cette nuit-là encore.

Non, le sort de la ville n'était pas entre les mains de mon père ; ça, je n'en avais pas l'ombre d'un doute. Sinon, il n'aurait jamais autorisé la création d'un pont aérien qui larguerait des colis alimentaires CARE et du charbon pour son fils prodigue. Bientôt, dans les aéroports de Gatow, de Tempelhof et de Tegel, les avions américains C-54 atterriraient toutes les trois minutes. Puis toutes les deux minutes. Ni la mère de mon copain ni moi ne pouvions encore le savoir. La pauvre avait vraiment la trouille d'avoir une bouche de plus à nourrir. Dès le premier jour, elle avait dissipé toutes mes illusions. Elle m'avait donné une tranche de pain sec et autorisé à faire ma toilette. Le lendemain, elle ne me proposa plus rien. Mon copain m'apporta quelques pommes de terre en cachette.

Dans la journée, j'errais dans des rues inconnues en me répétant sans cesse que j'étais libre, autonome et content. Au début, j'étais curieux de tout. Auparavant, j'étais rarement venu dans les secteurs ouest. Pour mes copains, Berlin était une seule et même ville, mais pour moi, non, et ce, depuis longtemps déjà. Je n'ai pas le souvenir que mon père ait d'une quelconque manière entravé ma liberté, non. Chez nous, on obéissait à des règles tacites. Comme si notre existence en dépendait. Ce qui devait sûrement être le cas. Depuis 1946, mon père travaillait à la DVdI[1] , dont il était l'un des fondateurs. Il s'y engageait entièrement et y consacrait tout son temps.

1 Deutsche Verwaltung des Innern (DVdI) : ministère de l'Intérieur de la RDA.

Pour plus de clarté, la DVdI était l'embryon de la future Stasi. Il va de soi que je l'ignorais complètement. Le fait que mon père ait traversé sans le moindre problème toutes les étapes de la reconstruction et participé activement à la création du Commissariat-5 (K-5), je ne l'ai appris que bien des années plus tard. À l'époque, le Commissariat-5 avait été créé sur les décombres de la Gestapo. Difficile d'imaginer meilleur conseiller que mon père – témoin direct des événements les plus marquants, et qui, en même temps, n'était pas un criminel de guerre. Il n'était même pas allé sur le front, ce qu'il soulignait souvent avec force, surtout après 1946. Heureusement pour lui, il s'était toujours placé au deuxième rang, sans trop se faire remarquer, mais il connaissait du monde et savait beaucoup de choses. Par exemple sur les structures administratives et hiérarchiques de la Gestapo. Avant la guerre, il existait nombre d'administrations et chacune avait besoin d'un tas de documents. De rapports surtout. Et mon père était très doué en écriture. Des personnes aussi expérimentées, parfaitement au courant de la situation, étaient tout aussi utiles après la guerre que pendant. Et, comme je viens de le mentionner, dans la zone d'occupation soviétique, une nouvelle Gestapo renaissait sur les cendres de l'ancienne. Le fameux K-5. La Stasi verrait le jour en 1950 seulement. Avant sa création définitive, mon père avait eu largement le temps de se faire de nouvelles relations et il avait même ses entrées dans les cercles proches de Vladimir Semionovitch Semionov. J'ignore comment il s'était débrouillé, mais il avait gagné la confiance de l'un des diplomates les plus influents de l'époque, du moins dans la zone est de Berlin. Il n'empêche, papa devait avoir le nez creux pour avoir voulu approcher ce dernier dès 1948. Vladimir Semionovitch Semionov, l'expert soviétique aux affaires allemandes, fut nommé ambassadeur en Allemagne de l'Est, et vingt-cinq ans plus tard, en Allemagne de l'Ouest. En 1948, mon père ne pouvait pas savoir que son futur protecteur deviendrait, au cours des décennies suivantes, le bâtisseur soviétique de la politique allemande, mais il pouvait néanmoins se douter que Semionov prendrait la tête de la Commission de contrôle soviétique en RDA. Et c'est précisément dans ce genre d'institutions qu'il prévoyait la future carrière de son fils aîné. Non, pas moi – celle de Filip Kreifeld. Mais je vous en parlerai ultérieurement. J'ignore si je dois détester ou admirer mon père pour son flair extraordinaire. Mon ami John, le seul à qui je pouvais en parler librement et en qui j'avais une confiance absolue, m'avait juste dit à propos de mon père qu'il ne fallait pas le sous-estimer.

Bref, si quelqu'un avait déjà une idée de ce qu'allait bientôt devenir le K-5, c'était certainement mon père. Il sentait bien l'état d'esprit de la société allemande, l'atmosphère de l'après-guerre. Il avait été parmi les premiers à comprendre ce qu'il convenait de faire ou d'éviter. Des voyages trop fréquents dans les secteurs ouest, par exemple. Obtenir la confiance de ses supérieurs suspicieux demandait beaucoup d'efforts. Et mon père s'y employait de nouveau. Le système n'avait pas changé, il changeait juste de nom.

Les règles tacites dont je parle ne concernaient ni Rita ni les lubies de mon père, puisque ce dont il avait besoin était introuvable dans la zone soviétique. À commencer par le savon américain. Rita devait donc aller jusqu'à Charlottenburg pour s'en procurer au marché noir.

Heureusement, l'école, les copains, le parc – tout ce dont j'avais besoin – se trouvaient à proximité de la maison. Mais ici, je regardais avec une curiosité accrue les rues de la zone que je ne connaissais pas. J'ignore pourquoi, mais tout semblait différent. Les gens, les rues, les magasins. Même les gravats, on ne les remarquait pas, et s'il y en avait, ils ne restaient pas au milieu de la rue, mais sur les bas-côtés. Mais peut-être était-ce juste mon impression ? Bien évidemment, le paysage dominant était celui de l'après-guerre, mais il était inhabituel. Le blocus avait tout mis sens dessus dessous. Les gens frétillaient dans les files d'attente, ils faisaient du trafic d'argent, attendaient la livraison du pain, s'agglutinaient autour des haut-parleurs ou devant les tableaux d'information.

Que dois-je faire ? me demandais-je. Échanger l'argent que j'ai sur moi ? Et comment justifier sa provenance, si on me le demande ? Dire que je l'ai pris à mon père parce que j'avais décidé de m'enfuir de la maison ?

Je me suis appuyé contre un muret en poussant un soupir. J'étais arrivé dans un endroit totalement inconnu et je n'avais plus la force de poursuivre ma route. J'étais fatigué et j'avais faim. J'ai jeté un regard distrait vers la fenêtre d'un appartement d'où parvenait la voix de Truman. Accroché à la fenêtre, un petit drapeau américain flottait au vent, et le son de la radio, mise à plein volume, s'entendait jusqu'au bout de la rue. Depuis un an, j'apprenais l'anglais, et je me débrouillais plutôt bien. C'était l'une des fantaisies incompréhensibles de mon père, tenue secrète d'ailleurs. De ce discours radiophonique, j'ai compris tant bien que mal que les Alliés ne quitteraient pas Berlin-Ouest et ne laisseraient pas tomber ses habitants. Au moins, je n'aurai pas faim, pensai-je avec amertume.

Mais est-ce que je faisais déjà partie des habitants de Berlin-Ouest ? Où est-ce que j'habitais, en fait ? Nulle part. Peut-être devrais-je rentrer chez moi ? Mais comment ? Le retour n'était plus possible. À cause du blocus, toutes les routes étaient coupées. Et même si, par miracle, je réussissais à me faufiler entre les patrouilles soviétiques, je ferais quoi ensuite ? Je me présenterais devant mon père ? Rentrer et lui faire face ? À cette seule idée, j'avais des frissons. Ma décision était irrévocable. J'ignorais ce qui allait se passer, mais j'étais sûr d'une chose : jamais je ne reviendrais chez moi.

Je me suis assis sur un petit escalier, j'ai sorti de mon sac un Thermos américain, la dernière acquisition de Rita au marché noir. Un Thermos hors de prix. Certes, mais il était vide. Un objet cher sans aucune valeur. Je me suis senti comme le roi Midas. Je me suis caché la tête dans les bras. J'ignore combien de temps je suis resté ainsi. Dix minutes, une heure ? Pour finir, j'ai redressé ma nuque engourdie et j'ai tourné le regard vers les fenêtres où flottaient joyeusement les voilages et le drapeau. À la place de la voix de Truman, on entendait maintenant de la musique. C'est à ce moment-là seulement que j'ai remarqué les dormants blancs des fenêtres. L'immeuble était très impressionnant. Avec un crépi tout neuf et une colonne d'un blanc immaculé de chaque côté du portail. Une grille en fer forgé protégeait la porte d'entrée. D'un côté, près de la colonne, il y avait une plaque carrée avec une inscription, mais j'étais trop loin pour pouvoir la lire. Je me suis mouché. J'étais en train de plier mon mouchoir lorsqu'un homme apparut soudain à la fenêtre. Il l'ouvrit en grand et me regarda. À part moi, il n'y avait personne d'autre dans la rue.

— Tu chercher qui ?

— Pardon ? répondis-je, surpris, en essuyant les larmes sur mes joues.

— Tu chercher qui ? répéta l'homme avec un accent à couper au couteau.

— Moi, non, c'est juste…

Sur ce, je me suis levé et j'ai secoué mon pantalon.

— Parler anglais ?

Mon cœur se mit à battre plus fort :

— *A little.*

— Lui dire quoi ?

— *A little*, dis-je plus fort.

L'homme rit. Il faisait plus penser à un garçon qu'à un adulte.

— Lui venir ici !

Qu'est-ce qu'il pouvait bien me vouloir, me suis-je demandé, inquiet. J'ai regardé tout autour de moi, j'ai attrapé ma guitare en me précipitant droit devant moi pour quitter cet endroit au plus vite.

— *Wait!* cria-t-il.

J'ai accéléré le pas, je ne me suis retourné que lorsque je pensais me trouver en sécurité. Je ne sais pas comment il a fait, il avait dû sauter par la fenêtre, mais il se trouvait exactement à l'endroit où j'étais assis quelques secondes plus tôt. Il portait un uniforme déboutonné, américain, me semblait-il. J'ai dégluti.

— Tu as oublié ton sac ! cria-t-il en anglais.

En effet, je n'avais pris que ma guitare. Mon sac pendouillait dans ses mains comme une fleur fanée. Dedans, il y avait mon argent. Ce sac, c'était un cadeau de ma mère. Elle l'avait cousu avec Rita, à partir d'un vieil uniforme de mon oncle.

— *Hungry?*

J'ai hésité. Évidemment que j'avais faim, une faim de loup. Mais s'il n'y avait pas eu ce sac, jamais je n'aurais osé m'approcher de cet homme.

— Allez, viens ! dit-il en souriant.

Je restais planté là, hésitant.

— Tu veux bien me rendre un petit service ? me demanda-t-il brusquement.

— Moi ? fis-je en écarquillant les yeux.

— Oui, toi ! dit-il en souriant à nouveau.

Je ne savais pas si je prenais la bonne décision, mais il y avait quelque chose d'incroyable dans son sourire. Soudain, tout est redevenu normal et paisible, exactement comme lorsqu'on est adolescent et que l'été bat son plein.

Une heure plus tard, je portais un bouquet de fleurs à une fille, dans le secteur français. Sans me poser la moindre question, la fille prit les fleurs et me confia une lettre en échange. Elle devait contenir de bonnes nouvelles, car le soldat riait encore longtemps après l'avoir lue. Je ne partageais pas sa joie. J'étais épuisé. Le soir tombait, et moi je n'avais rien mangé de la journée.

— Allez, viens !

L'Américain replia la lettre et me donna une petite tape dans le dos.

C'est à ce moment-là seulement, en le regardant de plus près, que je me suis rendu compte qu'il n'était pas si jeune que ça. Ses épais cheveux noirs étaient grisonnants, des poches apparaissaient sous ses yeux. Il me conduisit à travers un long couloir, puis nous entrâmes dans une pièce. Celle dont les fenêtres donnaient sur la rue. Un petit drapeau américain était planté dans un pot de fleurs posé sur le rebord. Les rideaux pendaient tranquillement, délaissés par le vent, car la fenêtre était à peine entrouverte. L'air était lourd. Il va y avoir de l'orage, me suis-je dit. Des étagères blanches, hautes jusqu'au plafond, débordaient de classeurs ; sous la fenêtre s'entassaient des cartons encore non défaits. Au milieu, il y avait deux imposants bureaux et des fauteuils pivotants ; une plante en pot était posée dans un coin. L'intérieur ne faisait pas du tout penser à une administration, mais je sentais néanmoins que l'endroit était important. Cela dit, mon attention était captée par tout autre chose : des conserves, des saucisses, du pain, du beurre et du fromage, étalés sur l'un des bureaux. Je salivais. Le soldat m'y conduisit, il ne riait plus. Il était redevenu sérieux, moi aussi, surtout devant tous ces délices. En même temps, je ressentais une sorte d'inquiétude. Était-ce parce que le soldat s'était soudainement arrêté en posant un doigt sur sa bouche ? Il me fixa un instant, puis tourna les yeux vers le côté. Je suivis son regard. Dans un coin de la pièce, tout près de la porte, un homme était assis, qui écoutait la radio. Quelle surprise ! L'homme avait la peau noire et ressemblait à une sculpture que j'avais vue avec mon père au Pergamonmuseum. Il ne me prêtait pas la moindre attention.

Le soldat me faisait des signes, mais je ne réagissais pas, absorbé par la vue de l'homme à la radio. J'étais incapable de déterminer son âge, il pouvait tout aussi bien avoir trente ans que soixante. Il avait la nuque épaisse, de larges épaules, comme un catcheur, les cheveux coupés court et un visage aux traits européens. Je n'avais encore jamais vu ce type d'homme. Il portait un tee-shirt blanc et un pantalon d'uniforme au pli impeccable. Ses chaussures militaires étaient reluisantes. J'avais déjà vu à plusieurs reprises des soldats noirs près de la porte de Brandebourg. La plupart du temps, ils prenaient des photos. Ils étaient bruyants et joyeux. Celui-là était différent. Il dégageait de la force et de l'assurance ; face à lui, je me sentais comme un brin de poussière. Ce que j'étais, d'ailleurs.

— Ne le dérangeons pas, viens, mange un peu ! dit mon soldat à voix basse.

Un instant plus tard, j'étais assis en sa compagnie, tandis que derrière nous, l'autre militaire, à la peau noire, écoutait la radio américaine. Je préférais ne pas m'imaginer ce qu'aurait dit mon père en me voyant ici, ou ma mère. Mais en même temps, je me disais que ce n'était plus mon problème. Et j'ai esquissé un sourire.

— Ça y est, tu es rassasié ? demanda le soldat au bout d'un moment.

J'ai acquiescé, alors que j'avais toujours faim. J'aurais volontiers mangé quelque chose d'autre encore. Par exemple, le hareng à la crème qui sentait si bon.

— Je m'appelle John, se présenta le soldat, persuadé sans doute que partager un repas facilitait la communication. Un morceau de hareng, peut-être ? demanda-t-il en souriant, ce qui faisait frémir légèrement les poches sous ses yeux.

Le Noir était en train de tourner les boutons de sa radio. Dehors, il commençait à faire sombre. Mon assiette était presque vide. John se leva et me jeta un regard. Il faut agir vite, me suis-je dit.

— Je peux porter là-bas ce que vous voulez, dis-je d'une voix empressée qui retentit dans la pièce.

L'homme noir fronça les sourcils. Il me fixa de ses yeux marron. J'eus soudain une crampe à l'estomac, de celles que je ressentais toujours dans la salle d'attente du docteur Kern, notre dentiste. La radio diffusait de la musique. L'homme se leva de son siège. J'ai dû lever la tête, tellement il était grand.

John disparut derrière la porte pour revenir aussitôt avec un uniforme. Le Noir s'est tourné, les boutons scintillèrent ; les insignes sur l'uniforme tenu par John luisaient dans la pénombre. Avant même que John n'allume la lumière, il y eut un éclair. De loin, on entendit un grondement menaçant. Qui étaient-ils ? me demandais-je. Le Noir me regarda et dit quelque chose. Mais je n'en compris pas un seul mot.

— Je peux jouer un morceau, proposai-je d'une voix tremblotante, et avant qu'ils protestent, j'attrapai ma guitare.

Mon professeur d'anglais, très ambitieux, m'avait appris la chanson *We Shall Overcome*. J'avais une assez belle voix qui n'avait pas encore mué, même si Rita m'avait assuré que cela n'allait pas tarder.

À mesure que je chantais, les yeux du Noir devenaient de plus en plus ronds, tandis que son uniforme restait toujours entre les mains de John. J'en distinguais chaque insigne, chaque bouton. Le militaire noir qui se tenait devant moi devait être au moins colonel ! J'ai eu le vertige. J'ai senti des gouttelettes de sueur perler sur mon front, même si un souffle de vent avait ouvert la fenêtre, laissant s'engouffrer dans la pièce de l'air frais qui fit frémir les rideaux, le drapeau et les feuilles de la plante en pot. Je m'appliquais de mon mieux, je m'égosillais, comme si ma vie en dépendait. À la fin seulement, au moment de prendre les notes les plus hautes avec *Black and White Together*, je me suis rendu compte de ce que je chantais. Consterné, je me suis interrompu après *together*.

Les gouttes de pluie s'écrasaient contre le rebord de la fenêtre. Le Noir me dévisageait attentivement, sans détacher de moi son regard.

— Je m'appelle Peter, prononçai-je d'une voix tremblotante. Peter Kreifeld. Je joue de la guitare et je me suis enfui de chez moi.

— Il a de la voix, non ? dit soudain John, après un long silence.

Un an plus tard, en mai, la RFA fut créée ; puis, en octobre de la même année, la RDA. À peu près au même moment disparut définitivement Peter Kreifeld, c'est-à-dire moi.

Le fils de Wilhelm Kreifeld saluait la naissance de la RFA sous le nom de Klaus Steinbach. Jamais plus il ne reprendrait celui de son père, qu'il ne reverrait plus jamais d'ailleurs, alors même qu'il habiterait toute sa vie dans la même ville.

L'uniforme

Les désaccords au sein d'une famille, c'est une chose parfaitement normale. Mais, dans la vie de mon frère comme dans la mienne, la normalité était plutôt rare. Beaucoup de problèmes étaient refoulés, et l'essentiel de ma relation avec mon père se situait dans la période de l'immédiat après-guerre. À l'époque de mon adolescence, les bombes tombaient sur l'Europe et le plus important était donc de survivre. Le reste, c'était pour plus tard.

En 1939, j'avais six ans, et pendant que mes petits camarades suivaient avec enthousiasme les mouvements des troupes et marquaient avec des épingles colorées les positions victorieuses des armées sur des cartes en papier, je venais de lire mon premier livre, l'histoire d'un bon roi et d'un méchant dragon. La défaite de la Pologne était pour moi sans grand intérêt.

En 1940, après la capitulation de la France, je lisais déjà des polars en édition de poche bon marché et j'épiais Rita ou Martha par le trou de la serrure. À l'époque, hormis Rita, Martha était aussi employée chez nous.

Je ne ressentais aucune envie d'affronter le danger, je ne rêvais pas d'attaquer l'ennemi, de faire sauter les chars ni de piloter les derniers modèles de Messerschmitt. Alors que mes copains en rêvaient. Ils voulaient tous partir sur le front. Pas moi. Je n'avais rien d'un héros, j'avais sept ans et j'étais un vrai trouillard, dénué de toute aspiration militaire. J'étais en grande partie influencé par l'expérience de mon grand frère, qui rentrait toujours de ses réunions des *Hitlerjugend* dans un bien piètre état. Au début, il s'agissait uniquement de son état mental, puis de son état physique aussi. La veille de chaque mardi et de chaque samedi, Filip était pris de nausées, il vomissait en suppliant notre mère de faire quelque chose, parce qu'il ne voulait plus aller à ces réunions. Cette scène se répétait régulièrement, et j'avais du mal à comprendre où ma mère et Filip puisaient autant de force et d'entêtement pour se disputer ainsi depuis des mois, toujours pour la même raison. Calme et docile, ne posant jamais de problème, Filip avait changé radicalement, paraît-il, le jour de ses quatorze ans. Selon Rita, auparavant, lors des réunions de la HJ pour les plus jeunes, tout se passait encore normalement.

— Va me désinscrire !

— Quoi ? s'écriait maman en roulant les yeux et en pressant une main sur son cœur. Rita, as-tu entendu ce qu'il dit ?

— Je ne veux plus y aller !

— Rita, ferme la fenêtre, quelqu'un pourrait l'entendre ! lançait ma mère en suffoquant. Espèce de petit… de petit…

Même Rita, qui pourtant avait un faible pour nous, faisait non de la tête.

— N'agace pas ta mère, Filip ! Tais-toi enfin !

— Mais qu'est-ce que j'ai fait au Bon Dieu, qu'est-ce que j'ai fait ? se lamentait maman.

— Je n'irai nulle part ! s'obstinait Filip en pleurant. Tu entends ? Je n'y retournerai pas !

Ma mère s'approcha de lui et lui administra une bonne gifle. Rita se tenait en retrait, sans réagir.

— Tu vas finir par nous porter malheur, dit-elle finalement d'une voix sèche. Reprends-toi, mon enfant !

Quitter la *Hitlerjugend*, en 1940, revenait ni plus ni moins à envoyer toute sa famille dans un camp de concentration. Sauf si l'on avait un père comme le nôtre, mais là aussi il fallait redoubler d'attention. Parfois, plus votre position est importante, plus le risque est grand. Pour nous, tout se passait à merveille, car dans notre famille tout le monde aimait le Führer. Sans exception.

Le plus souvent, notre mère conduisait Filip jusque devant la porte de l'imposante bâtisse rouge. Si les activités se passaient en plein air, elle envoyait notre père, afin qu'il vérifie si Filip « n'était pas en train de nous porter malheur ». Une fois déjà, il avait fugué, car il ne voulait pas exercer son esprit à coup d'activités physiques. Ce qu'il détestait surtout, c'étaient les jeux qui vous apprenaient à maîtriser la douleur.

— C'est un jeu où tu t'empares des drapeaux de l'ennemi et où tu peux attaquer ceux qui les défendent. Le plus fort gagne, m'expliquait-il le soir en appliquant des compresses sur son nez.

— Et toi, tu défends ou tu attaques ?

— Je défends.

— Et alors ?

— Rien.

— Tu te contentes de rester debout ?

— Non, j'assure la défense.

Assis sur son lit, je me disais que c'était sympa comme jeu.

— Comment ?

— Normalement. De toutes mes forces.

— Ah ! Ça doit être chouette.

— Tu parles ! Hans a eu des dents cassées dernièrement.

— Hans ? Mais il est presque adulte !

— Et alors ?

D'une main, il appliquait le mouchoir contre son nez qui saignait, de l'autre, il remonta une jambe de son pantalon pour me montrer une plaie profonde sur son tibia.

— Tu l'as montré à maman ?

Il haussa les épaules.

— Et elle a dit quoi ?

— Rien.

J'avais peur. Je ne pensais plus à Filip, mais à moi-même. Et s'ils me faisaient souffrir de la même façon, moi aussi ? Ne serait-ce que parce que j'étais son frère. Pour la première fois, j'ai regardé Filip différemment. Un peu enveloppé, le visage enfantin, il n'était pas fait pour défendre quoi que ce soit, toujours pensif, taciturne, occupé à étudier ses atlas, à collectionner des cartes postales et à regarder des albums de peinture ennuyeux. Peut-être Filip était-il comme ce Hans ? D'ailleurs, ils avaient fini par se lier d'amitié. Hans allait sur ses dix-huit ans et devait prochainement quitter la *Hitlerjugend* pour entrer à la NSDAP, mais il ne semblait pas plus âgé que Filip. Il était toujours courbé, portait des pantalons informes et des pulls trop petits. Rita disait que ses parents avaient dû emprunter de l'argent à leurs voisins pour pouvoir lui acheter un uniforme. Mais Hans ne le portait pas de façon glorieuse. Son uniforme lui allait encore moins bien que ses pulls étriqués. Pâle et délicat, il ressemblait à une fille. Malgré son âge, même nous, les petits gamins de l'immeuble, nous le raillions souvent, et personne n'avait peur de lui. Nous savions qu'il ne nous ferait rien. Il avait peur lui-même, ce qui nous donnait du courage.

C'était quoi déjà, son nom de famille ? Hans… Hans… Hans… Non, je ne m'en souviens plus.

— Je ne veux pas y aller ! Je ne veux pas ! criait Filip.

Il était dans tous ses états. Moi, je l'aurais sans doute gardé à la maison. Cette fois-ci, il s'agissait d'un camp de vacances.

— C'est juste un mois, dit Rita, essayant de le calmer.

— Un mois et six jours, répondit-il, en larmes.

Nous restions enfermés à la cuisine, Martha et moi, afin de ne plus entendre tout cela.

— Sale gamin ! Tu es la honte de ta famille ! déclara notre mère, d'une voix qui n'était plus la sienne, avant de disparaître à son tour dans sa chambre.

Notre père avait alors pris le relais. Une conversation musclée avec Filip eut lieu dans son bureau. La résistance de mon frère fut brisée. Rita prépara un grand sac à dos, et Filip partit au camp.

Au début, il était même question de lui rendre visite, mais finalement seul notre père y alla. Il rentra joyeux. Il nous raconta tous les détails. Maman n'ouvrit pas la bouche une seule fois. N'eût été sa paupière qui tremblait tout le temps, on aurait pu croire qu'elle n'écoutait même pas. Elle ne réagit que lorsque je voulus savoir si Filip se faisait beaucoup frapper. Irritée, elle haussa les sourcils, tandis que mon père expliquait :

— Filip fait de son mieux, et je dois dire qu'il est très apprécié là-bas.

— Mon œil ! murmurai-je.

— Comment ?

Visiblement, mon père ne comprenait pas, mais ma mère me fila une tape sur la tête avec un vieux chiffon.

— Mon enfant, mais tu t'es vu ? Vous n'avez rien eu à manger là-bas ? dit Rita, sans doute pour se rassurer elle-même.

Elle tenta de le serrer contre elle, mais il resta raide comme s'il avait avalé un bâton, sans même l'ombre d'un sourire.

Il avait maigri, grandi et mûri. À ma grande surprise, j'ai remarqué qu'il dépassait Rita désormais. Il était bronzé, ses cheveux s'étaient éclaircis, il se tenait bien droit et promenait sur nous un regard grave. Ce n'était plus le même Filip. Il me faisait penser à quelqu'un, mais à qui ? Mais oui ! il ressemblait au garçon de l'affiche. Ces affiches qu'on voyait à tous les coins de rue et qui portaient l'inscription : *Jugend dient dem Führer. Alle Zehnjährigen in die HJ*[1]. Je lui en ai parlé aussitôt, croyant que cela lui ferait plaisir.

— C'est plutôt lui qui me ressemble, dit-il en haussant les épaules. Et puis, moi j'ai quinze ans, pas dix !

En me parlant, il me regardait droit dans les yeux. Il ne l'avait jamais fait auparavant.

— À la première excursion, on te passera à tabac, on te frappera jusqu'au sang. Mais si dans tes veines coule du sang germanique, tu y survivras, déclara Filip.

Il fixait sa chaussure avec la plus grande attention. Il ne devait pas être satisfait du résultat, car il saisit le chiffon et se remit à la frotter énergiquement.

À l'évidence, Filip ne semblait pas inquiet, alors qu'un nouveau rassemblement de la jeunesse allait avoir lieu dans quelques jours. Au contraire, il lustrait ses chaussures, rangeait ses affaires dans l'armoire et passait la soirée à apprendre un texte par cœur. Il révisait un poème, puis débitait d'un trait : Pensée militaire ! Courage inébranlable !

1 « Les jeunes au service du Fürher. Dès dix ans, rejoignez les Jeunesses hitlériennes ! » Slogan de propagande de la *Hitlerjugend*.

Obéissance aveugle ! Fidélité absolue ! Dévotion ! Esprit de sacrifice !

Le lendemain, quelques jeunes garçons étaient venus chez nous.

— Entrez ! Je vous en prie ! dit ma mère, surprise. Tu ne m'as pas prévenue, mon garçon, que nous aurions des invités, poursuivit-elle en s'adressant à Filip, sans le moindre reproche dans la voix pourtant.

— Tu n'as rien demandé ! répondit Filip en la fixant droit dans les yeux.

Maman était excitée. Parmi les jeunes invités, il y en avait un de la famille des von Schirach.

— Mais entrez, les garçons, entrez, répétait-elle. Rita, descends vite à la cave, rapporte-nous quelque chose de bon !

On envoya Martha chercher papa. D'ordinaire, on ne le dérangeait jamais dans son travail, mais la situation était exceptionnelle. Ce genre de visite n'arrivait pas tous les jours. Pendant que Rita offrait aux jeunes gens du jus de fruit et de la confiture, mon père menait la conversation avec humour.

— Comment va votre oncle ? demanda-t-il au jeune von Schirach. Transmettez-lui mes hommages les plus sincères, s'il vous plaît, et qu'il ne nous oublie pas !

Maman tapotait Filip dans le dos. Martha et Rita n'arrêtaient pas de faire des révérences.

— Venons-en au fait ! Quel est l'objectif de cette réunion, mes jeunes amis ? demanda soudain papa en nous faisant signe de sortir.

Nous quittâmes vite la pièce. Maman, Rita, Martha et moi. La porte se referma derrière nous. La clameur cessa. J'étais impressionné.

C'était donc vrai ! Papa avait raison. Non seulement Filip était apprécié, mais il avait de l'autorité qui plus est. Le camp d'entraînement et les premiers exercices militaires lui avaient apporté une promotion inespérée. Il avait la meilleure orientation sur le terrain, mais savait aussi parfaitement lire une carte et manier une arme. La visite inopinée de son groupe était la première confirmation de son succès.

— J'ai bien dit qu'il nous surprendrait encore.

On aurait dit que mon père s'adressait exclusivement à maman, alors que nous étions tous réunis dans l'entrée : Rita, Martha, maman et moi.

Au garde-à-vous.

De plus en plus souvent, des amis de Filip venaient lui rendre visite, certains bien plus âgés que lui. Ils s'adonnaient, dans le parc ou dans le jardin, à des jeux que mon frère avait en horreur récemment encore. Filip n'était ni à l'attaque ni à la défense, il n'exerçait pas non plus sa volonté, il était… arbitre. Hans était le gardien de but, et les autres se montraient sans pitié envers lui, surtout Filip.

Je me souviens qu'un jour, en plein jeu, Filip l'avait frappé à la figure avec une cravache. Hans s'était mis à saigner. Mais je ne me souviens pas de ce qui s'était passé ensuite. Je revois juste le visage horrifié de Rita qui accourait avec une trousse de premiers secours.

Quant à notre mère, elle serrait les lèvres dans un sourire forcé à la vue de ses buissons de roses cassés.

Johannes, que nous appelions Hans, cessa de nous rendre visite. Filip ne le remarqua même pas. Seule Rita disait de temps en temps :

— Oh là là, Filip, ne sois pas si fougueux !

Les actualités cinématographiques de l'époque montraient invariablement des U-Boote rentrant triomphalement au port et des colonnes de soldats marchant au pas. Je ne m'y intéressais nullement. Cela retardait juste la projection du film et me rappelait tout de même ce qui m'attendait à mes dix ans : l'obligation de prouver que dans mes veines coulait du sang germanique, avec en premier lieu un passage à tabac jusqu'à perdre conscience.

Je n'étais pas emballé par les troupes de soldats, mais l'uniforme élégant de l'oncle Henryk me faisait forte impression. Celui de mon frère aussi me plaisait beaucoup. Lorsqu'il portait son uniforme, Filip avait l'air d'un jeune homme courageux. Rita et Martha les regardaient tous les deux avec admiration. Pour ma part, j'éprouvais des sentiments mitigés. D'un côté, j'avais très peur, mais cet uniforme était tout de même chouette.

À chacun de ses passages à Berlin, notre oncle rendait visite à sa sœur, c'est-à-dire notre mère. Il descendait de sa voiture de fonction quelques rues plus loin. C'est là que maman l'attendait. Après une petite promenade, ils se dirigeaient vers la maison. Les voisins pouvaient ainsi les voir ensemble. Ils entraient toujours par la porte principale. Côté rue. L'entrée réservée généralement aux grandes occasions.

Pendant ce temps, mon père versait déjà du cognac dans des verres, guettant avec impatience leur arrivée par la fenêtre. Puis, la sonnette retentissait. Rita et Martha piquaient un fard. Mon oncle était en garnison en Italie. Dans le temps, il avait étudié les lettres classiques et passait désormais aux yeux de la famille pour un grand connaisseur de la culture et pour un esthète. À un invité aussi prestigieux, mon père ouvrait personnellement la porte.

— Mon Dieu, comme il est beau, murmurait Martha.

— Et quelles bonnes manières ! soupirait Rita.

— Et ce nez grec ! renchérissait Martha, tellement émue qu'elle devait s'appuyer contre la porte après avoir servi le thé. Et ses lèvres ! murmurait-elle.

— C'est un grand savant, ajoutait Rita avec un sourire en s'empressant d'apporter le sucrier au salon.

— C'est avant tout un grand patriote ! déclarait ma mère, mettant ainsi fin à la discussion. Combien de temps va-t-on devoir encore attendre le gâteau ?

— Tout de suite, madame !

Là-dessus, Martha et Rita se précipitaient vers le salon, tandis que ma mère levait les yeux au ciel.

Les filles s'arrangeaient pour faire plusieurs allers-retours au salon en servant tout séparément. Les petites cuillères, les petites fourchettes, le thé, le sucrier, les assiettes, le gâteau. Elles se disputèrent à cause de la crème Chantilly. C'était le dernier petit détail dont mon père avait remarqué l'absence sur une table joliment dressée. Il adorait la crème Chantilly.

— C'est à moi d'y aller ! entendait-on jusque dans le salon.

— Non, c'est mon tour maintenant !

— Tu viens d'y aller !

— Mais toi, tu y es allée deux fois de suite !

— Silence ! hurla mon père, apparaissant à la porte de la cuisine, où il mettait rarement les pieds. En voilà des manières !

Confuses, les filles baissèrent les yeux.

— Calmez-vous et apportez la crème Chantilly !

— Quel bel homme ! reprirent-elles, alors que la porte du salon se refermait définitivement et qu'il ne restait plus rien à servir.

— Et toujours célibataire…

Mon oncle, pourtant, ne faisait attention ni à l'une ni à l'autre.

Après une nuit blanche, je me suis dit que l'uniforme devait avoir un pouvoir magique. J'en voulais un, moi aussi. Absolument. Mon oncle était presque chauve, il avait du ventre, des cernes sous les yeux, le front haut et les sourcils broussailleux, ses yeux étaient trop rapprochés, trop enfoncés, fuyants et rusés. Il avait un grand nez épais. Des joues flasques, une peau terreuse. J'avais toujours du mal à me concentrer sur ce qu'il disait, car ses lèvres charnues frétillaient comme la bouche d'une carpe échouée sur le sable. La petite moustache blonde, clairsemée, n'atténuait pas ses grimaces. Quant à sa voix, il avait certainement mué depuis longtemps, mais peut-être pas de manière définitive. Sa voix était acérée comme une lame de rasoir. S'il n'avait pas fait de pauses fréquentes entre les mots, ç'aurait été insupportable. Tout cela m'empêchait de dormir, car ma mère soutenait que je ressemblais à mon oncle. J'avais même demandé à Rita de prier à mon intention, afin de m'éviter d'autres ressemblances. Hélas, elle ne partageait pas mon avis, pas plus que la douce Martha.

Lors de ses visites chez nous, mon oncle parcourait le salon, les mains en appui sur les hanches, en remuant son derrière de façon sensuelle, comme un chat, ou plutôt comme une chatte, je dirais. C'est seulement après un énergique et chaleureux « Mais assieds-toi enfin, Henryk ! » qu'il s'affalait dans un canapé, pour bondir aussitôt et se remettre à palabrer en remuant la bouche tel un poisson en train de suffoquer.

Un jour, il apporta un album de famille que nous n'avions encore jamais eu l'occasion de regarder.

— Là, c'est lui ! Henryk ! déclara solennellement maman.

Papa remplissait les verres de cognac. Rita et Martha écoutaient à la porte. Mon oncle lissa sa moustache.

— C'est moi et Henryk, répéta maman en me tendant l'album.

J'ai regardé la photographie rectangulaire. Une petite fille était assise sur un tabouret haut. Elle portait une robe bouffante. Des boucles blondes entouraient son visage poupin. À côté d'elle se tenait un jeune homme blond et svelte, âgé d'une quinzaine d'années. Il semblait apeuré. Hormis le costume strict qu'on lui avait fait endosser, il n'y avait rien de bizarre en lui. Rien n'annonçait encore le gros nez et les lèvres charnues.

— C'est mon oncle, ça ? demandai-je pour me rassurer.

— Oui, mon petit.

— L'oncle Henryk ?

— Mais je viens de te le dire, oui, Henryk, fit maman en fronçant les sourcils.

J'ai passé l'album à Filip. Il me fixa, se gratta la tête et dit :

— C'est toi tout craché.

Dans sa voix, il n'y avait aucune ironie, juste de l'étonnement.

— Non, c'est toi !

Je le disais moi aussi sans le moindre sarcasme. Filip ressemblait vraiment à l'oncle Henryk. Cela me redonnait de l'espoir.

— Il ressemble à Henryk, je l'ai toujours dit, déclara maman.

— Qui ressemble à Henryk ? avons-nous demandé en même temps.

— Montre ! fit papa en reposant la bouteille.

— C'est tout Peter ! s'exclama papa.

— C'est tout Filip ! s'exclama maman.

— Fais voir, dit l'oncle en s'approchant de nous. Mais oui, en effet ! On voit tout de suite que c'est mon sang !

— Dieu nous en préserve ! murmura mon père, mais j'avais peut-être mal entendu.

J'ai jeté un regard reconnaissant à mon père, mais il fixait Filip d'un œil inquiet. Moi, c'est à peine s'il me voyait.

Peut-être est-ce l'effet de l'uniforme si, au lieu d'un gros pif, on voit un profil grec, et si des lèvres informes et charnues passent pour une jolie bouche. Voilà ce que je me disais en regardant mon père serrer avec entrain la main de l'oncle, que ma mère accompagnait ensuite à la voiture avec fierté. Mon frère faillit tomber du balcon tellement il se penchait pour voir la voiture qui avait conduit l'oncle chez nous. J'ai eu brusquement envie d'avoir le même uniforme et la même voiture le plus vite possible.

Aujourd'hui, lorsque je passe à côté de magasins Hugo Boss et que je vois des chaussures élégantes et des manteaux chics, je m'efforce de ne pas faire la comparaison avec l'uniforme de mon oncle. Les stylistes qui ont dessiné les uniformes noirs des SS sont morts depuis longtemps, et plus personne ne se souvient que c'était une création de la marque Hugo Boss. Quoi qu'on en dise, les uniformes de la SS, de la SA, de la Wehrmacht et des Jeunesses hitlériennes ont une coupe commune, et je la retrouve toujours dans les costumes classiques et intemporels exposés, un demi-siècle plus tard, dans les vitrines.

— Je vais me présenter comme volontaire, annonçai-je au dîner.

Tous les regards se levèrent alors vers moi avec curiosité.

— Qu'est-ce que tu racontes ? demanda ma mère.

— Dans l'unité de l'oncle.

— Mon cul ! s'exclama Filip en pouffant de rire.

Ma mère le corrigea avec une tape sur l'oreille. Elle était tellement impressionnée et fière qu'elle avait du mal à avaler sa soupe.

Le soir, en m'aidant à faire ma toilette, Rita répéta à plusieurs reprises :

— Notre petit héros ! Notre petit héros !

Bientôt le Reich compterait des milliers de ces petits héros, mais en attendant, ils n'inspiraient pas encore beaucoup de fierté.

La nuit, pour me punir, Filip s'amusa à me maintenir de force la tête sous la couverture.

L'excursion

Chez nous, le sujet de notre éventuel départ à la campagne revenait régulièrement dans nos conversations, pas trop souvent malgré tout, pour ne pas irriter notre père. Quand on en parlait, il faisait semblant de ne pas entendre. Il augmentait le son de la radio, qui diffusait des communiqués sur des batailles sanglantes et toujours victorieuses. Il les écoutait attentivement, surtout qu'il en avait lui-même rédigé une bonne moitié.

— Il est toujours plus facile de dénicher une faute de langage quand notre texte est lu par un tiers, expliquait-il à Rita et à Martha.

Elles secouaient la tête en regardant mon père avec respect. À la maison, on nous répétait sans cesse que la patrie avait besoin de notre présence ici, à Berlin. En 1940 déjà, une action de déplacement de la population avait été mise en œuvre : tous les enfants âgés de cinq à seize ans devaient quitter les villes susceptibles de subir des bombardements. En 1943, dans notre quartier résidentiel, il ne restait plus que des femmes et des vieillards. Pendant que mes camarades rêveurs étaient à la campagne ou alors dans la lointaine Slovaquie, à l'écart des grandes villes et des raids aériens, mon frère et moi passions le plus clair de notre temps dans le parc jouxtant notre maison. Bien des années après la guerre, j'avais encore du mal à réprimer ma peur et l'envie de fuir dès qu'un objet lourd tombait de la table avec fracas, qu'une pétarade retentissait dehors ou qu'un avion passait au-dessus de la maison.

— Pas une seule bombe n'est encore tombée dans le parc, disait la voisine, dont les enfants se trouvaient depuis longtemps près de Nuremberg.

Bientôt, en effet, dès que les sirènes se mettaient à vrombir, nous n'allions plus nous réfugier précipitamment à la cave, mais plutôt au parc. Aussi curieux que cela puisse paraître, mon frère avait bien plus peur des bombes, des abris et des alarmes que moi. Une peur plus forte que la mienne, cela me paraissait impossible. Après les raids aériens, il mettait beaucoup de temps à revenir à lui. Je lui avais suggéré d'enfiler son uniforme de la *Hitlerjugend*, que cela l'aiderait peut-être, mais pour tout remerciement, il m'avait fichu une torgnole et un coup de pied au derrière. Et pour finir, il était allé rapporter à Rita que je le singeais.

— Les bombardiers vont revenir ! Les voilà ! s'écriait-il en sanglotant.

— Arrête ! Arrête ! hurlait maman, si fort qu'on l'entendait dans toute la maison.

— Il ne faut pas crier, madame ! disait Rita en serrant Filip contre elle. Ce n'est qu'un enfant encore !

Filip pleurait, tandis que ma mère, en proie à une migraine, partait s'isoler dans sa chambre.

— Moins fort, Rita ! Du calme ! la sermonnait Martha.

Sur ce, Rita se dirigeait vers l'armoire à pharmacie chercher des calmants pour mon frère et des cachets pour ma mère. Malgré les sarcasmes dont l'abreuvait ma mère, elle lui était d'un grand secours. Mais c'est nous qui comptions le plus à ses yeux. Et elle ne laissait personne élever la voix contre nous ou nous réprimander, excepté elle-même, bien sûr. Elle nous défendait contre notre mère, notre père, contre le monde entier, contre tout. Cependant, elle avait beau se dévouer au maximum, apporter des gouttes et des calmants, il n'y avait rien à faire, impossible de changer le cours des événements. Elle n'était rien de plus que Rita, bonne chez les Kreifeld.

De son côté, pendant les bombardements, mon père jouait du piano, il exécutait les morceaux qui s'y prêtaient le mieux : des marches funèbres. C'était pire que les bombes. Il ne descendait jamais à la cave, ne courait pas se réfugier au parc avec nous. Récemment, j'ai vu dans un film une scène similaire. En pleine guerre, un gars joue du piano, sans jamais s'arrêter. Des femmes et des enfants pleurent, et lui, il joue. Un très bon film, et cette scène était vraiment la meilleure, d'une authenticité rare. En comparaison, mon père devant son piano pendant les bombardements semblait plutôt fade et théâtral.

— Il faut qu'on parle, dit ma mère qui éteignit la radio, puis se dirigea vers mon père.

C'était à la suite d'une nouvelle attaque aérienne, durant laquelle des bombes étaient tombées dans le parc. Ce jour-là, nous n'avions pas eu le temps de nous y réfugier. Le laps de temps entre l'alarme et le raid aérien était bien trop court pour agir. Nous étions restés assis dans le salon. Pour être exact, papa était resté assis, ma mère et nous étions couchés sous les tables ; quant à Rita et Martha, elles étaient descendues à la cave, même si mon père n'arrêtait pas de leur répéter que c'était l'endroit le moins sûr.

Cette fois-ci, par bonheur, nous n'avions pas pu atteindre le parc. Rita nous interdisait d'y aller désormais, pas avant l'enlèvement des cadavres en tout cas. De nombreuses personnes y avaient perdu la vie, paraît-il. Entre autres, notre voisine, celle-là même qui trouvait cet endroit si paisible et si sûr.

— Il faut qu'on parle, répéta ma mère.

La marche funèbre parvenant de la chambre de papa s'interrompit brusquement au beau milieu. La voix dominante de ma mère emplissait le salon.

— Il n'en est pas question !

Mon père éleva la voix et il aurait certainement claqué la porte si ma mère n'avait pas été aussi déterminée.

— Un instant, mon cher, dit-elle d'une voix ferme, qui excluait toute contestation.

Le ton de sa voix était tellement inhabituel, nouveau, que je revois encore Rita et Martha plantées, bouche bée, devant la porte.

Quelques jours plus tard, elles étaient en train de faire nos valises, tandis que maman gardait la chambre à cause de sa migraine. Dans toute la maison, on n'entendait que Rita.

— Tais-toi, Rita, moins fort !

Tout d'abord on nous envoya à Poprad, en Slovaquie, puis chez ma tante à la campagne. Maman et Rita étaient du voyage, alors que papa et Martha étaient restés à Berlin. Durant toute cette période, Wilhelm Kreifeld n'a jamais été dépêché sur le front. Mon père n'avait pas à craindre une mutation. Les écrivains de sa trempe étaient très utiles, surtout lorsqu'ils rendaient de nombreux services au ministère de la Propagande du IIIe Reich.

Le 20 octobre 1944, lorsque Heinrich Himmler annonça solennellement la création du *Volkssturm*[1] en déclarant que l'armée avait besoin de tous, des jeunes, des vieux, voire des enfants – nous, nous n'étions pas concernés. Hébergés par notre tante, mon frère de dix-sept ans et moi pouvions attendre tranquillement la fin de la guerre.

— Vous avez vraiment un père exceptionnel ! déclara Rita en essuyant discrètement une larme avec son tablier. Nous lui devons tous la vie. Moi aussi. Qu'est-ce que j'aurais fait sans lui ? Je serais où, en ce moment, hein ? Et vous, les enfants, vous pouvez remercier Dieu !

— C'est bon, Rita, ça suffit ! dit ma mère en lui tapotant l'épaule.

En effet, les relations de mon père nous avaient évité de devenir des héros en uniforme magique. Il s'était débrouillé pour nous obtenir des certificats médicaux attestant que j'avais eu la poliomyélite et que j'avais, par conséquent, une jambe plus courte que l'autre ; Filip, lui, était censé souffrir de la tuberculose et sa vie était en danger. Tamponnés et parafés, attachés avec un ruban noir, ces certificats reposaient derrière la vitre du buffet. Toute ma vie, j'ai fait le même cauchemar : je me lève et je découvre que j'ai une jambe plus courte que l'autre. Je me demande bien ce qui pouvait inquiéter Filip, la nuit.

La joie de maman et de Rita ne dura pas bien longtemps. Les recrues des villages voisins, les vieux comme les jeunes, se trouvaient sous la responsabilité politique d'un gauleiter zélé et de ses disciples dévoués de la HJ, de la SS et de la SA. Dans les bourgs alentour, de nouveaux

1 Le *Volkssturm* (Tempête du peuple) est le nom donné à la milice populaire allemande.

bataillons et compagnies se formaient sans cesse, ce qui effrayait ma mère, car elle craignait fort que l'influence de son mari n'agisse pas jusque-là. Partout, on voyait des affiches avec le slogan : *UM FREIHEIT UND LEBEN. VOLKSSTURM*[1]. Pour ma mère, c'était une migraine assurée, voire une attaque d'hystérie.

L'*Oberscharführer* Heinrich Knopp, le responsable de la formation des groupes militaires dans notre région, nous avait rendu plusieurs visites, au grand désespoir de ma mère. Rita, elle, en était indignée. L'*Oberscharführer* avait certes lu les papiers, entourés du ruban noir, que ma mère avait déroulés d'une main tremblante, mais il avait de sérieux doutes sur la gravité de la maladie de Filip. Des voisins zélés lui avaient rapporté que Filip se portait comme un charme.

— Comment ose-t-il ? s'écria Rita après le départ de Knopp, en pressant ma mère d'écrire une lettre à papa.

— Mais je suis trop petit, moi, ils ne vont pas m'emmener ! dis-je à Rita alors qu'elle fourrait un bout de vieux journal dans mes chaussures.

— Essaie !

— Non !

— Allez, tout de suite !

Je marchais donc au pas dans la cuisine, de vieilles chaussures déformées aux pieds, en faisant semblant de boiter. C'était ça, l'héroïsme glorieux de notre maison. Ma mère se lamentait, persuadée qu'on nous enverrait dans un camp avant même l'arrivée des Soviétiques. En février 1945, le bruit courait que l'on ne tenait plus tellement compte de la date de naissance et que même des gamins nés en 1930 se trouvaient parmi les soldats. Je suis

1 « Pour la liberté et la vie ! », le slogan officiel de la Volkssturm.

né en 1933, mais cela ne rassurait en rien ma mère ou Rita. J'ai donc passé toute une année à me promener en boitant, des chaussures fourrées de vieux journaux aux pieds.

Heinrich Knopp n'eut droit à aucune bataille. Il disparut sans laisser de traces. Très curieusement, personne n'avait rien vu ni rien entendu. Son remplaçant garda ses distances avec nous.

Rita ne comprenait pas pourquoi cet incident m'intéressait autant, mais à l'époque déjà, je gardais les yeux grands ouverts et je remarquais beaucoup de choses.

Aujourd'hui, Victoria m'a rendu une petite visite. Elle doit avoir des soucis.

— Klaus… a-t-elle commencé. J'ai quelques problèmes à la maison.

Elle a posé son filet à provisions sur la table et s'est assise à côté de moi. Elle n'avait pas l'air en forme. Elle aurait dû avoir des enfants et un foyer normal. Hélas, elle n'avait rien de tout ça. Je n'ai jamais compris ce qu'elle lui trouvait, à Franz.

— Je vais peut-être partir en voyage, dit-elle.

J'étais inquiet.

— Je suis fatiguée.

Je lui ai souri en caressant sa main fluette.

— Oui, cela te fera du bien.

— Toi aussi, tu devrais partir.

— Ah ! ma chère, je t'ai déjà dit que je n'aimais pas sortir de chez moi.

— Je me débrouillerai pour te faire sortir, crois-moi !

— Je suis bien ici.

— Tu parles comme un vieux croûton.

— Je suis un vieux croûton.

La télévision marchait avec le son à fond. La voisine était en train de passer l'aspirateur dans la cage d'escalier. Je me suis approché du poste pour l'éteindre.

— Le déjeuner sera prêt dans une demi-heure environ, annonça Victoria en passant dans la cuisine. Tu préfères des épinards ou des petits pois carottes ?

Victoria n'aime pas évoquer sa mamie, comme elle appelle ma mère. Elle n'en parle presque jamais. Elle ne devait pourtant pas être si malheureuse que ça en leur compagnie, surtout que « mamie » et Rita lui avaient appris à faire la cuisine. Aujourd'hui, Victoria sait préparer le bœuf comme personne au monde. Elle met des plats qu'elle a mitonnés pour moi au congélateur, et il ne me reste plus qu'à les réchauffer.

— Des épinards plutôt.

— Grand-père aussi aimait les épinards, dit Victoria, avant d'ajouter : Moi aussi, je préfère les épinards.

Grand-père. Grand-père. Grand-père.

Amoureux

Avant de parvenir chez ma tante, à la fin de l'automne 1943, nous atterrîmes à Poprad. Un endroit exceptionnel, car je voyais la montagne pour la première fois, et puis parce que mon frère était tombé amoureux.

Rita et maman étaient avec nous. Martha était restée à Berlin avec mon père.

— Écoute, il faut que je te parle, m'annonça mon frère, à peine quelques jours après notre arrivée.

Lorsqu'il eut terminé, je voulus savoir s'il s'agissait d'une plaisanterie.

— Non, c'est la vérité, dit-il d'une voix triste.

— Alors, je ne sais pas quoi te dire, bégayai-je, abasourdi.

Il avait l'air effrayé.

— Je crois que je vais me tuer, murmura-t-il en se mouchant.

— Demande plutôt à Rita, dis-je.

— Non, il vaut mieux que ce soit toi qui lui demandes.

— Moi ?

— Oui !

— Pourquoi moi ?

— Parce que tu es encore petit, dis-lui que c'est ton problème, ou quelque chose dans le genre...

S'il croyait me convaincre, il se mettait vraiment le doigt dans l'œil !

— Alors, tu lui as demandé ? voulut-il savoir le jour même.

— Non, pas encore.

— Demande-lui, s'il te plaît !

Je ne me faisais plus d'illusions depuis longtemps sur ses qualités de grand frère. Si je ne demande pas, il va inventer quelque chose pour se venger de moi, pensai-je. J'avais donc décidé de parler à Rita pour me débarrasser de ça au plus vite.

— Rita, les garçons, ça aime les filles, non ?

— Oui, pourquoi ?

— Parce qu'il y a un problème…

— Il y a une petite fille qui te plaît, c'est ça ?

Les joues de Rita étaient devenues rouges d'excitation.

— Non, ce n'est pas une petite fille, mais… repris-je une nouvelle fois.

— Vas-y, dis-moi laquelle ?

Rita s'assit sur le tabouret, retira son tablier, prête à entamer une longue conversation.

— Aucune.

— Allez, avoue !

— Les garçons, quand ils n'aiment pas les filles, mais… tu sais, bredouillai-je.

— Ah ! C'est une institutrice qui te plaît !

J'imaginai notre nouvelle institutrice de Poprad, une femme grosse aux cheveux gris, en uniforme gris brun, qui demandait aux élèves de lui présenter leurs mains pour les taper avec sa règle. Visiblement, la conversation prenait un bien mauvais tour.

— Rita, est-ce que les garçons peuvent aimer d'autres garçons ? lançai-je précipitamment, voulant clore la discussion au plus vite.

Surprise, Rita se leva.

— Quoi ?

— Est-ce qu'un garçon, heu... tu sais, est-ce qu'un garçon peut, heu... tomber amoureux d'un autre garçon ?

— Tais-toi !

— Quoi ?

— Tais-toi !

Ah ! Donc, c'était possible.

— Parce que Filip, comment te dire...

— Quoi donc ? fit Rita, qui était devenue livide, blanche comme un linge.

— Filip est tombé amoureux, et l'autre garçon aussi, et ils...

— Mon Dieu ! Mon Dieu ! vociféra Rita, me dispensant ainsi d'ajouter quoi que ce soit.

Ce genre de choses était donc possible. Le monde venait de me dévoiler l'un de ses mystères. Je grandissais dans une atmosphère de terreur et de peur. Même nous, les enfants des dignitaires de l'État, on se saluait par un *Heil Hitler* quand on jouait dans la cour de notre immeuble à Poprad. À l'époque, j'étais encore en âge d'ignorer pas mal de choses. Par exemple, que les garçons n'étaient pas obligés de tomber amoureux d'une fille. Une fois de plus, mon frère aîné attirait des nuages noirs sur notre famille. Ses penchants ne lui laissaient pas beaucoup de choix, c'était soit le camp de concentration, soit une balle dans la tête. Rita était comme paralysée. Cette fois-ci, maman se chargea de l'affaire.

— Si j'entends parler de ça encore une fois, je te tue ! dit-elle à Filip d'une voix sèche.

J'étais effrayé. Ma mère, quant à elle, soutint sans problème le regard de Filip. Pour finir, il baissa les yeux et éclata en sanglots. Après une brève discussion, ma mère et Rita décidèrent de quitter Poprad sans tarder.

Victoria

Quand Filip est rentré de chez la sage-femme avec Victoria, je ne comprenais rien encore, j'étais trop jeune, trop naïf. Victoria était couchée dans un énorme landau blanc, dans l'entrée, et elle hurlait à tue-tête.

Nous étions au courant du problème, car mon père recevait régulièrement des appels de la sage-femme. Il restait de longs moments au téléphone. Il ne s'en cachait pas. Ce n'était pas la peine. Le ton de sa voix montrait bien que quelque chose de grave était en train de se passer. Il en allait de la vie de Martha et du bébé à naître. Ça, je l'avais compris, car Rita n'arrêtait pas de pleurer au rez-de-chaussée, tandis qu'à l'étage mon père faisait les cent pas dans son bureau. Pour finir, il s'y enferma et il avait dû s'asseoir sans doute, car le plancher ne grinçait plus. Rita monta plusieurs fois toquer à la porte, mais sans résultat, alors elle laissa tomber. Pour moi, cette nouvelle situation à la maison était inédite, personne ne m'embêtait, personne ne me demandait rien. Par ailleurs, cela faisait plusieurs jours déjà que ma mère était absente.

— Où elle est ?

— Où ? Où ? Quelque part ! lança Rita en reniflant.

— Chut ! l'interrompit papa.

Ils se tenaient l'un à côté de l'autre, dans l'entrée. Les yeux cernés, mon père n'avait pas l'air bien ; il n'était pas rasé, chose inhabituelle chez lui.

Malgré les cris aigus parvenant du landau, personne ne bougeait. Curieuse situation : un bébé, dont la mère vient de mourir, pleure dans l'entrée, alors que Filip, son père, trépigne sur place, l'air agacé. Filip a envie de partir au plus vite et, visiblement, ce petit être dans son landau lui est totalement indifférent. Il n'essaie même pas de le cacher. Pour finir, mon père lance :

— Allez, pars ! Pars !

Pendant un instant, Filip fixe papa du regard. J'ai l'impression qu'il veut lui dire quelque chose. Mais il ne dit rien. Il s'en va. Rita pleure. Papa garde le silence. Maman n'est pas là. Je m'approche du landau et je dis : « Chuuut, bébé, tu dois avoir faim, non ? » Et je me mets à bercer doucement cette minuscule chose avec un bonnet sur la tête. Je ne comprends pas pourquoi on lui a mis ce bonnet, alors que nous sommes en plein été et qu'il fait presque trente degrés dehors.

— Elle s'appelle comment ? je demande.

Personne ne répond. Le bébé n'a pas de prénom. Je réfléchis un moment.

— Alors, peut-être Victoria, dis-je, car je viens de lire un livre dont l'héroïne porte ce prénom, justement.

Mon père me regarde comme s'il me voyait pour la première fois de sa vie.

— Victoria, répète-t-il. Victoria !

Je glisse ma main à l'intérieur du landau, mais Rita bondit sur moi en hurlant :

— Doucement ! Fais attention !

Mon père la suit, et je les entends dire en même temps :

— Chuut ! Chuut !

En vérité, le bébé n'était pas la fille de mon frère, mais l'enfant que mon père avait eu avec Martha. Ça, je l'ai appris le jour des trois ans de Victoria. Papa et Filip étaient en train de se disputer en se reprochant mutuellement un tas de choses. Filip criait que Martha était morte à cause de notre père et que lui se déchargeait de Victoria. Papa parlait d'ingratitude, parce que sans lui, Filip aurait très certainement était gazé à Sachsenhausen. J'ai tout entendu. Je dois dire qu'ils se traitaient de tous les noms ; jusqu'à présent, j'étais sans doute le seul à avoir jamais entendu mon père s'exprimer sur ce ton.

Maman était restée dans sa chambre, en proie à la migraine. Rita s'était enfermée dans la cuisine.

En homme d'expérience, mon père ne se faisait pas d'illusion, il savait que la vie en République démocratique d'Allemagne n'allait pas changer. Filip non plus n'était pas un idiot et se comportait comme il le fallait, même si, lors de leur dispute, il avait précisé haut et clair qu'il était ce qu'il était, point barre. Au fond de moi, je l'admirais pour sa franchise. Jamais encore il ne s'était montré aussi courageux que cette fois-là. À l'époque, reconnaître ainsi son homosexualité devant un père haut fonctionnaire du régime était tout simplement surréaliste. Selon le paragraphe 175 du Code pénal nazi, des rapports entre hommes étaient considérés comme un crime. Ce même paragraphe – au nom duquel des milliers de gens furent envoyés dans des camps de concentration – resta en vigueur en RDA jusqu'en 1967, et jusqu'en 1969 en RFA. Même si l'on a du mal à y croire aujourd'hui, après la guerre, certains juristes, à l'Est comme à l'Ouest, avaient exigé que les homosexuels condamnés en vertu de ce paragraphe purgent la totalité de leur peine. Bref, mon père et Filip savaient parfaitement qu'il fallait se tenir tranquille et faire très attention, d'autant que le gouvernement stalinien, tout comme les nazis, considérait l'homosexualité comme un crime. Et voilà que Filip hurle (!) au visage de notre père qu'il est ce qu'il est.

Notre père aimait Filip bien plus que moi. Je ne comprendrai jamais pourquoi.

Mon frère rêvait de faire des études universitaires, mais pas celles qu'avait prévues pour lui mon père. Il voulait absolument étudier l'histoire de l'art, ou éventuellement les lettres classiques. Tout petit déjà, il découpait des images, collectionnait les cartes postales, recevait des reproductions de tableaux pour son anniversaire, ce qui le rendait le plus heureux du monde.

Kreifeld senior n'a pas hésité à vite lui faire sortir toutes ces bêtises de la tête. Il a tout fait pour que les choses suivent un cours normal, du moins de son vivant. C'est pourquoi en 1946, alors que Filip entrait dans la vie active, papa lui procura un solide alibi. Il a su parfaitement exploiter la naissance de Victoria, c'était le cadeau d'un père à son fils afin d'écarter de ce dernier le moindre soupçon. La mort en couches de Martha était une chose très regrettable, mais qui avait ouvert cette possibilité inespérée.

Très vite, papa a introduit Filip dans les cercles qu'il connaissait. Il le maria avec la fille d'un diplomate influent et choisit pour lui des études qui correspondaient à l'idée qu'il se faisait de son avenir. Filip ne l'a pas déçu ; après un diplôme en commerce extérieur, il suivit la voie tracée pour lui par notre père. Il se débrouilla bien, même après la mort de papa. Peut-être mieux que de son vivant, d'ailleurs.

Durant des années, il s'occupa du commerce extérieur au Conseil d'assistance économique mutuelle ; par la suite, il faisait gagner pas mal de devises à sa patrie socialiste. Il passait beaucoup de temps par ailleurs à acquérir des œuvres d'art pour le compte de divers musées, sans toutefois oublier son propre intérêt. Un tas de bruits couraient à ce sujet. Par exemple, que certaines œuvres avaient appartenu aux ennemis du système et leur avaient été confisquées de façon purement illégale. Mais qui a besoin d'œuvres d'art alors qu'il purge une lourde peine ? Quoi qu'il en soit, Filip Kreifeld était un excellent diplomate et un économiste de talent. Mon ami John aussi disait qu'il ne fallait pas le sous-estimer.

Grâce à mes contacts, je savais pas mal de choses au sujet de Filip : il faisait carrière, pouvait se procurer des devises, mais je ne savais pas tout. J'ignorais par exemple que le fameux type qui aimait les hommes, c'était lui – mon frère. Comment aurais-je pu le deviner ? J'ignore d'ailleurs dans quelle mesure Victoria elle-même s'en rendait compte et à quel point elle profitait des privilèges de son « père », suffisamment en tout cas pour pouvoir mener la belle vie à Berlin-Ouest. Nous n'en parlions jamais. On avait des sujets tabous, une forme de respect envers un territoire étranger.

Pourquoi tout cela m'était-il arrivé ? Pourquoi à moi précisément ? L'arrivée inopinée de Victoria à Berlin-Ouest me mettait dans une situation délicate vis-à-vis de mes… contacts du moment, disons. Seules les circonstances de ma rencontre avec mes protecteurs jouaient en ma faveur, et aussi mes mérites qui, tout compte fait, n'étaient pas minces. Il n'empêche qu'avoir un tel frère et une telle sœur, ou plutôt « nièce », était pour le moins grotesque.

« Tu peux connaître les gens qu'il faut et avoir cent fois prouvé ta loyauté, il suffit d'un petit incident et tout est chamboulé. Ton histoire te rattrape toujours, même après une génération », disait mon père, et pour la première fois je comprenais à quoi il faisait allusion. Je l'ai surtout ressenti lors de la construction du tunnel. J'avais accepté cette tâche uniquement pour Roman, parce qu'il me l'avait demandé. Un gars honnête qui voulait aider son frère et d'autres gens à fuir. Une vaste fumisterie, oui ! Que j'ai découverte au moment où Roman nous a avoué, à Thorsten et à moi, que seul son frère Franz devait en vérité passer la frontière, et que derrière tout cela se tenait un homo. Cela m'a interpellé. J'ai senti que quelque chose ne tournait pas rond, mais je n'aurais jamais deviné qui se cachait derrière ce fameux type. Je me suis juste dit que toute cette affaire commençait à me dépasser.

Jusqu'à présent, j'avais participé à diverses actions, mais en gardant mes distances. Pour rien au monde, je n'aurais couru les cimetières ni cousu quoi que ce soit dans les vêtements d'une fille. Ce n'était pas pour moi. Je pouvais creuser des tunnels, faire passer en fraude des enregistrements clandestins de Pologne, ou bien acheminer du matériel interdit à la frontière tchèque, mais mon domaine, c'était l'organisation. Je m'occupais de gens simples qui désiraient passer à l'Ouest. Je les aidais à s'évader de différentes manières. Je savais parfaitement quels étaient mes points forts, mais aussi mes faiblesses. Je prenais de l'argent pour ce que je savais faire, c'est tout. En vérité, ni la politique ni la conspiration ne m'intéressaient beaucoup. Je ne maintenais pas de contact avec les gens qui m'avaient chargé d'une mission. Excepté avec John. Je lui faisais confiance, je lui devais tant. Lorsque je rencontrais des difficultés, c'est à lui que je demandais conseil. Aussitôt après ma conversation avec Roman, j'ai confié à John que l'affaire prenait un mauvais tournant.

Il s'est avéré que les Américains étaient déjà au courant de tout, depuis longtemps et sans mes informations.

— Je savais que tu n'allais pas tarder à venir ! s'exclama John en m'accueillant sans le moindre sourire. Voilà à quoi mènent tes petits jeux, monsieur le sauveur ! Maintenant, tu dois rester vigilant et observer la situation.

— J'ai voulu apporter mon aide à une évasion, et non participer à une plaisanterie de merde !

— Il fallait y réfléchir avant.

J'étais sur le point de sortir, mais John m'arrêta.

— Attends ! Parlons un peu.

Sans préambule, il me révéla l'identité du type qui aimait les hommes. J'étais pétrifié.

— Alors, tu vas faire quoi maintenant ? Si tu refuses, on pourra facilement trouver des preuves contre toi.

— C'est un chantage ?

— Non, juste la conséquence de tes agissements inconsidérés.

— Laisse tomber !

— Ce tunnel doit être construit jusqu'au bout.

— Sans moi, dis-je, et ce, pour la deuxième fois de la journée.

— Klaus, termine la construction de ce tunnel, et on te laissera tranquille.

— Tu es devenu fou !

— Est-ce que je t'ai déjà demandé un service ?

Qu'est-ce qui se joue là ? me demandais-je. Dans quoi ai-je donc mis les pieds ?

J'ai repris la construction du tunnel. Il ne restait plus grand-chose à faire. Cela devait être mon avant-dernière conversation avec John. Et mon dernier tunnel.

Je me demandais si Filip se rendait compte que son frère, Klaus, construisait son dernier tunnel pour lui. Que savait-il de moi ? Si tant est qu'il ait su quelque chose.

Je ne m'étais confié à personne. Qu'aurais-je bien pu dire, d'ailleurs ? On ne m'aurait pas cru, de toute façon. J'ai juste réussi à persuader Thorsten et P'tit Peter de m'aider. Ils ne m'ont posé aucune question. Moi, je ne leur ai pas parlé de mes contacts avec John ni de mon frère. Tout comme Roman auparavant, à mon tour je dissimulais le fait d'avoir un frère. Et quel frère !

Avec Thorsten et Peter, nous avons organisé en un temps record l'évasion de trente personnes. Je pensais pouvoir faire quelque chose par moi-même, jouer au plus fin avec Filip, là-bas, et John ici. Je voulais leur donner une leçon, leur montrer qu'on ne rusait pas avec Klaus. Eh bien, c'était raté !

John est venu en personne me chercher chez moi.

— Heureusement que je te connais, espèce de philanthrope !

Quel idiot j'ai pu être ! J'ai cru jusqu'au bout qu'on allait pouvoir faire passer tous ces gens.

— Quelqu'un voudrait te voir, ajouta-t-il brièvement. Habille-toi !

Le grand Noir ne me tendit pas la main. Il ne réagit même pas à mon arrivée. Il ne se tourna vers moi qu'au bout d'un long moment. Ses yeux marron fixaient les miens. Je sentis mon estomac se serrer. La radio diffusait de la musique.

John disparut derrière la porte.

De nouveau, les boutons, les insignes et les galons brillèrent dans la pénombre. Il y eut un éclair. Au loin, on entendait un grondement menaçant. J'ai senti des gouttelettes de sueur perler sur mon front, alors même qu'un souffle de vent avait ouvert la fenêtre et que de l'air frais s'engouffrait dans la pièce en faisant bouger les rideaux, le drapeau et les feuilles de la grande plante, dans un coin de la pièce.

— Je croyais bien faire, dis-je.

*

Les gouttes de pluie tambourinaient contre le parapet. L'homme noir m'observait attentivement, sans détacher de moi son regard.

— J'ai fait ce qu'il fallait !

Dans le bureau régnait un profond silence. John devait être là, un peu à l'écart, car il dit tout bas :

— Il a voulu bien faire…

J'ai appris que j'étais à l'origine de pertes énormes, que j'avais saboté l'opération et mis en danger la vie de personnes innocentes ; à cause de moi, tout avait dû être annulé. Ils avaient dû expliquer aux gens que l'évasion n'aurait pas lieu, encore heureux que personne n'ait fini en taule, et eux, maintenant, mettraient des mois à renouer leurs contacts diplomatiques. Et pour finir, que j'étais un imbécile !

Après toute cette affaire avec le tunnel, je me suis mis à boire comme un trou. Je voulais tout oublier, mais Thorsten ne me lâchait pas. Il tenait absolument à percer le mystère du tunnel ! Roman aussi. La situation devenait paranoïaque. Plus j'avais envie de tout oublier, plus ils insistaient. Seul P'tit Peter ne disait rien.

Parfois, il vaut mieux ne pas ressasser, oublier. Si seulement on en est capable, c'est parfait ; autrement, c'est compliqué. Très compliqué même.

Le summum, ce fut durant l'été 1988, lorsque Filip a été retrouvé mort dans une chambre d'hôtel. Une mort soudaine, survenue lors d'un voyage diplomatique à Berlin-Ouest. Une crise cardiaque, comme pour notre père. Difficile de choisir un endroit aussi nul pour mourir. En admettant que la crise cardiaque ait été la véritable cause de son trépas.

Victoria dut identifier le corps, elle était très affligée. Elle aimait Filip. Après sa mort, elle fut saisie d'une véritable obsession à son sujet. Je supportais tout cela avec patience.

Jusqu'à encore récemment, j'étais persuadé que Filip était mort. Je sais qu'il est mort. Pourquoi Victoria m'aurait-elle menti ? Je ne comprends donc pas par quel miracle j'ai pu le voir en pleine forme à la télé hier. Si Victoria ne l'avait pas vu elle aussi, je me serais dit que je rêvais. Elle semblait sous le choc. Il faut bien croire en quelque chose, mais je n'y comprends plus rien.

Victoria m'avait parlé à plusieurs reprises de son « grand-père », de leurs promenades, racontant qu'elle pouvait passer des heures à jouer dans son bureau. Elle n'avait pas choisi la bonne personne pour ces confidences, mais je ne l'interrompais pas. Elle avait un réel besoin de parler, alors je la laissais faire. Je pense qu'elle le faisait un peu pour moi, mais plus encore pour elle-même. Elle voulait construire une passerelle entre nous, les Kreifeld, trouver une harmonie, un arrangement. Peut-être attendait-elle que je lui dise : Filip était quelqu'un de bien, ton grand-père aussi…

Mais je n'ai rien dit de tel.

En me relisant, je me dis que Victoria ne devrait pas savoir ce que je pense de cette histoire. Sans doute même les gens de la pire espèce sont-ils capables d'aimer leurs enfants et de porter en eux un germe d'humanité. Je pense ici à « grand-père ». Car mon père aimait vraiment Victoria. Je pense surtout que Victoria ne devrait pas souffrir à cause de lui, qu'elle garde en mémoire ce qu'il avait de meilleur. Et que Filip aussi reste dans sa mémoire comme un père.

Au fait, que disait-elle dernièrement ? « Je donnerais ma vie pour mes deux frères et mes huit cousins. » À qui pensait-elle ? Elle avait bien deux frères. Il ne lui en reste plus qu'un. A-t-elle voulu me faire comprendre quelque chose ? L'un d'eux, en tout cas, l'aime de tout son cœur ; quant à l'autre, j'ai de sérieux doutes. Filip avait besoin de Victoria ici, à Berlin-Ouest. Pour quelle raison, je l'ignore.

Réflexion faite, je ne transmettrai pas ces notes à Victoria. Je me demande donc bien pourquoi j'ai écrit tout cela.

J'ai fini par comprendre qui était venu me rendre visite l'autre matin : Johannes Foerster. Hans, bien sûr, l'ami de Filip du temps de la *Hitlerjugend*.

THORSTEN

L'hôtel Steglitz

Chanter dans une chorale fut sans doute la seule chose normale dans ma vie. Mon frère et moi en faisions partie depuis des années. Notre mère nous y avait encouragés, un jour, et je ne l'avais plus jamais quittée. Je fis la connaissance de Victoria pendant les répétitions. Vers la fin des années quatre-vingt. Une fille super. Elle avait des jambes phénoménales et savait s'y prendre pour contenter un homme. Je l'appréciais pour sa drôlerie et son franc-parler. Elle était assoiffée d'amour et peu importait qui le lui donnait. Cela ne me dérangeait pas. On se voyait dans un but précis, sans rien chercher d'autre.

Un jour, nous avions rendez-vous à l'hôtel Steglitz. Avant que j'arrive sur place, il s'était mis à pleuvoir des cordes. J'étais trempé comme une soupe. Je me précipitai vers la porte ouverte d'un bâtiment, dans l'intention de rejoindre l'annexe où se trouvait le petit hôtel douillet pour des couples comme le nôtre. Au même moment, je perçus des bruits de pas précipités venant de la rue. Je me dis que ce devait être Victoria et je me retournai, mais de l'obscurité surgirent non pas une, mais deux silhouettes. Je reconnus Victoria sur-le-champ. Elle était en compagnie… d'un homme. Ils ne me virent pas. Victoria tenait un parapluie, l'homme courait derrière elle.

— N'entre pas ici, nous parlerons demain, lui dit-elle devant la porte, mais le type était déjà à l'intérieur.

— Le prochain échange est pour quand ? demanda l'homme.

Je sentis une forte odeur de parfum. Je me collai au maximum contre le mur, me cachant derrière une colonne.

— Mais quel temps ! répondit Victoria d'un ton évasif.

— Quand a lieu l'échange ? répéta l'homme, agacé.

— On n'en sait rien encore ! Pour l'instant, il est occupé !

— Occupé ? Comment ça occupé ? Encore ?

Victoria ne répondit pas. Je tendis l'oreille.

— Tu as l'argent ? demanda-t-il.

— Pas encore.

D'un bond, le type s'approcha de Victoria.

— Tu plaisantes sans doute !

Victoria lui caressa le bras.

— Mais pourquoi es-tu donc si nerveux ?

— Tu me négliges !

— Laisse ! Je n'ai pas envie !

Je retins ma respiration. Ils se chamaillaient à un mètre de moi. Je ne savais pas quoi faire.

— Il fut un temps où tu avais envie !

— Mais plus maintenant. Laisse, je te dis !

J'étais sur le point de réagir quand Victoria donna un coup de pied entre les jambes du type. Il se tordit de douleur. Du bout de son parapluie, elle lui toucha le menton.

— Bas les pattes ! lança-t-elle, et elle attendit tranquillement que son interlocuteur se redresse.

La pluie cessait peu à peu. Les lampadaires s'allumèrent. Un faible filet de lumière se refléta dans la vitre de la porte, éclairant leur silhouette. Encore un peu, me dis-je, et je vais me faire démasquer.

— Tu es folle ! siffla l'homme entre ses dents.

— La prochaine fois, garde tes mains à distance ! ajouta-t-elle.

— Sinon quoi, tu iras te plaindre à ton papa ? gronda-t-il en époussetant son pantalon.

— Demain à 14 heures, à l'endroit habituel, l'interrompit Victoria.

Je me faufilai entre la colonne et le mur en cessant de respirer, l'espace de quelques secondes, mais le manteau de Victoria effleura tout de même mon bras. Le type sortit d'un pas chancelant en crachant juste à mes pieds. Victoria s'arrêta un instant pour l'observer.

— Espèce de sale brute ! grommela-t-elle entre ses dents, et elle se hâta vers notre rendez-vous.

L'homme disparut dans la grisaille du dehors.

Épouses et maîtresses

Je respectais Roman. Il était honnête et responsable. J'étais surtout étonné par les relations qu'il entretenait avec son frère. J'avais un frère, moi aussi. On se disputait sans cesse. On ne se voyait pas souvent. Roman n'était pas comme moi. J'avais du mal à le comprendre. Il pardonnait toujours tout. Il me semblait trop tendre, trop naïf, mais il était comme ça avec tout le monde. Je n'oublierai jamais le jour où il nous invita chez lui, Klaus et moi. Il voulait absolument nous montrer quelque chose. Comme d'habitude, Klaus était arrivé en trimbalant sa guitare.

— Il faut que vous voyiez ça, dit Roman, j'y ai travaillé plusieurs semaines.

Il éteignit la lumière, alluma le projecteur.

Des pensées malsaines me traversèrent l'esprit, me rendant tout joyeux : on va avoir une séance !

Klaus aussi s'anima soudain.

— Dis donc, mon gars ! Je ne savais pas que tu aimais ça.

Et nous eûmes droit à une séance, effectivement.

— C'est ma famille de Gdańsk, commença Roman. Voici ma mère, quand elle était petite, et là, c'est Franz, là, ma tante, et là… (Il rougit soudain.) Là… eh bien… Eh bien, c'est Magdalena ! dit-il en baissant les yeux.

Klaus se releva du canapé et attrapa sa guitare.

— Dans ces conditions, je vais vous chanter quelque chose, dit-il.

Il se mit à pianoter sur la caisse, puis à gratter les cordes.

Je connaissais Klaus depuis si longtemps, nous avions vécu ensemble pas mal de choses. Je pensais presque tout savoir de lui, mais ce jour-là, je découvris que je n'étais sans doute pas au courant de tout. Évidemment, je savais qu'il jouait plutôt bien de la guitare, je l'avais entendu tant de fois, mais c'était toujours des airs du genre chansons de scout, entonnés à la va-vite, parce que des affaires plus urgentes attendaient. Ce jour-là, nous avions le temps, nous étions détendus, l'alcool coulait gentiment dans nos veines. Klaus était un bon, tout simplement ! Il battait la mesure en chantant dans un anglais abominable, qu'il compensait par une voix éraillée originale. Il avait un sens du rythme extraordinaire. Il était tellement doué qu'il vous donnait la chair de poule.

— Et tu sais qui chante ça ? demanda-t-il à Roman à la fin.

Après nos péripéties dans le tunnel, Roman avait juré qu'il n'écouterait plus jamais Elvis, et pourtant lui aussi tapait du pied.

— Elvis, forcément ! répondit-il en riant.

— Évidemment que c'est Elvis. *Promised Land* ! Et ça, vous connaissez ?

Et il entonna *Tomorrow Is a Long Time*. Et, de nouveau, ce style très particulier, très rythmé : Klaus jouait de la guitare à sept cordes, ce qui lui permettait de produire des notes de blues incroyables.

Roman devait certainement penser à Magda, une fois de plus. Il y pensait tout le temps, d'ailleurs !

Klaus pouvait paraître abrupt, mais au fond de lui, il était terriblement empathique. À condition d'être sobre, bien entendu. Quand il était ivre, eh ! C'était une autre histoire. Je pense qu'il choisissait ce type de romances spécialement pour notre camarade. Et moi, durant tout ce temps, je m'efforçais de me rappeler cette chanson.

— Mais c'est Bob Dylan, voyons ! m'exclamai-je enfin.

— Oui, mais Elvis l'a chantée aussi, répliqua Klaus.

— Et alors, ta famille ?

Je l'avais interrompu, parce que chanter, c'est bien joli, mais les sujets préférés de Klaus – les concerts d'Elvis, les films d'Elvis, les chansons d'Elvis – c'était pire encore que les photos de Roman.

— Il faut que vous fassiez leur connaissance, répondit Roman en souriant. Ils arrivent la semaine prochaine.

— Qui ?

— Mon cousin et sa famille !

— Pour longtemps ?

— Pour toujours.

— *O Gott !!*

Klaus saisit son verre, incapable de soutenir le regard de Roman.

Je ne sais plus à quel moment Roman m'avait entraîné dans son épopée familiale. Je connaissais pratiquement tout de sa parentèle de Gdańsk ; grâce aux récits de sa mère, de sa tante, je savais qui était la femme de tel ou untel. Ces séances sans fin étaient un véritable cauchemar. Avec ma mère, mon frère, j'avais dû si souvent regarder des photos… Je détestais ça. De terrifiantes images du passé me revenaient alors en mémoire.

Nous nous retrouvions régulièrement au Singe bleu. Un affreux bouge, mais au moins on y était tranquilles, personne ne s'occupait de nous. C'était appréciable quand on avait des détails à régler concernant le tunnel.

Ensuite, quand tout fut terminé, nous avons continué. Et l'habitude est restée. Le Singe était un endroit particulier, sans doute le dernier où l'on pouvait commander une bière dans des chopes en forme de tulipe, accompagnée d'un verre de vodka.

J'avais vite appris à repérer les habitués. Des individus atypiques, souvent, qui venaient se perdre au milieu d'anonymes, de gens réunis par le hasard, ainsi que des poivrots du bistrot d'en face. Ces derniers débarquaient quand Le Hammer fermait ses portes. Le Singe, lui, restait ouvert vingt-quatre heures sur vingt-quatre. D'ailleurs, pourquoi est-ce que je te raconte tout ça, Peter, c'est toi qui nous y as entraînés le premier !

Toute cette scène avec Victoria à l'entrée de l'hôtel ne m'aurait pas perturbé outre mesure, à vrai dire. Je l'aurais d'ailleurs vite oubliée. Qu'est-ce que ça pouvait bien me faire ? Sauf que, quelques jours plus tard, je suis allé au Singe bleu après mon travail, je me suis installé à notre table, où m'attendait déjà Klaus, lorsque j'ai reconnu la voix du type que j'avais entendu discuter avec Victoria. C'était sa voix, j'en aurais donné ma main à couper. Très grave, caractéristique, je l'ai reconnue immédiatement. Il commandait des bières. Ensuite, en passant près de sa table, j'ai entendu distinctement qu'il se querellait avec son compère. Petit, musclé, je n'avais plus aucun doute, c'était bien lui. Il n'était pas le seul à exciter ma curiosité. L'homme qui l'accompagnait m'intriguait tout autant. Il avait beau être assis, on devinait sa haute stature et son corps d'athlète. Il était immense et chauve, comme moi, mais avec en plus quelque chose d'étrange. Son visage avait des traits réguliers, à vrai dire, mais ses yeux étaient froids, comme immobiles. Il était habillé tout en noir, avec une nonchalante élégance qui devait lui revenir assez cher. Dans quoi Victoria s'était-elle fourrée ?

Il fallait absolument que j'en parle à quelqu'un sur-le-champ. Klaus ne partageait pas mon excitation.

— Toi et tes femmes ! Tu commences à avoir des hallucinations.

— Je n'ai pas du tout d'hallucinations. Je suis sûr que c'est ce type.

— Quel type ?

— Celui qui était avec Victoria.

— Tu ne sais même pas à quoi il ressemblait !

— C'est lui !

— Fiche-moi la paix, vieux ! Je suis venu ici pour souffler un peu, dit Klaus, l'affaire est close.

Il laissa passer de longues minutes, puis demanda :

— Comment s'appelle la fille, tu dis ?

— Victoria, pourquoi ça ?

J'avais l'impression qu'il avait blêmi. Ce soir-là, il ne fut plus bon à rien. Il restait juste assis là, avec son verre de bière. Au bout d'une heure, il sortit sans un mot. C'était du Klaus tout craché.

Quelques mois plus tard, je suis passé rapidement chez Roman. Je ne sais plus à quelle occasion. Il m'a reçu en caleçon et est allé prendre sa douche. Il chantait à tue-tête dans la salle de bains.

— Arrête !

— Parce que quoi ?

— Parce que de toute façon, on ne t'acceptera pas dans notre chorale !

— Et pourquoi ? Parce que je ne suis pas de Gdańsk ?

m'a-t-il répondu depuis la salle de bains, et il a continué de chanter.

— Tout le monde n'est pas de Gdańsk, chez nous !

— Si, tout le monde !

Ils étaient tous de Gdańsk, ceux de notre chorale ? N'exagérons rien. Pas Victoria, par exemple, et il s'en serait sûrement trouvé d'autres… Je ne m'étais jamais posé la question.

— Il n'y a que des réfugiés dans cette chorale ! baragouinait Roman en se brossant les dents.

— Quoi ?

— Il n'y a que des émigrés dans cette chorale ! Moi aussi, le curé a voulu m'y faire entrer.

— Quoi ?

— Moi aussi, le curé a voulu m'y faire entrer !

— Mon Dieu !

Roman chantait souvent pendant la construction du tunnel, et c'était horrible. Horrible !

— Qu'est-ce que t'as à te bichonner comme ça ?

— J'ai un rencard !

— Un rencard ?

— Ben quoi ?

— Avec Magda ?

— Non.

— Avec qui ?

— …

J'ai laissé tomber, il ne voulait rien dire, tant pis. Je me suis assis près de la table, qui était couverte d'un tas de photos. Chez Roman, il y avait toujours plein de photos partout.

Tout, sauf ça ! me suis-je dit. En me relevant, j'ai heurté la table et j'en ai fait tomber quelques-unes. Roman était toujours en train de brailler dans sa salle de bains.

C'était insupportable. Il ne savait vraiment pas chanter. J'ai ramassé les photos et mon regard s'est arrêté machinalement sur l'une d'elles. Je l'ai prise pour l'observer de plus près. Il m'a fallu quelques secondes avant de me remettre de ma surprise.

Roman avait déjà eu le temps de s'habiller. Il sentait la lotion après-rasage bon marché. J'ai jeté un coup d'œil à son pantalon trop court et à ses chaussettes blanches. Il se racla la gorge, embarrassé. Je m'efforçais de prendre un air dégagé en fixant ses chaussettes pour lui demander :

— Et là ?

— Quoi ? Mes chaussettes ? fit-il, interloqué.

J'aurais très bien pu l'interroger sur ses chaussettes, d'ailleurs. Ça n'aurait pas été saugrenu.

— Qui est la femme sur cette photo ?

Désorienté, Roman a jeté un nouveau coup d'œil à ses chaussettes, puis a vu la photo.

— Ah, là ! C'est la femme de Franz !

— Ah bon ! m'exclamai-je en déglutissant.

— Mais la photo date un peu, ajouta-t-il.

Il m'a regardé et, avec un air d'excuse, a déclaré :

— Je suis pressé.

Stupéfait, je contemplais le visage de la femme que je rencontrais depuis des mois à l'hôtel Steglitz.

— Elle est belle, non ? dit Roman.

Je savais que Victoria était mariée, mais je n'imaginais pas du tout qu'elle était la femme de Franz. Je ne la connaissais pas, la femme de Franz. Enfin, j'ignorais que je la connaissais.

Des enfants

Je fus sidéré en apprenant son âge.

— Je suis d'une franchise à toute épreuve, affirma-t-elle en agrafant son soutien-gorge.

Elle se tenait devant le miroir, se souriant à elle-même. À elle, pas à moi. Elle était vraiment très belle.

— Je dois y aller, mon chéri. Je vais chercher les enfants à l'école !

Les enfants ? Roman n'avait jamais mentionné que Franz et Victoria avaient des enfants ! Mais quand donc les auraient-ils eus ? Je faisais de rapides calculs dans ma tête. Ce jour-là, Victoria était particulièrement volubile. Elle m'avait dévoilé le nom de son mari, il s'appelait Roman. Un professeur de mathématiques, un homme très bien. Victoria n'était pas une menteuse. Juste une folle-dingue qui commençait à m'intriguer.

— Roman m'attend, je file, salut.

Leçon de morale

Étrange, tout de même, cette histoire ! Il fallait absolument que j'en aie le cœur net. Je demandai à Klaus de trouver quelqu'un qui pourrait m'aider. Klaus se frappa le front, mais je ne renonçai pas. Il finit par se renseigner.

Une semaine plus tard, il me donna les coordonnées d'un type. J'expliquai que je n'avais que quelques questions à lui poser et qu'il serait bien payé. On se mit d'accord pour se retrouver au Singe bleu. Le type m'écouta et déclara qu'il n'y avait pas de problèmes, je devais juste lui laisser un peu de temps. Quelques jours plus tard, on se revit, en effet. Il arriva en retard à notre rendez-vous, l'air effrayé. Il ne voulut pas prendre d'argent et me dit de me tenir éloigné de toute cette affaire, parce qu'il s'agissait là d'une embrouille bien plus sérieuse.

Je décidai d'attaquer sous un autre angle. J'invitai de nouveau Roman pour une bière. Je lui posai quelques questions sans importance, pensant qu'il n'y verrait que du feu, mais je l'avais sous-estimé.

— Écoute, Thorsten, j'ai toujours été sincère avec toi, alors joue franc jeu, toi aussi. Ça fait une heure que t'es assis là. Je vois bien que tu veux quelque chose, dis-moi simplement de quoi il s'agit, conclut-il, agacé.

Alors je mis cartes sur table. Je lui avouai que j'avais une relation avec sa belle-sœur. Il fut très surpris.

Je me sentis stupide. Je commençai à lui expliquer, mais il m'interrompit rapidement.

— Ne t'excuse pas.

— Je ne savais pas que c'était la femme de ton frère, dis-je en élevant la voix.

Roman était indigné.

— Mais tu savais bien qu'elle était mariée !

— Ne sois pas ridicule, vieux ! répliquai-je, mais je ne me sentais pas très à l'aise.

Il m'appela quelques jours plus tard pour m'inviter chez lui. Si l'on ne compte pas l'année du tunnel, jamais sans doute on ne s'est vus aussi souvent qu'à cette période. Un vieil album usé m'attendait. Je laissai échapper un gémissement et m'assis, l'ouvrant au hasard, pour avoir la paix.

— Tu l'as ouvert pile à la bonne page. Regarde, c'est Victoria, et là-bas dans le fond, c'est son père, dit Roman en s'asseyant à côté de moi. Le fameux gars porté sur les hommes.

— L'homo de la Stasi ? je m'exclamai, stupéfait.

— Oui.

Nous restâmes ainsi quelques instants, sans dire un mot.

— Ce gars a une fille ? demandai-je enfin.

— Figure-toi que oui.

— Pourquoi ne me l'as-tu pas dit plus tôt ?

— Tu me l'as demandé ? Comment est-ce que je pouvais savoir que tu t'intéresserais subitement à la famille de ce type ?

— À la tienne, plutôt.

— La mienne ?

— Mais enfin, c'est la femme de Franz ! m'exclamai-je

Mais Roman se contenta d'agiter la main.

Je fermai les yeux. Je couchais avec la fille d'un homosexuel qui, pour des raisons inexpliquées, nous avait aidés dans la construction du tunnel. Ou, plus exactement, ne nous avait pas mis de bâtons dans les roues. Il nous avait à sa merci sans que personne ne sache pourquoi. Et voilà que j'apprenais que Victoria était sa fille...

— Donne-moi quelque chose à boire, j'ai dit.

Roman me regarda, l'air surpris.

— Mais enfin, nous allons tout de suite au Singe bleu.

— Donne et tais-toi !

Roman m'apporta une bière de la cuisine en me regardant attentivement.

— Il s'est passé quelque chose ?

Je sentis de l'inquiétude dans sa voix.

— Donne-moi quelque chose de plus fort.

— J'ai seulement une bouteille de vodka qui vient de Pologne.

— C'est pile ce qu'il me faut !

Je vidai mon verre sans attendre.

— Comme Klaus, pas vrai ? murmura-t-il.

Je souris, d'un sourire contraint. En cet instant, pile ce qu'il me fallait, à moi.

— J'avais vingt ans sur cette photo, poursuivit Roman en me regardant d'un air toujours indécis. C'est ce gars-là qui m'enseignait les sciences politiques.

— Tu ne l'as jamais dit !

Je m'efforçais de garder une expression naturelle, parce que diverses pensées vagabondaient dans ma tête, sans qu'il en résulte quoi que ce soit.

— Et toi, est-ce que tu m'as déjà parlé de ton prof de sciences politiques ? riposta-t-il d'un ton impatient.

— Nous, on n'avait pas de cours de politique !

— L'occasion ne s'est pas présentée, répondit Roman sans me regarder. Et puis il ajouta : Il s'était lié d'amitié avec mon père.

— Avec ton père ? Ce type était ami avec ton père ? Qu'est-ce que tu ne m'as pas dit encore ? lui demandai-je en le dévisageant. Et ton père, c'était qui ?

— Ne me demande pas.

— Comment ça, ne me demande pas ?!

— Ils travaillaient ensemble au ministère des Affaires étrangères. Ce fameux type y occupait un poste très haut placé. Mon père était un communiste, un rouge, un gars du parti, qu'est-ce que tu veux que je te dise de plus ?

Je ne répondis pas.

— Il est mort depuis des années, ajouta-t-il, comme pour se justifier, et puis quelques instants plus tard, sans me regarder, il dit : Victoria me plaisait beaucoup… Autrefois…

— Tu n'as rien à regretter.

— Peut-être pas…

Roman devint songeur. Il n'avait pas de chance avec les femmes. Et il n'était pas d'humeur joyeuse. Magda avait quitté son appartement depuis longtemps. Elle travaillait à l'école de Franz, tout comme Roman. Et puis cette histoire avec Victoria… J'interrompis ses méditations amères et le propre chaos de mes pensées.

— Mais comment a-t-elle débarqué ici ? Son père là-bas, elle ici ? Elle aussi s'est enfuie ?

— Victoria ? J'aimerais bien le savoir !

— Tu ne lui as jamais demandé ?

— Figure-toi que si, dit-il avec un sourire amer. Mais elle ne m'a pas répondu.

— Évidemment !…

— Et en quoi cela t'intéresse autant ?

Il ne m'avait pas bien compris, car au bout de quelques minutes, il me demanda, d'une voix pleine de sollicitude :

— Tu l'aimes ?

C'était un raisonnement typique de Roman. Je continuais de me taire, mais je devais avoir une mine éloquente, car, pour finir, il me lança un regard plein de reproches.

— Alors pourquoi veux-tu savoir ?

— Comme ça, ai-je menti.

— Je te connais, tu tournes autour du pot !

— D'accord, je vais tout te dire, mais d'abord, raconte-moi tout ce que tu sais au sujet du père de Victoria, de ton père et de Franz. Il faut que je sache.

— Mais pour quoi faire ?

— Je ne sais pas moi-même.

— Tu tournes autour du pot encore une fois.

Il n'avait pas envie de parler de ce qui m'intéressait. Et moi, je n'avais pas envie de discuter de ce que je ne comprenais pas.

— Je ne sais rien.

— Alors, moi non plus je ne sais rien.

Je ne lui ai pas dit que j'avais surpris une conversation de Victoria avec un type qui connaissait des gens étranges. On avait eu notre dose d'émotions ce soir-là. Le moment n'était pas encore venu.

Les CD

Lorsque Klaus était venu demander mon aide pour la construction du tunnel, je n'avais pas accepté d'emblée. Je n'avais pas envie d'un travail pénible. Je préférais agir autrement, et je lui avais répondu très franchement qu'il n'en était pas question. Mais Klaus, comme à son habitude, avait insisté. J'ai compris pourquoi en faisant la connaissance de Roman. On ne peut rien refuser à certaines personnes ; Roman était de ces gens-là.

Je m'interroge souvent sur moi-même et sur Klaus. Ce gars a supervisé la construction de trois tunnels, aidé un tas de gens à quitter l'Est ; il s'en était fallu d'un cheveu qu'il ne meure en faisant traverser la Bulgarie à des fugitifs, et enfin, lui-même s'était enfui de RDA, Dieu sait comment ! Dans une valise, paraît-il ! Roman dit que le type de la valise, sur les photos au musée de Checkpoint Charlie, c'est Klaus à coup sûr, mais en plus mince. Je ne dis pas à Roman qu'il se trompe. Il aime bien ce genre d'histoire. S'il y tient.

En attendant, je m'interroge, je réfléchis, je réfléchis… Comment avons-nous pu être aussi naïfs ? À l'époque…

Nous avions construit un tunnel à l'endroit où tant de monde s'était sauvé vingt ans auparavant, et malgré cela, personne ne nous avait mis de bâtons dans les roues. Nous faisions un bruit du tonnerre et ni les *Fleischsatten* ni aucune de nos mesures de précaution ne pouvaient l'empêcher. Nous faisions sortir par camions des monceaux de terre. Comment est-il possible que personne n'ait fait attention à nous, et comment se fait-il que cela ne m'ait pas interpellé à l'époque ? Dans les années quatre-vingt, quel individu sain d'esprit construit un tunnel alors que les écoutes marchent à plein, que le moindre coup de pelle peut éveiller l'intérêt des *VoPos* si vigilants ? J'ai beau retourner la question dans tous les sens, cela reste incompréhensible pour moi.

Quel rôle Victoria avait-elle joué dans tout ça ? Et son père ? C'est-à-dire le gars porté sur les hommes ? Et Franz, qu'avait-il à voir dans tout ça ? Et puis tous ces gâteaux, ces expéditions. J'avais la tête en ébullition à force d'y penser. Magda a toujours refusé d'en parler avec moi. Peut-être, effectivement, ne savait-elle rien. Je n'ai pas cessé de questionner Roman sur tous les détails jusqu'à ce que je comprenne que lui non plus n'était au courant de rien. Il forgeait des hypothèses absurdes, il en savait encore moins que moi. Klaus, pour sa part, a sans doute ressenti cela comme une défaite personnelle, il avait refermé ce chapitre et s'énervait quand j'y revenais. Quant à Franz, je préférais m'en tenir le plus loin possible. Je ne le supportais pas.

— Vieux, laisse tomber tout ça, tu risques de t'attirer des ennuis, finit par lâcher Klaus. Ce genre d'affaire, mieux vaut ne pas s'en mêler.

J'en avais appris beaucoup, mais je n'arrivais toujours pas à réunir les morceaux du puzzle. Je sentais que quelque chose clochait, mais rien ne me venait à l'esprit. Mon aventure avec Victoria a pris fin dès qu'elle a quitté la chorale. Elle a disparu de ma vie, tout comme le tunnel.

J'ai essayé de discuter à nouveau avec Roman. Mais depuis des années, il vit dans ses albums de photos et parle sans arrêt de sa famille de Gdańsk.

— Je t'ai dit ce que je savais, Peter. Et tu sais quoi ? Je ne veux plus revenir à tout ça. Laisse-moi tranquille, une fois pour toutes. Depuis plusieurs jours, je ne pense à rien d'autre qu'à ce tunnel, et puis à Gdańsk aussi, de nouveau, depuis que j'ai revu Roman. Tu sais comment ça se passe. Il en est ainsi des vieilles personnes, toi, tu fouilles dans tes souvenirs, et moi dans les miens. Klaus avait raison, plus tu te souviens, pire c'est. Mieux vaut ne pas remuer certains sujets, car tant de souvenirs enfouis remontent soudain à la surface. Quels souvenirs ? À ton avis ? Mes souvenirs personnels, tiens ! Sans doute pas ceux qui t'importent.

L'année 1945

Je me souviens des cris et de la cohue, de la puanteur du fer chauffé à blanc. J'avais presque sept ans, j'étais l'aîné. Mes frères jumeaux portaient un manteau bleu marine bien chaud et ils avaient des bonnets de neige sur la tête. On les appelait comme ça, car ils protégeaient parfaitement du grand froid. Maman les habillait toujours à l'identique. Ils avaient des cheveux très fins, qui dépassaient de manière cocasse de leur bonnet, comme des antennes.

Maman n'avait pas eu le temps de les emmener chez notre coiffeur, M. Schuhmach, car ce dernier avait quitté la ville depuis longtemps déjà. On disait qu'il était parti à Vienne, pour fuir les nazis selon les uns, ou les bolcheviques, selon les autres.

Nous l'aimions bien, M. Schuhmach, parce que chaque fois que nous allions le voir, il nous donnait un bonbon à chacun. Pour un coiffeur, il était vraiment très bavard, et papa s'étonnait souvent qu'il ait même des clients.

— Un coiffeur, ça doit écouter, et pas jacasser.

Mais lui-même n'allait jamais ailleurs que chez lui.

Maintenant, c'est maman qui nous coupait les cheveux.

Ce jour-là, maman s'était levée plus tôt que d'habitude et elle tapait du marteau dans une caisse remplie de casseroles et de vaisselle. *Doinng*, *doinng* – l'écho sourd du marteau se répandait dans tout le quartier. Notre père était sorti depuis le matin. Il essayait de régler quelque chose dans la ville désertée. La grande charrette en fer héritée de notre voisin, M. Sierbert (qui avait été envoyé à Stutthof), attendait à la cave, il suffisait d'y charger l'indispensable et on pouvait se mettre en route. Maman s'arrêta de frapper quelques instants et me regarda d'un air distrait.

— Va jeter un coup d'œil aux jumeaux.

Je n'avais pas envie de sortir dans le froid, de mettre mes chaussures, mon manteau, d'enfiler mon bonnet, mais il valait mieux ne pas énerver ma mère ce jour-là. Je suis descendu et je me suis arrêté dans l'entrée. Les jumeaux se vautraient dans la neige en compagnie des petites filles du quatrième, Inka et Rosalia. Je me suis vite caché, il ne manquerait plus qu'ils me demandent de venir jouer avec eux ! J'ai traversé la cage d'escalier pour aller vers la porte qui donnait sur la rue. Je suis sorti. J'ai attendu sur les marches, appuyé contre la rambarde en cuivre, les yeux fixés au bout de la rue. Elle était déserte. Aucune trace de mon père. Il se passait quelque chose là-haut. J'ai tendu le cou. Mme Schmidt secouait des couvertures sur le balcon. Elles claquaient au-dessus de ma tête comme les drapeaux que M. Schmidt avait hissés en hâte sur le balcon, quelques jours auparavant. Il me semblait entendre sa voix remontée. Sans doute pressait-il Mme Schmidt d'arrêter, mais celle-ci continuait comme si de rien n'était. Alors que des explosions faisaient trembler les vitres des fenêtres, protégées par des croisillons de bandes adhésives. À intervalles réguliers, le fracas d'une salve transperçait les grondements sourds. Il était impossible de dire, en réalité, de quel côté s'intensifiaient les crépitements insupportables, dans les environs de Schidlitz peut-être, ou bien plus près encore. Je suis revenu dans l'immeuble.

Il n'y restait plus grand monde. Hormis Mme Schmidt et le vieux Hanemann, je n'avais vu personne.

— Enlève tes chaussures, dit ma mère dès que j'ai eu refermé la porte derrière moi.

Elle était assise à table, habillée autrement que d'habitude. En gris, principalement, comme Janka, qui venait faire le ménage chez nous. Devant elle était posée une tasse de thé. Je n'ai pas enlevé mes chaussures, mais maman n'y a pas prêté attention.

Je m'ennuyais terriblement. J'ai refermé la fenêtre et j'ai défilé sous ses yeux dans un sens, puis dans l'autre, en mimant les soldats que j'avais vus aux actualités cinématographiques. Rien. J'ai couru. Toujours rien. J'ai sauté sur une jambe pendant quelques instants. Ah ! enfin, une réaction :

— Tu vas manger quelque chose ?

Je n'avais pas faim.

— Il faut manger.

J'ai haussé les épaules. Je me suis assis en faisant des grimaces, mais elle continuait de rester là, immobile, à fixer ses mains étrangement affaissées et oisives comme rarement auparavant. Elle a saisi sa tasse, mais était incapable de la maintenir. J'ai plongé mon regard sur ces mains tremblantes. Je voulais m'abriter sous leur chaleur, entendre que tout allait bien et que, pour de vrai, tout ça n'était qu'un jeu, que nous n'allions nulle part, que ces échos sourds en provenance de la gare, ce n'était rien du tout, que…

J'entendis claquer la porte d'entrée en bas, puis les pas familiers retentirent dans l'escalier et, un instant plus tard, la clef crissait dans la serrure. Papa entra dans la pièce, chaussures aux pieds. Il tenait à la main un formulaire jaune avec des tampons.

— J'ai tout ! Il n'y avait…

À cet instant, son regard s'arrêta sur le tas de valises et de caisses :

— Qu'est-ce que c'est que ça ?

Maman avait toujours les yeux fixés sur ses mains.

— Gertrude ! Qu'est-ce que c'est, par le diable ?

— Les affaires.

La voix de maman rappelait celles de Rosalia et d'Inka, les fillettes du quatrième.

— Seulement l'indispensable, je te l'ai dit, voyons !

Papa parlait fort en s'adressant à maman. Très fort.

D'un geste impatient, il ouvrit une des valises. Une fenêtre mal fermée grinça. Des couverts se répandirent sur le sol dans un bruit fracassant qui couvrit les piaillements des enfants dans la cour.

— Ce n'est même pas envisageable. Une seule valise, tu comprends ?

Il regardait ma mère qui répondit tout doucement qu'il n'y avait pas moyen d'en emmener moins que ça…

— C'est bon, c'est bon, dit-il en s'approchant d'elle.

Il lui caressa les cheveux et ajouta :

— Comprends, ma chérie, ce n'est pas possible…

Il voulut ajouter encore quelque chose, mais se contenta d'agiter la main.

— Une seule valise, d'accord ?

— Mais nous avons une charrette, on peut emporter la charrette, tenta maman d'une voix tremblante.

— Je prendrai aussi un sac à dos, l'interrompit papa.

M. Kurski vint nous chercher à 13 heures précises. Il tendit la main à papa, s'inclina devant maman et nous salua du regard. Mais il était pressé et ne souriait pas comme à l'accoutumée.

— Vite, vite, nous brusquait-il.

Du plus loin que je me souvienne, il travaillait avec notre père dans sa société, Strachmann und Söhne. À présent, il était assis derrière le volant d'une camionnette. J'avais l'impression qu'on roulait trop lentement. On entrait justement sur la Magdeburger Straße. On avait à peine parcouru quelques mètres que M. Kurski arrêta le véhicule près du quartier de Hochstriess en déclarant qu'il avait promis d'emmener encore quelques personnes. Deux hommes en manteau de cuir montèrent dans la fourgonnette.

— Tourne à droite, dit l'un d'eux, autrement tu ne passeras pas, c'est en feu là-bas.

— Comment ça, en feu ? demanda maman.

Mes parents discutaient avec les nouveaux passagers. Moi aussi, je voulais savoir ce qui était en feu, mais nous avons démarré et le véhicule s'est mis à tanguer fortement. Je me suis appuyé contre mon père, j'ai fermé les yeux et, sans même m'en apercevoir, je me suis endormi. J'ai été réveillé par la voix impatiente de mon père. J'ai regardé par une fente dans la bâche. Nous avions dû parcourir un bon bout de chemin. Nous étions maintenant dans les faubourgs de Sopot. Nous étions arrêtés devant un bâtiment aux grosses portes en bois, que je connaissais bien. Je venais ici avec ma grand-mère chez l'une de ses amies, Mme Meli. Tout au-dessus de la porte veillait le visage malveillant de la Méduse, mais moi je n'avais pas peur. La porte claqua et M. Kurski disparut tel un fantôme dans le corridor. Papa sortit de la camionnette, posant les pieds dans la neige. Je sautai à sa suite. Des voix provenaient de l'immeuble, mais on ne voyait personne. Je regardais la porte, grande ouverte, que j'avais franchie tant de fois, et j'avais l'impression de sentir l'odeur d'un gâteau à la rhubarbe. Mme Meli faisait les meilleurs gâteaux du quartier. Je dois avoir faim. Mais comment ça se fait ? me suis-je dit, maman nous a pourtant donné de la soupe et une tranche de pain à chacun avant de partir.

De longues minutes s'écoulèrent. Enfin M. Kurski surgit, des valises à la main et un immense sac sur le dos.

— Ça va durer encore un peu !

Papa pesta dans sa barbe. Quelques instants plus tard apparut le père de Mme Meli, je le reconnus à ses longues moustaches et à son drôle de chapeau haut-de-forme. Plus personne n'en portait de pareil. En voyant mon père, il souleva son couvre-chef ; il n'entama pourtant pas la causette, comme il en avait l'habitude, mais s'approcha de M. Kurski qui finissait d'installer les valises, et lui donna un coup de canne sur l'épaule.

— Monsieur ! Je vous prie de bien vouloir rapporter ces affaires à l'intérieur, ma fille et moi ne partons nulle part !

Mme Meli se montra à la fenêtre.

— Père ! Je t'en prie ! M. Kurski, est-ce que vous pourriez m'aider ? J'ai encore deux valises !

M. Kurski s'apprêtait déjà à disparaître derrière la porte lorsque le père de Mme Meli lui barra le chemin.

— Pas question de valises !

— Qu'est-ce que je dois faire alors, bon sang ?

— M. Kurski, j'attends ! leur parvint une voix de là-haut.

Mon père sauta agilement dans le véhicule et m'aida à grimper à mon tour.

— Que c'est drôle ! m'exclamai-je avec un rire joyeux, mais mon père ne me prêtait aucune attention.

— Ils le traitent comme un domestique, chuchota maman.

J'étais perplexe. M. Kurski aidait toujours tout le monde, pour moi, il n'y avait rien de bizarre dans son comportement.

Les valises et les sacs occupaient la moitié du véhicule. Ma mère n'était pas tranquille. Mon père s'assit à côté d'elle et jeta un coup d'œil aux jumeaux endormis. Il sortit de sa poche une petite montre en or.

— On aura sans doute plus vite fait à pied, déclara-t-il.

Les personnes qui nous accompagnaient regardèrent mon père d'un air dubitatif.

— Personnellement, je ne descendrais pas, dit l'une d'elles.

Mon père nous regarda, les jumeaux et moi, puis il prit sa décision :

— On descend !

Réveillés, les jumeaux se mirent à pleurer. Papa les prit par la main. La valise n'était pas très grande, mais maman gémit sous son poids. Et nous voilà donc partis. Je me rendis compte un peu plus tard que nous n'avions pas dit au revoir à M. Kurski.

J'avançais d'un pas peu assuré sur la chaussée verglacée, tandis que mon père traversait la route à vive allure pour tourner dans une rue inconnue. Celle-ci semblait endormie sous un beau duvet blanc. Je respirai profondément. Ç'aurait été formidable de faire maintenant un bonhomme de neige. Quelques jours auparavant, j'avais essayé avec Gerhard et Joseph, les fils de M. Kurski, mais la neige n'accrochait pas. M. Kurski nous avait dit de patienter, que d'ici quelques jours, ça marcherait ! Il avait raison. Aujourd'hui, la neige était idéale pour construire un bonhomme. De loin nous parvenaient des échos étouffés d'explosions. Ils étaient si fréquents qu'ils ne perturbaient plus mon attention. Les tourelles des maisons scintillaient au soleil, une couette était suspendue sur le rebord d'une fenêtre ouverte. Il aurait mieux valu la rentrer sans doute... Il tombait une fine neige. Le soleil et la neige, comme c'était chouette ! J'ai jeté un nouveau coup d'œil sur le bâtiment que nous venions de croiser. Et, à nouveau, j'ai dû me mettre à courir, car papa, impatienté, nous cherchait du regard, maman et moi. La neige crissait sous nos pas, comme si c'était un jour parfaitement normal. Je me suis arrêté un instant en touchant le duvet glacé. J'ai fermé les yeux.

— Thorsten !

Maman me secouait par le bras.

Nous avions laissé imprudemment papa s'éloigner. Il portait mes frères depuis longtemps déjà, mais j'avais l'impression qu'il marchait de plus en plus vite. Nous avions du mal à le rattraper, maman et moi. J'avais plusieurs couches de vêtements sur moi, je sentais déjà dans mon dos perler des filets de sueur qui me chatouillaient. La faim avait disparu en même temps que la vue de l'entrée menant à l'appartement de Mme Meli, mais j'avais soif. Je n'avais pas le courage d'arrêter mon père qui marchait si vite. Par chance, il s'arrêta brusquement de lui-même.

— Une courte pause, dit-il, et il sortit un Thermos de son sac.

Je buvais avidement en regardant de tous les côtés.

— Doucement, mon garçon, par petites gorgées. Nous avons encore une longue route devant nous.

Avait-il en tête la route pour arriver au port ou celle qui devait nous mener du port vers l'inconnu ? Quoi qu'il en soit, il n'y en aurait pas eu suffisamment pour nous tous. Vraiment, papa ne me semblait pas très malin parfois. J'ai poussé un soupir.

Çà et là se profilaient des silhouettes d'hommes et de femmes qui traînaient leurs biens dans des chariots grinçants.

Et à nouveau nous avons bougé; cette fois, les jumeaux trottinaient à côté de papa en lui donnant la main. Je me suis retourné pour jeter un regard aux immeubles. On devinait les flammes derrière les fenêtres sans rideau. De grandes congères nous en séparaient, mais la fumée piquait les yeux.

Soudain, j'entendis la voix de ma mère :

— *O Gott!*

Je me retenais de toutes mes forces pour ne pas lever les yeux vers le ciel, comme ma mère. Mais je les ai levés.

— Qu'est-ce que c'est? Qu'est-ce que c'est? demandaient les jumeaux de leurs petites voix.

Quatre avions arborant de grandes étoiles rouges rasèrent nos têtes. Je me suis collé de tout mon être contre le tronc de l'arbre vers lequel m'avait entraîné maman, sans même que je m'en rende compte. Les jumeaux pleuraient, moi aussi.

— Chut, chut, fit maman, pâle comme un linge.

Au bout de quelques minutes, nous avons repris notre route.

— Ils se dirigent vers le quartier d'Osowa! Allez, vite! On ne s'arrête pas! s'écria mon père lorsque d'autres avions, toujours par quatre, survolèrent nos têtes.

Au début, maman me protégeait la tête avec la valise, et papa hurlait pour nous ordonner de ne pas nous abriter près des portes, mais de continuer à avancer. Courir se réfugier sous un arbre ou dans les entrées des immeubles n'avait effectivement aucun sens, sans même parler de l'absurdité de vouloir protéger ma tête sous une valise. De longues rafales de fusils mitrailleurs claquaient quelque part au loin. Mon cœur battait à tout rompre.

J'avançais d'un trot rapide près de papa. Les jumeaux blottissaient leur tête dans les pans de son manteau.

— Ça pue !

J'ai entendu derrière moi les pas de ma mère et sa respiration rapide.

— Le port n'est plus très loin ! dit papa.

Je le savais, car des gens encombrés de baluchons affluaient avec des charrettes, et ils marchaient tous dans la même direction que nous. Quelque part, tout près de nous, une terrible détonation déchira l'air. J'ai ralenti. Fermé les yeux, pour les rouvrir aussitôt. Une lumière éclatante embrasa le ciel. Nous avons stoppé sur place, instinctivement.

— Papa, papa, regarde !

— Vite, il n'y a rien à voir, nous pressait papa en échangeant un regard avec notre mère.

Il faisait déjà noir lorsque nous nous retrouvâmes dans une rue éclairée par des flammes. Je vis une masse humaine grouillante, collée devant une grille aux barreaux pointus.

Papa fendit la foule ondoyante, nous le suivîmes. Mon père était fort, et puis il n'avait pas de chariot, seulement un sac à dos.

— Tiens-toi à moi, me dit-il.

Il poussa l'un de mes frères vers maman et se mit à agiter le formulaire jaune, bien en évidence au-dessus de sa tête.

J'ai toujours devant les yeux le visage effaré des jumeaux avec leur bonnet de neige enfoncé sur leurs oreilles. Je faisais des grimaces pour les faire rire, mais j'ai fini par manquer d'air au milieu des baluchons et, au bout d'un moment, je ne voyais rien d'autre que des milliers de ventres et de jambes. Je tentais de toutes mes forces de me tenir près de mon père, de toutes mes forces vraiment, mais, pressé par la foule, j'ai dû lâcher les pans de son manteau. Je me suis mis à crier :

— Papa, papa, ne me laisse pas !

J'entendais des femmes hurler, des hommes parler d'une voix forte, des enfants pleurer, mais je ne savais pas s'il s'agissait de mes frères. Moi aussi, je pleurais et je criais. Personne ne faisait attention à moi. Les petits soucis n'avaient pas leur place ici, chacun avait ses gros problèmes. Au bout d'un instant qui me sembla une éternité, la foule ondoya, j'ai entendu des jurons et la main chaude de mon père se posa sur ma nuque.

— Tiens-toi fort, tout va bien.

Quelque chose me rentrait dans le cou. De partout s'élevaient des voix surexcitées, mais tout cela était sans importance en comparaison de la chaleur des mains paternelles.

— Comment ça, il n'est pas là ? Il n'est pas encore là ?

— Alors quand est-ce qu'il sera là ?

— Avec des remorqueurs, mais pourquoi des remorqueurs ?

— Et comment voudriez-vous, madame ?

— Normalement.

— Il n'y a plus rien de normal !

La foule ondoya brusquement une dernière fois, avec force, et se disloqua un instant plus tard, chacun se mettant à chercher une place propice aux ventres et aux jambes. Un espace inespéré se libéra autour de moi, pas pour très longtemps, hélas. Il fut aussitôt rempli de bivouacs, de centaines de groupuscules composés d'hommes, de femmes et d'enfants. Je sentis quelque chose dans mon dos. Je me suis retourné : une valise! Maman la posa à ses pieds et m'attrapa par le col.

— Tu vas m'étrangler! protestai-je en essayant de me libérer.

— Pourquoi est-ce que tu criais comme ça? J'étais tout le temps près de toi, voyons! me lança-t-elle d'un air de reproche.

— Je ne savais pas!

— Je t'ai dit, pourtant, que tout allait bien.

Je haussai les épaules. Ça, c'était tout à l'heure, maintenant, c'est une autre histoire.

— Où est papa?

Je tendis le regard. Il se trouvait avec mes petits frères, près d'une grille en fer, et il discutait avec l'un des nombreux gendarmes présents sur place. Leurs silhouettes étaient éclairées par les flammes qu'on voyait au loin. Il me semblait que je le connaissais, ce gendarme. Je l'observai plus attentivement. Mais oui! Il venait voir papa à son travail. Je me sentis un peu plus rassuré.

— Thorsten!

Maman m'appelait en criant, mais je ne réagis pas.

Je m'approchai de la grille pour regarder avec intérêt les carabines des gendarmes. Les baïonnettes sur leurs canons brillaient d'un éclat sinistre. Mais je n'avais plus peur. Papa montrait ses papiers au gendarme qui fit un geste en direction du port. Papa acquiesçait, écoutant attentivement chaque parole. Finalement, ils se serrèrent la main.

— Nous allons devoir attendre près d'une heure environ… annonça mon père en nous rejoignant. Peut-être même deux.

— Dans ce froid? Ici?

— Oui ! Nous devons rester près de la grille, confirma mon père, et il sortit une couverture de son sac.

Il s'éloigna de quelques pas, cherchant une place libre pour que l'on puisse se reposer, mais tout était pris. De plus en plus souvent, l'air était déchiré par des détonations, mais tout se passait encore quelque part au-delà, loin de nous.

Entre deux grondements nous parvint une voix de femme :

— Venez avec nous, par ici !

— Thorsten !

J'entendis des voix familières et j'aperçus Gerhard et Joseph. Ils couraient dans notre direction en bousculant les chariots, les caisses et les gens assis dessus. Les jumeaux poussèrent un gloussement et avant que maman ait pu les retenir, ils se précipitaient déjà ! Ils ne faisaient attention à rien, si bien qu'en chemin ils firent tomber le sandwich d'une petite fille. Je ne pus résister et je les suivis en courant. Si tant est qu'on puisse appeler cela courir.

— Bande de garnements ! s'écria quelqu'un.

Je me retournai. Un vieux grand-père me menaçait du poing.

Mme Klara Kurski nous faisait signe. Pour la première fois depuis de nombreux jours, je voyais un visage souriant. Elle se tenait dans une ruelle, tout près d'un mur en briques, à proximité de la grille. Mes parents, eux, mirent longtemps à parcourir cette distance.

— Vous ? Ici ? (Dans la voix de mon père, on sentait une certaine gêne.) Je pensais que vous étiez déjà partie avec les enfants !

— Comment ça, partie ? Sans mon mari ?

La maman de Gerhard et Joseph haussa les sourcils, mais elle ajouta aussitôt :

— Ça fait du bien de voir des visages familiers ! (Et elle serra cordialement la main de mon père en regardant autour d'elle.) Et où est mon mari ? demanda-t-elle enfin.

— Nous pensions qu'il... qu'il serait ici... avant nous ! répondit ma mère, devançant mon père.

— Mais il est allé vous chercher, voyons !

Mme Kurski regarda avec effroi le visage de mon père.

— Il a dit qu'il viendrait avec vous ! répéta-t-elle plus fort encore, et son regard se dirigea vers maman.

Les gens assis tout autour redressèrent la tête.

— Il va sûrement arriver bientôt, dit papa en mettant la main sur son épaule pour la rassurer.

Je ne les écoutais plus, content de voir les nez rougis de Gerhard et de Joseph. Je m'assis à leurs côtés, heureux qu'ils soient là avec moi. Les jumeaux tentaient de se fourrer entre nous. Mon père nous jeta une couverture sur le dos en nous faisant un clin d'œil. Mais, aussitôt après, il tourna la tête vers Mme Klara.

Une première heure s'écoula ainsi, à patienter ensemble. Papa réchauffait les mains des jumeaux.

— Comment va-t-il nous retrouver au milieu de cette foule ? se lamentait Mme Klara.

Pour finir, elle éclata en sanglots. Ma mère essayait de la consoler, mais sans grand succès. Mme Kurski se couvrit le visage des mains. Gerhard et Joseph la regardaient, effrayés ; mon père, quant à lui, sourit pour la première fois depuis longtemps.

— Tout va bien, les garçons, pas d'inquiétude. Votre papa nous trouvera sûrement.

Il sortit son Thermos et versa du thé brûlant dans le gobelet.

— Qui boit en premier ?

Les jumeaux se jetèrent sur le gobelet, renversant tout le contenu. Il fallut les servir une nouvelle fois. Ils buvaient lentement, car le thé était encore très chaud. Papa s'était assis, un peu à l'écart, les yeux tournés vers moi ; son regard disait que le pire était derrière nous. Il se leva en annonçant qu'il allait nous montrer un super tour.

— Les enfants, attention !

Je m'en souviens, les choses se sont passées comme ça, oui, exactement.

Les jumeaux ont relevé la tête et ont regardé papa, dans l'expectative. Au même instant, un grondement effrayant et totalement différent de tous ceux auxquels nous étions presque habitués a déchiré l'air. Une puissante rafale m'a propulsé loin de la valise, me poussant inexorablement en direction du mur et balayant tout sur son passage. Les explosions sur le canal, le fracas des vitres qui éclataient assourdissaient tout. La poussière blanche s'insinuait dans les yeux, les oreilles, je suffoquais. Ma tête se dirigeait droit vers le mur, mais un paquet virevoltant, qui devait contenir du linge sans doute, a atterri juste devant, amortissant le choc. Je suis tombé dessus à la renverse, à côté d'un poteau sur lequel s'affaissait une silhouette sombre, laissant derrière elle une trace humide. J'ai hurlé, cette fois, à coup sûr, c'était moi qui hurlais. Quelque chose m'a heurté le dos ; des débris de valise se sont arrêtés juste sous mon nez.

Et puis, plus rien. Le silence. Un long silence, insupportable. J'avais peur de bouger. Des appels et des murmures étouffés m'ont fait enfin ouvrir les yeux. Le feu jaillissait du côté de la rue par laquelle nous étions arrivés. L'esplanade, encore pleine de monde un instant auparavant, était totalement vide, seuls des lambeaux de toile voltigeaient dans l'air. Quelqu'un sanglotait, un autre poussait des hurlements terrifiants. Qui donc hurlait ainsi ? Je me suis dégagé en rampant et j'ai couru, accrochant au passage des valises, des cartons, disséminés partout. Je courais vers l'endroit d'où provenaient des appels, de plus en plus nombreux, et des murmures affolés.

Une explosion soudaine éclaira l'endroit vers lequel je me précipitais. J'ai vu, allongées côte à côte, deux petites formes immobiles, des petites mains éparpillées, et puis un sac à dos brûlé, un album aux photos dispersées et encore quelque chose qui bougeait. Non, pas quelque chose… quelqu'un. Une silhouette étrangement recroquevillée, comme coupée en deux et secouée de spasmes violents. L'air m'a manqué, j'ai vite détourné la tête.

— Papa ! Les jumeaux !

Juste au-dessus de moi, le gendarme que je connaissais s'est saisi le visage entre les mains en murmurant :

— Mon Dieu !

Puis il s'est mis à hurler :

— Allez-vous-en d'ici !

Personne n'a bougé.

Ma mère avait les yeux écarquillés, elle hurlait :

— Mes enfants ! Mes enfants !

— Vite ! Par Dieu ! Vite ! s'écria le gendarme en nous pressant en direction de la grille…

L'empereur des nains de jardins

Le téléphone l'arracha à son sommeil. Il regarda sa montre. Il n'était que 7 heures du matin. Qui donc m'appelle de si bonne heure ? songea-t-il.

— Peter ? Mais quel Peter ?

— Comment ça, quel Peter ? C'est moi, P'tit Peter !

— Qu'est-ce que tu veux ? demanda Thorsten au bout d'un instant.

Il ne parvenait pas à cacher son irritation. Il se frotta les yeux. Sa tête allait exploser. Il venait de passer une nuit agitée.

— Il faut qu'on parle !

Thorsten restait silencieux.

— Tu es toujours là ?

— …

— Je suis au courant de quelque chose qui pourrait t'intéresser, reprit Peter.

— De quoi s'agit-il ?

— Ça ne se discute pas au téléphone.

— Je suis très occupé.

Il en avait marre de Peter. Mais ce dernier était obstiné.

— Je n'ai pas le temps ! s'écria Thorsten, et il raccrocha.

Le tic-tac de l'horloge était insupportable. Quelle nuit ! Thorsten se sentait terriblement fatigué. Il se recoucha et se mit à penser à Peter. Un sacré type ! Il ferma les paupières et revit la ville en feu.

Quelques minutes plus tard, le téléphone sonnait de nouveau.

Thorsten se tenait devant une haute grille en fer. Il regarda l'épaisse palissade, vérifia le numéro. C'était l'une de ces chaudes journées de juillet où il fait bon rester allongé sous un poirier ou passer son temps à la piscine. Alors que lui se retrouvait planté là, devant la forteresse de P'tit Peter, qui allait l'épuiser à nouveau en l'interrogeant, en prenant des notes et en enregistrant chacune de ses paroles : « Parle distinctement ! » « Je ne comprends pas ! Plus fort ! » « Répète ! » « Raconte ça encore une fois ! »

— Bonjour !

La grille s'était ouverte rapidement. Sans doute Peter attendait-il, à l'affût derrière cette chose en métal. Ils se serrèrent la main. Peter se portait très bien pour son âge. Malgré l'odeur des fleurs, les narines de Thorsten captèrent une odeur suave d'eau de Cologne. Il eut un haut-le-cœur.

— Je suis content que tu sois là ! dit Peter avec un franc sourire.

Thorsten se sentit stupide. P'tit Peter, ce fidèle compagnon ! Ils avaient tant partagé autrefois, avec le tunnel… Mais il n'était pas venu aujourd'hui pour lui raconter encore et toujours la même chose. Il lui dirait : « Ça suffit avec ces enregistrements ! » Mais qu'est-ce qu'il met comme parfum ?

Sans se presser, Thorsten suivit P'tit Peter sur un sentier étroit qui menait à la terrasse. Il n'était jamais venu ici. Ils se donnaient rendez-vous en ville, au Singe bleu, parfois, mais jamais ici. Peter lui désigna un fauteuil. Thorsten s'enfonça dans de confortables rayures couleur pêche.

Il leva les yeux. Il était assis sous un parasol à rayures couleur pêche. Il regarda devant lui. Une table, recouverte d'une nappe à rayures... couleur pêche également. Dieu du ciel ! Pour un jardin ouvrier, il était particulièrement vaste, songea-t-il.

Peter disparut un court instant à l'intérieur de la maison en bois. Il revint avec une grande chope de bière où l'on pouvait lire : « *Olympische Spiele 1972* », qu'il posa devant Thorsten.

— Tu n'as pas eu de mal à te garer ? demanda-t-il

— J'ai mis un peu de temps à trouver.

— C'est sûr, avec cette météo, tout le monde se précipite au Britzer Garten, dit Peter. Les Turcs et leurs marmots, surtout, vont pique-niquer là-bas.

Thorsten décida de ne pas enfourcher le thème favori des vieux Berlinois. Mais Peter gardait les yeux fixés sur son invité, sans cacher sa curiosité.

— Qu'est-ce que tu as à me regarder comme ça ?

— Rien, je réfléchissais.

— À quoi ?

— On a vieilli...

— Parle pour toi, répliqua Thorsten en bougonnant.

Toute la bienveillance avec laquelle il s'efforçait de traiter Peter disparut en un clin d'œil.

Peter se leva et s'affaira près du barbecue en sifflotant joyeusement.

— Ça va être un régal, je ne te raconte pas... Des steaks et des petites saucisses, à s'en lécher les doigts !

— Ne te fatigue pas pour moi, répliqua Thorsten, et il songea qu'une longue soirée s'annonçait malgré tout. Tu y étais ? demanda-t-il en allumant une cigarette et en montrant la chope de bière.

— Aux Jeux ? Oh oui ! (Il baissa les yeux pour désigner une caisse sous la table.) La glacière est remplie de bières. Et aussi de quelque chose de plus fort, ajouta-t-il en retournant la viande sur le grill.

Une très longue soirée, même… songea Thorsten et, ne sachant que faire d'autre, il promena un regard autour de lui. La propriété du P'tit Peter respirait l'ordre. Des arbustes taillés bien droit, beaucoup de fleurs, des nains de jardin sur la pelouse.

— Je te demanderai seulement de déposer tes cendres dans le cendrier, déclara Peter en lui présentant un petit nain de jardin en bonnet rouge. Le bonnet faisait office de couvercle : quand on appuyait dessus, il se soulevait, libérant un espace destiné aux cendres et aux mégots.

— Écoute, se lança-t-il, j'ai besoin de ton aide… Il s'agit de Klaus.

Ils restèrent quelques minutes sans parler. Pour finir, Thorsten rompit le silence.

— Peter, comprends-moi, je te l'ai déjà dit et répété, je n'ai pas envie de repenser à tout ça. Laisse tomber !

P'tit Peter planta son regard dans le sol. Au bout de quelques minutes, il se leva et disparut à nouveau à l'intérieur de la maison. Et maintenant ? se demanda Thorsten en haussant les épaules. Il est fâché ou quoi ? Quelqu'un doit bien finir par lui dire la vérité.

Entre-temps, Peter était revenu avec deux verres ; il les remplit aussitôt de vodka et y jeta des glaçons.

— Bon sang, je ne supporte pas cette saleté, dit-il avec un frisson. À Klaus ! lança-t-il en s'enfilant cul sec le verre de vodka.

Thorsten hésita, mais répéta finalement après lui :

— À Klaus !

L'alcool glacé se répandait lentement dans son corps. Malgré la canicule, Thorsten se sentit bien. Une odeur savoureuse de viande grillée emplissait l'air.

— Bon, c'est prêt !

Peter posa un grand steak sur une assiette qu'il tendit à Thorsten.

— Je n'achète que de la viande de qualité. Bon appétit !

— C'est délicieux ! constata Thorsten après la première bouchée.

— Tu vois ! Du sel, peut-être ?

— Oui, merci !

Ils mangèrent en silence.

— Je voulais te raconter quelque chose, dit Peter en fixant un point devant lui. Regarde là-bas !

Thorsten poussa un profond soupir et, suivant le regard de Peter, se tourna vers le parterre de fleurs. Il sourit dans sa barbe. Les *Fleischsatten* ! P'tit Peter avait transformé un des caissons à roulettes qui leur servaient à évacuer la terre du tunnel en un bac pour ses fleurs ! Un mémorial fleuri à la gloire du tunnel ! Curieux ! Thorsten avala son dernier morceau de viande. Ce P'tit Peter était incorrigible, tout de même. Il l'avait abreuvé, nourri, et maintenant il allait le presser de questions.

— Joli ! dit-il en se levant.

— Tu as reconnu ?

— Bien sûr, nos *Fleischsatten* !

— C'est ça ! confirma gaiement Peter en se rapprochant avec sa chaise. J'ai démonté tous ces *Fleischsatten*, et tu sais ce que j'ai découvert ?

— Quoi ?

— Que partout il était écrit *Made in GDR*.

— *GDR* ?

Thorsten ne semblait pas comprendre.

Peter attendit quelques secondes avant d'annoncer triomphalement :

— Les *Fleischsatten* étaient fabriqués en RDA. À Dresde !

— Oui et alors ? répliqua Thorsten en haussant les épaules. Ça arrivait. Je ne vois là rien d'étrange !

— Ces fameux grossistes nous disaient commander les pièces de rechange à Düsseldorf, non ?

Peter observa attentivement son invité. Il surveillait chaque mimique sur son visage.

— C'est ça, oui.

Thorsten savait très bien où Peter voulait en venir.

— Mais comment pouvaient-ils les commander à Düsseldorf, puisqu'elles n'étaient pas produites à Düsseldorf, mais à Dresde ? J'ai vérifié. On ne les produisait qu'à Dresde, à l'époque ! Personne n'a jamais produit de *Fleischsatten* à Düsseldorf, pas plus que de pièces de rechange. Tout était fabriqué en RDA, alors qu'on nous les envoyait de l'Ouest ! N'est-ce pas étrange ?

— Cela ne veut rien dire.

Peter lança un regard noir à Thorsten.

— Peut-être pas, mais tu crois que je t'aurais fait venir ici pour te parler uniquement des *Fleischsatten* ?

Thorsten se dit que non, malheureusement ! P'tit Peter, de toute évidence, était nerveux. Il sortit un paquet de feuilles jaunies d'un sac. Il avait tout conservé, les factures, les commandes, tous les originaux et toutes les copies concernant l'évacuation de la terre, l'achat du véhicule, des pelles, et même les reçus signés par Klaus et Thorsten pour les sommes que Roman leur payait chaque semaine. Thorsten se sentit mal à l'aise. Il savait bien que Peter s'en occupait, Roman n'avait pas la tête à ça à l'époque. Mais il n'avait pas imaginé son camarade de tunnel méticuleux à ce point. Sans doute, effectivement, avait-il parcouru Düsseldorf de long en large, la moindre rue.

— J'ai tout vérifié. Il n'y a pas et il n'y a jamais eu aucun bureau à Düsseldorf, dit-il d'un trait, comme s'il lisait dans les pensées de Thorsten.

— Quel bureau ?

— Eh bien, celui qui envoyait les factures des *Fleischsatten*.

— Quelles factures ?

Peter attendit un court instant, avant de lâcher :

— Ça ne t'intéresse pas du tout, avoue !

— Non, rétorqua Thorsten, bien que ce ne fût pas totalement vrai.

— Jamais tu ne t'es posé de questions après tout ça, dis ? Je suis sûr que si !

La voix de Peter devenait de plus en plus stridente, finalement, il agita le bras. Thorsten ne disait rien. Peu à peu, Peter se calma. Il poussa un profond soupir et poursuivit :

— Je sais déjà beaucoup de choses, mais je cherche des preuves. Je sais presque tout.

Thorsten haussa les épaules et se rapprocha du chariot. À l'évidence, il convenait parfaitement aux fleurs. Il se rappela à contrecœur l'époque où il avait cherché des explications. Il avait finalement étouffé sa curiosité. Pourquoi ? Quelque chose n'allait pas, il le savait, mais impossible alors d'apprendre quoi que ce soit. Ils en avaient parlé si souvent ensemble, Peter, lui, Roman.

— Klaus non plus ne voulait pas fourrer son nez là-dedans. Respecte-le ! dit-il tout doucement, sans regarder Peter.

— Mais…

— Écoute, fit Thorsten. Cela ne fera pas revenir Klaus.

Je sais que tu te sens coupable, que tous, alors, nous aurions pu faire quelque chose, que…

— Il ne s'agit pas de ça !

— P'tit, ne te leurre pas.

— Écoute-moi juste un instant !

— J'ai participé à tant d'évasions… l'interrompit Thorsten. Si j'avais dû dénouer toutes les énigmes… Bien sûr, le tunnel surpasse tout le reste, mais…

Peter sourit de toutes ses dents.

— Eh bien ! tu vois, j'étais sûr que tu voudrais savoir ! Alors, écoute bien ! Ceux de Düsseldorf établissaient des factures au nom et à l'adresse de Roman. Mais ni ce bureau ni cette rue n'existent à Düsseldorf. Et n'ont jamais existé !

— Tu l'as déjà dit, et alors ?

— Alors, quelqu'un s'est fichu de nous !

— Comment ça ?

— Il n'y avait pas de NBC non plus !

— Là, tu exagères !

— Pas du tout ! J'ai vérifié les fameux contrats de Roman avec la NBC. Ils étaient faux ! expliqua Peter, et il se mit à rire à gorge déployée en voyant les yeux écarquillés de Thorsten.

Ce dernier poussa un profond soupir en le regardant d'un air dubitatif :

— Comment as-tu pu vérifier ?

— Mon principe dans la vie, c'est : « Ne t'enflamme pas, Peter, il faut tout vérifier. » Eh bien, c'est ce que j'ai fait, et j'ai tout remis dans l'ordre. Tu te souviens du type qui aimait les hommes, celui que connaissait Franz ?

— Oui, où veux-tu en venir ?

— Il n'était pas du tout question de la NBC. C'étaient ses hommes à lui, des agents de la Stasi ! Ce fameux tunnel, nous l'avons construit pour eux, tu comprends ? Pour lui et pour ses clients ! Il s'appelait, écoute bien : Filip Kreifeld. Ce nom te dit quelque chose ?

— Rien du tout, répondit Thorsten en haussant les épaules.

— C'est bien ce que je pensais. Écoute la suite. Ce type, donc, ce Filip Kreifeld, tenait particulièrement à ce que le tunnel soit construit par nous et personne d'autre.

Thorsten avait un air bizarre. Peter s'empressa de lui remplir son verre à nouveau.

— Nous, justement ! Quel est mon principe dans la vie ? dit-il en suspendant la voix. « Ne t'enflamme pas, Peter, il faut tout vérifier. » J'ai tout vérifié ! Le tunnel a été construit pour l'unité spéciale qui s'occupait de récupérer le maximum de devises, tu comprends ? La fameuse DVB : *Devisenbeschaffung* ! contrôlée par le Filip Kreifeld en question. D'un côté du mur comme de l'autre, tous comptaient se faire un paquet d'argent avec ça. Sauf qu'ils ne savaient pas trop comment s'y prendre, et ils ne se faisaient pas confiance ! Jusqu'à ce qu'un jour…

— Mais tu délires complètement, là !

— Regarde comme tout se combine parfaitement ! Franz veut s'enfuir, Roman accepte de l'aider. Il fallait qu'ils réfléchissent vite, trouvent une solution ! Et Franz, figure-toi, était l'amant de ce fameux Filip, il lui a fait part de ses intentions !

— Franz était son amant ?

— Absolument.

— Mais enfin il était marié, je crois même qu'il s'est remarié !

— Et alors ! Il aurait même pu se marier cinq fois ! D'où est-ce que tu sors ? Écoute la suite ! Franz veut s'enfuir,

Roman propose de construire un tunnel ! Pour la DVB, ce tunnel tombait du ciel ! C'était l'occasion rêvée, il suffisait de faire en sorte qu'il ressemble à un tunnel ordinaire, destiné à aider des fugitifs.

— Mais pour quelle foutue raison le DVB avait-il besoin d'un tunnel ?

— Tu ne comprends pas ? Ça arrangeait leurs affaires ! De la contrebande à grande échelle !

— Ils n'avaient pas besoin de ça ! rétorqua Thorsten en tirant nerveusement sur sa cigarette. (Il s'efforçait de prendre un air naturel, mais ses mains tremblaient.) Ils pouvaient gérer leur business n'importe où, ne serait-ce que dans les hôtels, à quoi leur aurait servi un tunnel ?

Peter le regarda avec compassion.

— Et comment est-ce que tu t'imagines un tel trafic ?

— Quel trafic ?

— Un trafic de tableaux, vieux !

— De tableaux ?

— Des tableaux, des sculptures ! Pillés pendant la guerre ! Qu'est-ce qu'ils pouvaient en faire ? Sans doute pas les rendre, n'est-ce pas ? Ni les exposer, ni les vendre officiellement, parce que comment ? Essaie donc d'exposer un Van Gogh volé dans la capitale de l'Allemagne de l'Est ! Ou un Klimt, ou un portrait du tsar ! Ils les donnaient à un musée d'Amsterdam, à ton avis, ou peut-être de Prague, c'est ça ? Ou bien ils les vendaient ?

— Tu en as de l'imagination !

Thorsten vida son verre de vodka d'un geste vif. Il sentait que sa paupière tremblait.

— Tu te rends compte de l'ampleur de ce trafic ? C'était de la contrebande à grande échelle, mon cher ! Aucun hôtel n'est prévu pour ce genre de business ! Ils se demandaient depuis longtemps comment faire passer les tableaux à l'Ouest. Et je te le dis, certains étaient énormes ! Une toile de, mettons, dix mètres sur huit, ce n'est pas une aiguille dans une botte de foin. Et il y en avait un sacré paquet ! Chacun réglait ses affaires en catimini et faisait mine de ne rien savoir, respectant un accord tacite. Des affaires secrètes, où tout se jouait en coulisse.

Thorsten s'enfonça dans le fauteuil couleur pêche. Il se prit la tête entre les mains.

— Attends, attends ! Pourquoi ne pas les transporter en camion, en bateau ?

— Non mais tu délires ! Arrête de dire n'importe quoi ! Le tunnel, c'était la meilleure solution ! Une idée géniale ! Une action *top secret* ! Personne ne devait savoir comment le DVB faisait rentrer des devises. Officiellement, c'était possible uniquement grâce aux magasins Intershop ou au catalogue Genex.

P'tit Peter avait des plaques rouges sur le visage.

— D'où tu tiens tout ça ? demanda Thorsten en l'observant avec la plus grande attention.

Peter poussa un soupir.

— Et tu crois que je fais quoi, depuis des années ? Je collecte des informations !

— De quelle manière ?

— Qu'est-ce que t'as à me poser des questions stupides. Mais tu le sais bien, je discute avec les gens.

— Je te demande juste comment tu le sais ?

— Oh là là ! Comment, comment ? J'en sais beaucoup, tiens !

Il attendit quelques secondes et regarda Thorsten droit dans les yeux.

— Écoute, depuis des années, je passe mon temps aux archives, dans les bibliothèques et sur Internet. J'en ai même profité pour jeter un coup d'œil à ton dossier.

— Quel dossier ?

— Ton dossier à l'Institut ! L'Institut Birthler, sur l'Alexanderplatz. Toi aussi tu peux le faire, tu devrais, même ! J'ai pu consulter le mien. Je te conseille d'en faire autant ! Moi, en tout cas, j'ai appris des choses intéressantes. Par exemple, qu'on m'avait suivi partout, à l'Est, à l'Ouest, à l'époque où on creusait le tunnel, justement. Mais enfin, je ne t'apprends rien. C'était prévisible.

— Arrête, Peter ! Je sais bien ce qu'on peut y trouver, dans ces dossiers, certainement pas un rapport sur la contrebande de tableaux ! Les dossiers ! Ça alors !

— Je t'assure, c'est une histoire incroyable ! Et le plus curieux dans tout ça, c'est que ce n'est que le début !

D'un geste qu'on aurait pu croire involontaire, Thorsten heurta le nain de jardin, si violemment que le cendrier tomba par terre. Il avait envie d'être seul, pour pouvoir réfléchir. Sa tête était sur le point d'éclater. Mais Peter n'y prêta pas attention…

— Tu te rappelles quand le propriétaire de la fabrique nous a permis d'utiliser gratuitement l'ensemble de ses locaux, hein ?

— Je me rappelle, oui.

— Eh bien, tu vois ! Il s'appelait Johannes Foerster. C'est lui qui coordonnait la vente à l'Ouest des tableaux et de tout le reste. Un personnage très important. Aujourd'hui plus encore qu'à l'époque. Il a le soutien du parti qui, depuis plusieurs années maintenant, tente d'entrer au Parlement. Tu comprends, entre camarades, on est solidaire ! s'exclama Peter en éclatant de rire. Mais à l'époque, il n'était pour nous que le propriétaire de l'usine. Et étrangement, cela ne l'étonnait pas le moins du monde de voir débarquer dans ses ateliers un groupe de rock formé de quelques trentenaires qui voulaient répéter sur leurs percussions.

Thorsten ébaucha un sourire malgré lui.

— Tout se combinait parfaitement pour nous. Ce type nous cédait l'emplacement, la NBC nous donnait l'argent, personne ne nous dérangeait. Mais quand il s'est agi de faire passer des hommes, là, ils nous ont arrêtés. Parce que ça dépassait les bornes, toute cette histoire. C'était leur tunnel, et pas le nôtre ! Ils pouvaient accepter pour Franz, mais pas pour un groupe entier de gens ordinaires. Les Américains s'en fichaient, mais pas la Stasi. Alors ? Qu'en dis-tu ? N'est-ce pas un bon sujet pour un livre ?

— Un livre ? s'exclama Thorsten.

— Mais qu'est-ce que tu crois ? Pourquoi je m'échine depuis des années là-dessus, à ton avis ? Encore un verre ?

— Verse ! (Thorsten sentit que sa gorge était sèche.) Mais ce ne sont que des hypothèses, tu as des preuves ?

Peter plissa le front. La bouteille était vide.

— Oui et non… répondit-il d'un air évasif. Écoute, il paraît que tu connais Kurski, c'est vrai ?

— Oui, et alors ?

— C'est bien celui auquel je pense ?

Thorsten eut un frisson.

— Et alors ? répéta-t-il.

— Eh bien… tu sais…

Gerhard Kurski travaillait pour la rbb, c'était un documentaliste assez réputé. Thorsten commençait à comprendre pourquoi Peter avait décidé de lui raconter tout ça.

— Je ne peux pas t'aider. Je n'ai plus de contacts avec lui, mentit-il.

— Même si je t'apprends qui a assassiné Klaus ?

Klaus se tient à l'entrée du tunnel. Il disparaît. Thorsten se retrouve seul. Dans la pénombre et le brouillard. Thorsten avance : un quai, une route, un pont. Il fait toujours froid. La douleur, le bruit, un grondement sourd, c'est son cœur… Quelqu'un le secoue par l'épaule. Thorsten se retourne, il se met à crier.

Toujours ce même rêve, encore et encore. Il crie.

5 heures du matin. Thorsten s'assied dans son lit et allume la lampe de chevet. Il est trempé. Il se lève et met de la lumière dans tout l'appartement. Sous ses paupières, cette image de grisaille ne le quitte pas. Il frissonne. Quelque chose a frôlé ses jambes. Ce n'est rien, rien du tout, ce n'est qu'un chat. Son chat.

Il va appeler Gerhard Kurski. Il le doit à Klaus. Il va le faire tout de suite. Il faut réfléchir à tout cela tranquillement. Apaiser les pensées.

De Gdańsk à Berlin

Combien de fois dans ma vie me suis-je levé, combien de fois me suis-je couché ? À quoi je pensais lorsque j'avais vingt ans ? À quoi je pensais lorsque j'en avais cinquante, et que dois-je penser maintenant, alors que j'en ai soixante-douze ? Je me sens vieux.

Je connaissais tellement de monde, j'avais tellement d'amis, plus de la moitié sont partis. J'ai vite perdu ceux que j'aimais.

Aujourd'hui, j'ai parlé avec Roman au téléphone. J'avais envie d'entendre une voix normale, de reprendre mes esprits après ce que j'avais entendu de la bouche de Peter. Le brave Roman m'invite à Gdańsk. Sa famille habite la même rue que moi avant la guerre. Ainsi va la vie. Peut-être est-ce pour cela que je n'aime pas toutes ces photos, ces souvenirs. Ils font revenir en mémoire tout ce que je voudrais oublier. Et surtout ce qui s'est passé après…

L'aigrette

Ma mère avait transmis à mon jeune frère, né à Berlin, cette étrange nostalgie de Gdańsk. Pas à moi. Même si, en quelque sorte, j'étais moi aussi venu au monde dans cette ville.

Ma mère m'aimait à sa façon. Je sentais qu'elle s'y employait de toutes ses forces. Je le voyais. C'est pourquoi je ne lui en veux pas. Mais ses efforts déclenchaient dans mon cœur des picotements, des picotements délicats, mais bien présents. Oui, ils ont beau être légers, ils sont là. Comme l'effleurement d'une plume d'aigrette. J'aime cette comparaison étrange. Je l'utilise souvent. Sur une photo que j'ai de ma mère, elle est coiffée d'un chapeau avec une plume. On dirait un dessin. Mon père m'avait expliqué à l'époque que c'était une plume d'aigrette.

J'étais un enfant solitaire et sans doute assez singulier. Je pleurais souvent, il m'arrivait de mouiller ma culotte quand j'avais peur, et puis je vivais dans mon propre monde.

— Mais qu'est-ce que tu as à être toujours aussi renfrogné ? me demandait la mère de Gerhard qui, de la Mme Klara si sympathique et souriante que je connaissais, s'était métamorphosée, à Berlin, en une femme sèche, avançant sans illusions ni états d'âme dans la vie.

Après avoir fui Gdańsk, nous avons habité chez elle pendant quelques années. Une tante lui avait légué sa villa sur la Zehlendorf. Une bâtisse magnifique qui, comme la plupart des habitations de ce quartier, résistait vaillamment aux bourrasques de la guerre et de l'après-guerre, à tout. Plus d'une fois, j'avais entendu les femmes du voisinage raconter en chuchotant que Klara et sa tante avaient vécu dans cette maison des choses terribles lorsque l'Armée rouge avait envahi Berlin.

La maison avait deux entrées séparées, plusieurs salles de bains et cuisines, une grande galerie-bibliothèque et de nombreux recoins et resserres, et sans doute contenait-elle beaucoup d'autres secrets encore. Sur le devant s'étirait un jardin mystérieux avec un énorme marronnier planté au beau milieu. Et à l'arrière, un très grand verger que Klara avait aussitôt vendu. Elle ne cessa ensuite de se le reprocher durant de longues années.

— Si j'avais patienté ne serait-ce qu'un an, j'en aurais obtenu dix fois autant. Et sûrement près de vingt fois plus si j'avais attendu deux années supplémentaires…

— Et si j'avais attendu dix ans, je me serais chié dessus avec une telle richesse… la singeait Klaus.

Il habitait la maison d'à côté et venait souvent nous voir. Il était plus âgé que nous et nous impressionnait beaucoup. Surtout avec l'oncle John.

Je m'interrogeais souvent sur notre destin. En l'espace d'un hiver, le monde s'était retrouvé sens dessus dessous. Celui de Klara, celui de ma mère, le mien, le nôtre. Klara avait d'abord perdu son mari ; pendant la fuite, Joseph, le plus jeune frère de Gerhard, s'était noyé en mer. Mon père et les jumeaux étaient restés au port… Et pour finir, même si, au début, nous avions suivi le même itinéraire, cette vie d'errance nous avait séparés. La mère de Gerhard s'était retrouvée à Berlin quelques mois avant nous.

En juin 1945, après de nombreux arrêts maritimes, nous avons enfin atterri à Berlin, nous aussi. Maman était dans un état de grossesse avancé. Six semaines plus tard, mon frère est né, terriblement petit et fragile, un véritable gringalet. Vingt minutes après sa naissance, il avait reçu les derniers sacrements. Personne ne lui donnait une chance de survie. Mais Gringalet a survécu. Tout le monde s'étonnait que maman ait mené sa grossesse à son terme. Un miracle, disait la tante de Klara, un miracle !

Maman avait un faible, véritablement, pour Gringalet. Je n'ai pas la mémoire des visages, seulement des yeux. Je me rappelle très bien les yeux de ma mère quand elle regardait mon frère, et mes jumeaux aussi : ils se faisaient doux et clairs. Elle rayonnait de bonté et devenait chaleureuse. Une certaine mollesse la submergeait alors, que j'étais le seul à déchiffrer avec justesse. Dans un musée de Florence, j'ai vu un jour un tableau représentant une mère avec son enfant. Rien de particulier. Qui étaient-ils, on l'ignore, le peintre non plus n'est pas connu. Des couleurs criardes, mal restaurées, mais les yeux de cette mère sur ce tableau… Cette peinture attirait un nombre de gens incroyable. Ils se tenaient devant, telles des statues, incapables de faire le moindre mouvement. Assoiffés d'amour, comme moi.

Je me rappelle aussi les yeux de Klara lorsqu'on apprit que Gringalet survivrait finalement. Elle claqua la porte. Elle criait des choses horribles, et puis elle éclata en sanglots. La tante de Klara, une petite vieille aux yeux très pâles, qui avait procédé à l'accouchement, se signa pieusement.

— Klara ! Crains Dieu, mon enfant, crains Dieu !

Au début, la tante de Klara nous avait octroyé l'étage du haut. Nous le partagions avec d'autres fugitifs de Gdańsk, mais pas seulement. De nombreuses personnes transitaient par cette maison à l'époque. La tante aidait comme elle pouvait. Un an environ après la naissance de Gringalet, elle mourut. Klara hérita d'elle la maison, quelques terrains également et un magasin. Quelques jours après l'enterrement, elle nous installa dans une pièce à l'entresol et loua l'étage supérieur.

— Je ne vais pas loger ici des parasites !

Cette réflexion n'était pas censée s'adresser à nous, mais à un jeune couple, qui fut l'un des derniers à quitter la maison de la tante, désormais celle de Klara.

Le contenu de la valise que ma mère avait emportée de Gdańsk fondait à vue d'œil. Au bout d'une année, il ne lui restait plus aucun bijou, absolument rien. Elle avait tout donné à Klara, en signe de reconnaissance, parce qu'elle nous hébergeait. Une femme à qui je n'avais jamais prêté attention auparavant était devenue notre bienfaitrice, une gentille « tante » qui nous donnait un toit.

Nous n'avions nulle part où aller. Nous étions des *Vertriebenen*[1] pour de bon.

1 Déportés.

Tot ?

Le monsieur qui passait souvent à la villa de Klara avec des fleurs s'appelait Achim Lippke. Maman avait fait sa connaissance dans une chorale municipale et avait décidé de l'épouser. Ou bien l'inverse. Je ne sais pas. On était en 1951. Notre vie s'organisait à peu près normalement, même si nous habitions toujours chez Klara. Maman travaillait à l'usine et payait un loyer pour la chambre à l'entresol. Je n'ai jamais compris pourquoi nous n'avions pas quitté plus tôt la maison de Klara.

— Il te plaît, ce monsieur ? demandait ma mère en examinant ses robes dans l'armoire (elle en avait deux). Laquelle me va le mieux ?

— Aucune ! répondis-je en me renfrognant.

— Tu m'as pourtant dit que tu m'aimais bien dans la grise !

— Oui, mais j'aime pas ce monsieur !

J'ai regardé ma mère droit dans les yeux, mais elle a fait mine de ne rien remarquer.

— Moi, j'aime bien la grise, fit tout doucement Gringalet.

Maman serra mon frère contre elle.

Même l'avis de Klara n'avait pas grande importance ici. « Tu vas vite le regretter, tu verras ! » assurait-elle.

*

Pendant qu'Achim buvait du thé avec maman à la cuisine, Klaus retournait les poches de son manteau dans le vestibule, tentant à tout prix de trouver ce « *quelque chose* », selon ses mots. Quand on lui demandait : « Quoi ? », il répondait : « N'importe quoi, quelque chose qui nous renseigne sur Achim. »

Deux des poches étaient trouées, dans la troisième, il y avait un mégot, le manteau était élimé. Nous n'étions guère plus avancés.

— Ils se sont embrassés hier, ta mère et lui, dit Klaus en essayant d'allumer le petit bout de mégot.

— Qu'est-ce que tu racontes? fis-je en manquant m'étouffer.

— Ils s'embrassaient, sûr ! confirma Gerhard.

— Sympa, ce tabac !

Klaus fut pris d'une quinte de toux. Il ôta le mégot jauni de ses lèvres et le tourna dans ma direction.

— Tiens, goûte !

Entendre parler de ce baiser m'avait complètement déstabilisé. Gringalet se tenait de côté, faisant la moue, prêt à pleurer.

— J'ai pas envie ! j'ai répondu.

Gerhard s'empressa de tendre aussitôt la main vers le mégot.

— Ils se sont vraiment embrassés ? j'ai demandé encore une fois.

Klaus leva les yeux au ciel.

— Mais puisque je te le dis, enfin !

Gerhard toussa, cracha et dit :

— Et qu'est-ce que vous croyez, s'ils se marient, ils n'arrêteront plus de se bécoter.

Je lui ai fichu une claque. Gringalet s'est mis à pleurer.

Ma mère était tombée amoureuse.

Nous avons quitté la maison de Klara en automne. J'avais treize ans, mon frère presque six.

*

Achim travaillait à l'usine, il était aux trois-huit. Au début, tout allait bien, sauf quand il avait une crise ; ces fois-là, il se soûlait à mort, faisait des scènes, pas très longtemps malgré tout, car très vite, il s'affalait, inconscient, sur son lit. Et ensuite il se remettait à boire. Il récupérait, buvait, dégrisait et allait travailler. Il faut lui reconnaître une chose, il avait une santé de cheval.

Au début, il ne s'intéressait pas du tout à nous. Il s'efforçait de ne pas nous remarquer, Gringalet et moi. Il ne nous parlait que s'il le fallait vraiment. Il faisait régulièrement des scènes à ma mère, lui reprochant de trop dépenser, alors que lui devait entretenir des parasites. Au bout de quelque temps, cette indifférence de façade trouva sa justification. Il se révéla qu'il cherchait pour mon frère et moi un endroit à la campagne, dans sa famille, quelque part près de Nuremberg. J'avais trouvé une lettre qu'il avait écrite à sa sœur et où il lui demandait de nous recueillir. On s'est consolés comme on pouvait : puisqu'il n'avait pas envoyé la lettre, peut-être que ce n'était pas sérieux, peut-être qu'il avait renoncé ? Nous l'avons tout de même montrée à maman. Je ne l'avais encore jamais vue dans cet état. Elle hurlait, répétant à Achim qu'il s'agissait de ses enfants et qu'elle déciderait elle-même de leur sort. Sans doute a-t-il battu ma mère pour la première fois ce jour-là, en criant que ce serait lui ou nous, parce que c'était lui qui gagnait l'argent, c'était lui le chef, et il en serait comme il avait décidé. Maman ne travaillait plus. Achim le lui avait interdit depuis leur mariage.

Finalement, la sœur d'Achim vint nous rendre visite, pour constater ce qu'il en était. Elle nous observa attentivement durant toute une semaine, en buvant autant qu'Achim, et à la fin de la semaine prononça son verdict.

— Ils ne sont pas faits pour le travail.

Ils se querellèrent et Achim la mit dehors.

— Alors, satisfaite ? hurla-t-il à l'adresse de ma mère.

Puis il sortit. Au moins ne l'avait-il pas battue.

Maman lui cachait maintenant presque tout : les chaussures qu'elle nous achetait, les cahiers pour l'école, même certaines affaires qu'elle recevait de la Croix-Rouge. Les choses s'améliorèrent un peu lorsqu'elle se retrouva enceinte. Achim en fut métamorphosé. Il aidait à la maison (c'est-à-dire qu'il sortait les poubelles et parfois épluchait les pommes de terre). Je me souviens qu'il nous avait même rapporté des bonbons, une fois. Mais maman a fait une fausse couche et tout est revenu à la normale. Je ne sais plus quand il a commencé à nous battre, ce devait être à cette époque-là, justement. Maman expliqua plus tard à Klara que c'était à cause de sa dépression.

— Quelle dépression ? demanda Klara.

— Eh bien, à cause de l'enfant !

— Mais quelle idiote tu fais !

La moindre faute servait de prétexte à Achim. Il nous donnait des coups de pied, nous secouait, nous tirait par l'oreille. Mais à vrai dire, c'est surtout maman qu'il maltraitait.

— J'aimerais qu'il se fasse écraser par un camion ou par un train, dit Gringalet une nuit.

Des cris provenaient de la chambre à côté.

— Ah ! me suis-je pris à rêver.

— Ou bien qu'au moins un camion le renverse, pour qu'il reste en fauteuil roulant.

— Et qu'il ne batte plus maman !

— Ni nous !

— Plus vite, plus vite ! nous pressait maman.

Et il fallait de nouveau mettre notre pantalon par-dessus notre pyjama tandis qu'un bruit de verre cassé éclatait à la cuisine et que les cris montaient :

— Espèce de vieille pute !

— Tu sais quoi ? lançai-je dans le noir en cherchant mes habits à tâtons. (Quand il était ivre, Achim nous interdisait d'allumer la lumière dans la chambre.)

— Quoi ?

— Le mieux, ce serait qu'il se pende, comme ça il ne survivrait pas !

Mon cœur s'est figé de frayeur quelques secondes, mais je le pensais vraiment. Un instant plus tard, j'ai déclaré fermement :

— Qu'il crève comme un chien !

— Comme un chien ! a répété Gringalet avec conviction, en ajoutant : Et qu'il se torde de douleur comme, comme…

— Comme un chien !

— C'est ça ! approuva mon frère, satisfait.

Il enfila un pull gris trop petit pour moi, et moi, un pull à col roulé hérité de Gerhard. Gerhard était mon cadet d'un an, mais il était beaucoup plus grand, si bien que c'est moi qui mettais ses vieux habits et pas l'inverse.

On entendit un grincement dans la pièce voisine, puis un bruit de chute.

— Tu penses qu'il va nous battre aujourd'hui ? demanda Gringalet en tentant de boutonner son pantalon de ses mains tremblantes.

J'ai haussé les épaules.

— Forcément, il nous bat tout le temps.

Gringalet se mit à pleurer. Quelques instants plus tard, je pleurais moi aussi, tandis qu'Achim nous barrait la route en se servant comme toujours de l'un de nous comme otage. C'était son jeu préféré.

— Je vais le tuer, je vais le tuer ! s'époumonait-il dans toute la maison en tiraillant Gringalet par l'oreille.

Il ne le lâcha que lorsque ma mère eut dégoté les derniers sous de son porte-monnaie.

— Je savais bien que tu m'avais volé !

Il attrapa ma mère par les cheveux.

— Putain, tu m'as volé ! hurlait-il en levant le poing dans sa direction, mais ma mère fit un bond de côté et Achim s'effondra.

C'était fini. Ouf ! On pouvait se sauver…

Sur le palier, nous croisâmes le regard sec de la voisine.

— Foutue racaille ! siffla-t-elle en crachant dans notre direction.

*

— N'y retourne pas, proposa Klara le lendemain à notre mère, reste ici.

Mais ma mère répondit que c'était impossible, et nous rentrâmes une fois de plus « à la maison ».

Est-il soûl encore ? Est-ce qu'il dort ? Nous montâmes tout doucement l'escalier.

Achim nous accueillit avec un sourire torve.

— Ces messieurs-dames ont daigné rentrer !

Des mois d'expérience m'avaient appris à reconnaître infailliblement toutes les phases de son ivrognerie. Il était en manque d'alcool. Maillot de corps sale, pantalon déboutonné, pieds nus. Ça ne sentait pas bon.

— Où t'étais ? hurla-t-il, et avant même d'attendre une réponse, il avait frappé ma mère de son poing. Dans le ventre.

Maman se recroquevilla et se retrouva allongée par terre. Apeurés, nous restions figés, immobiles. Maman ne remuait pas. Peut-être s'était-elle évanouie ? Ou peut-être pensait-elle que si elle ne bougeait pas, il la laisserait tranquille ? Il l'avait battue plus d'une fois, mais jamais à ce point. Achim se retourna en nous observant. J'avais le cœur au bord des lèvres. Ça ne sentait pas bon du tout. Il s'attarda un peu plus longtemps sur Gringalet. J'avais remarqué depuis longtemps déjà qu'il le détestait davantage encore que moi. Maigre réconfort.

— Alors quoi ? rugit-il en le regardant.

Et l'instant d'après, devenu fou furieux, il se mit à rouer ma mère de coups de pied. Gringalet se jeta sur lui avec un hurlement sauvage. C'est précisément ce qu'attendait Achim. Le petit Gringalet tout pâle qui faisait des moulinets avec ses bras. Une sueur froide m'envahit. J'ai eu envie de courir, courir n'importe où, aucune importance. Le tout était de courir, juste courir. J'ai jeté un regard à ma mère, allongée immobile, face contre sol. Du coin de l'œil, j'ai vu les larmes qui coulaient le long du visage de Gringalet. Achim criait quelque chose. Les sons me parvenaient comme à travers un mur, les images perdaient de leur acuité.

J'ai parcouru des yeux la pièce et le couloir, à la recherche de je ne sais quoi. Et c'est seulement en me retrouvant au-dessus de la tête penchée d'Achim que j'ai réalisé que je tenais un lourd chandelier à la main. Le cadeau de noces de Klara. Mon instinct a précédé ma pensée et je n'ai pas freiné ma main. Occupé à tordre le bras de Gringalet, Achim ne s'est rendu compte de rien. Je l'ai frappé à la tête. De toutes mes forces. Il s'est écroulé comme une bille. J'avais envie de le frapper encore, et je l'ai frappé encore et encore. Je ne voulais plus m'arrêter. « Qu'il meure donc, comme un chien, oui ! » C'est Gringalet qui m'a arraché le chandelier des mains.

J'ai jeté un regard autour de moi. Un paysage après la bataille. Achim était étendu dans une mare de sang. Ma mère ne bougeait pas.

— Maman ?

Ma voix sortait de je ne sais où, elle venait de l'extérieur. Je m'observais de côté, me sentant disparaître, me transformer en ombre.

— *Tot ?* demanda Gringalet en regardant maman.

Mon ombre a réagi, commandant à ma voix et à mon corps. J'ai touché le bras de ma mère, je l'ai secoué délicatement. Elle a remué imperceptiblement. J'ai regardé Gringalet, et j'ai constaté qu'il tenait toujours le chandelier dans une main. L'autre était étrangement tordue. On aurait dit qu'il attendait qu'Achim se relève. Mais j'avais frappé fort. Je savais qu'il ne se relèverait plus. Mon frère a fini par baisser le bras et s'est tourné vers moi. Il avait le visage enflé.

L'homme sans bras

Je me trouvai dans une espèce de torpeur intérieure, étrangement indifférent à tout. Je pus néanmoins sortir de l'hôpital au bout de quelques jours. La convalescence de Gringalet, en revanche, devait durer plusieurs mois. Il avait le bras cassé et une lésion interne si grave à l'œil droit que les médecins se demandaient s'il pourrait le garder.

La belle infirmière qui passait me voir régulièrement me dit que maman se sentait déjà mieux. Je ne lui avais pas posé la question. J'avais peur de la réponse. J'avais peur qu'Achim soit encore vivant, et pas maman.

— Tout ira bien, m'assura l'infirmière.

J'ai soudainement eu envie de me blottir dans ses bras.

Maman avait une hémorragie interne, une fracture du bassin et une commotion cérébrale. Elle était en vie.

J'étais assis sur un lit de l'hôpital, habillé et prêt à sortir. Mais pour aller où ? J'étais en train de me demander ce qui allait m'arriver lorsqu'une femme jeta un coup d'œil par la porte entrebâillée en m'informant qu'elle était des services sociaux. Elle devait m'emmener au commissariat. Elle me regarda sèchement. Achim était-il en vie ? Je n'avais pas le courage de demander. S'il était mort, c'était mauvais. S'il vivait, pire encore.

*

Nous sommes arrivés près d'un immense bâtiment. Derrière un portail en fer se trouvaient un large escalier, une lourde porte et une rampe d'accès pour les voitures. À l'intérieur du bâtiment, de nombreuses personnes s'affairaient. Je ne m'imaginais pas cela ainsi, mais plus rien ne m'étonnait. Nous sommes montés au premier étage et avons parcouru un long corridor sombre, croisant de nombreuses portes qui se ressemblaient toutes. Enfin, nous nous sommes arrêtés devant l'une d'elles.

— Attends ici !

Des éclats de voix me parvinrent. Quelques instants plus tard, la porte s'ouvrit plus largement et l'on me demanda d'entrer. L'homme debout près du bureau n'avait plus de bras droit. Ce détail se grava précisément dans ma mémoire. Je ne sais pas pourquoi. À l'époque, pourtant, on voyait de nombreux hommes à qui il manquait un bras ou une jambe, avec des béquilles, appuyés contre un mur. La plupart du temps, on les retrouvait dans la rue, un chapeau par terre dans lequel scintillaient des pièces de monnaie, ou parfois rien du tout. L'homme en question n'avait pas de chapeau et il était habillé en civil. Dans la pièce, à part lui, il y avait une femme aussi. Assise à un bureau, elle se tenait raide devant une machine à écrire.

J'ai dit bonjour. Personne ne m'a répondu.

Le monsieur se passa la main dans les cheveux, l'air résigné.

— Je le ramènerai.

— Inutile. Je reviens dans une heure, répliqua la dame des services sociaux en se dirigeant vers la porte.

La machine à écrire tambourinait. Je n'arrivais pas à me concentrer, mais je répondais clairement, avec des phrases complètes et conformément à la vérité.

— Je voulais le tuer, monsieur ! avouai-je à la fin.

L'homme sans bras éteignit sa cigarette et me regarda attentivement.

— Veuillez nous laisser seuls, dit-il en s'adressant à la femme en train de rédiger le procès-verbal.

— Mais…

— Veuillez sortir, répéta-t-il.

Lorsqu'elle fut sortie, il s'approcha de la fenêtre à gros barreaux et jura tout bas. Il demeura ainsi un long moment. On aurait dit qu'il m'avait oublié.

— Redis-moi comment tu t'appelles ? demanda-t-il enfin.

— Thorsten.

— Thorsten… Eh bien… pour moi, ça ressemble plutôt à un accident, dit-il.

J'écarquillai grand les yeux.

— Mais je…

Prenant mon courage à deux mains, je balbutiai tout doucement :

— C'est moi… Moi qui l'ai tué ! répétai-je, un peu plus fort cette fois.

L'homme sans bras s'approcha du bureau.

— Tu ne l'as pas tué ! Il s'est tué tout seul !

De sa main saine, il sembla chercher quelque chose dans ses papiers, il était nerveux, quelques feuilles tombèrent par terre. Je ne savais pas comment réagir. Avant même que je fasse un pas, il avait déjà eu le temps de les ramasser. Il lut avec attention durant quelques minutes puis il mit la liasse de côté et me regarda droit dans les yeux.

— Mon garçon, intervint-il enfin, il s'agit d'un malheureux accident. Tu comprends ?

Je me suis assis sur une chaise près du mur, cachant mon visage dans mes mains. La chaise grinça.

— Tu es innocent, dit-il doucement. Tout ira bien.

J'avais déjà entendu ça quelque part. Sans doute de la bouche de l'infirmière à l'hôpital. Au même instant, derrière moi résonna la voix de la dame des services sociaux :

— Je suis là !

— C'est bon ! déclara l'homme manchot, très occupé soudain à trier ses documents.

La dame des services sociaux me fit de nouveau traverser le long corridor. Avec une grande clef, elle ouvrit une porte grise en me prévenant qu'elle reviendrait me voir d'ici quelques heures. Je me trouvais dans un bureau et je regardais par les barreaux de la fenêtre. Je l'ai tué ! Je l'ai tué !

Quelqu'un tourna la clef dans la serrure.

— Ta tante va venir te chercher tout de suite, me dit le manchot.

Maman avait l'air très mal en point. Je rapprochai la chaise du lit et lui caressai délicatement la main. Elle la retira. Quelque chose me serrait la poitrine, je sentais des larmes me monter aux yeux. Même ses mains étaient couvertes d'hématomes. Peut-être mon simple contact la faisait-il souffrir ? Au bout d'un instant, la porte s'ouvrit. Personne n'avait frappé. J'entendis une voix familière :

— Je suis des services sociaux.

Le pire dans tout ça, c'était la honte qui se peignait sur le visage de maman. On la voyait, en dépit des bandages et des bleus. Puisqu'elle avait honte, moi aussi je me sentais honteux. La honte peut avoir un goût. La dame des services sociaux demanda que je la laisse seule avec ma mère. À ce moment-là, la porte s'ouvrit de nouveau. Klara avait amené un médecin qui déclara qu'il était encore trop tôt pour un interrogatoire. S'ensuivit un rude échange de paroles.

Je me suis sauvé.

*

Nous habitions de nouveau chez Klara.

À sa sortie de l'hôpital, maman partit en cure. Dans toute la maison de Klara, on pouvait entendre ses exclamations :

— Et voilà qu'elle se prend pour une curiste !

Gringalet avait une bronchite aiguë, et il fallait que quelqu'un l'accompagne pour faire changer ses pansements. Pour la première fois, je réalisai que nous causions réellement du tracas à Klara. Je m'efforçais de me faire tout petit.

— Maman a dit que l'homme sans bras est allé voir votre mère ! affirma Gerhard en se léchant les doigts.

Nous étions installés dans le cellier et nous mangions des poires au sirop.

— Qui est allé voir qui ? demanda Gringalet dans une quinte de toux.

— Le manchot !

Nous faisions mine de ne pas savoir de quoi il s'agissait.

— Il est allé la voir à sa cure, insista Gerhard.

— Et toi, va donc voir si ta vieille n'arrive pas, lui conseilla Klaus.

Klaus était déjà impliqué dans des occupations mystérieuses, dont il refusait de parler ; il avait peu de temps libre, mais depuis qu'il avait appris que nous étions revenus, il passait nous voir à nouveau.

— Vas-y, toi, s'emporta Gerhard.

— Va, je te dis !

Gerhard se leva à contrecœur.

— Tu penses qu'il va nous faire peur ? demanda Gringalet, une fois Gerhard sorti.

Klaus feignit de ne pas entendre.

— Il va nous faire peur ? répéta Gringalet. Oui ou non ?

Je suis sorti en courant du cellier. Je ne me suis arrêté de courir qu'une fois arrivé sous le marronnier.

*

À nouveau, j'ai fait pipi la nuit. J'ai enlevé mes draps et placé le matelas près de la fenêtre. Peut-être qu'il sécherait d'ici le matin. Mon frère s'est retourné sur son lit en faisant semblant de ne rien voir. J'ai ouvert la fenêtre. Le matelas ne sécherait pas. Il faisait moins huit degrés dehors.

Dans le coin le plus sombre de la pièce, j'ai changé de slip et, quelques minutes plus tard, je me suis assis sur le lit de Gringalet. C'était la pleine lune, je voyais bien son visage. Il se mordait les lèvres.

— Si tu veux, tu peux dormir dans mon lit, avec moi, me dit-il.

— Non, je ne veux pas.

Il poussa un soupir de soulagement.

— De la pisse ! hurla Klara en arrachant le drap de sous mes fesses.

Le drap était propre. Je l'avais lavé et séché au grenier. Depuis que je m'étais fait repérer, je dormais par terre, à côté du lit. Au cas où.

— Il est propre, protestai-je.

Pour toute réponse, Klara claqua la porte.

Gerhard et Gringalet s'en allèrent à l'école. De mon côté, je voulais faire un saut à l'église d'abord.

— Cher papa… dis-je, commençant ainsi de manière très solennelle. Il faut que je te raconte quelque chose… Achim s'est cogné ! Et moi, eh bien… je fais pipi au lit. C'est-à-dire que je ne fais plus. Un peu seulement…

J'éclatai en sanglots.

Le bedeau passa près du banc où j'étais agenouillé et me lança un regard soupçonneux.

— Presse-toi, je vais fermer !

— Je promets de ne plus jamais tuer personne, papa ! Je te le promets. Enfin, si je n'y suis pas obligé, je ne tuerai personne ! Je serai bon pour maman et pour Gringalet. Même pour Klara ! Et… et… j'aiderai les gens, je serai, je serai… bon !

Ce fut la prière la plus courte de toute ma vie.

J'ai cessé de faire pipi au lit. Soudain, je me sentais adulte. J'étais un adulte.

J'ai dit à ma mère de quitter Klara. Elle m'a écouté. J'avais dix-sept ans, j'avais déjà participé à ma première opération dangereuse avec Klaus. Dès les premiers mois après la construction du mur, j'ai entrepris d'aider des gens qui voulaient quitter l'Est. Avec Klaus, on passait en contrebande tout ce qui s'y prêtait. J'étais le maître de la vie et de la mort.

1968

Quelques semaines avant les examens de fin d'année, j'ai été viré de la fac. Tous les journaux publiaient les photos des étudiants qui attaquaient la police. J'étais l'un d'eux, paraît-il. Nous étions avec Gerhard et Klaus dans l'appartement de l'entresol et nous riions en entendant la mère de Gerhard cogner à la porte. Nous pratiquions la méditation à notre manière. On nous a virés de la fac ? Et alors ? On étudie depuis trop longtemps ? Et alors ? On n'est plus étudiants de toute façon…

J'avais la gueule de bois. Je me trouvais assis sur une cuvette couleur lilas, du carrelage doré tout autour de moi. Dans une maison qui, après avoir appartenu autrefois à son oncle manufacturier, puis à l'une de ses tantes, veuve, était devenue désormais la propriété de Klara, une fugitive au fort accent poméranien. Je lisais un journal. Sur la première page, on voyait la photo de la chanteuse Alexandra, une star à la voix grave qui avait lancé la mode de la nostalgie russe, comblant ainsi un vide dans la variété.

J'avais toujours détesté sa voix et ses chansons stupides. Et j'apprenais justement qu'elle venait de disparaître tragiquement dans un accident de voiture. J'ai jeté un coup d'œil sur une photo du journal, d'où me regardaient des yeux immenses. Je me fichais de la chanteuse, mais son regard m'a subjugué. Un nom était inscrit sous la photo : Gerhard Kurski.

Gerhard tournait un film avec Zeneck et il était très occupé. Il était une étoile montante. Malgré cela, nous nous croisions assez souvent, car nous fréquentions les mêmes endroits, bien que pour des raisons différentes. Gerhard et Zeneck utilisaient pour leur film des photos de rues originales. Mais ce film, ce n'était pas la seule activité de Gerhard. Avant tout, il faisait des photos, ce qui lui permettait de gagner un peu sa vie pour ne plus dépendre de sa mère financièrement. Je l'y avais moi-même encouragé, au début, mais je n'imaginais pas que tout s'enclencherait aussi vite.

C'était vraiment un photographe formidable. Il s'emparait sans pitié des secrets des âmes et des objets. Pourtant, même quelqu'un comme lui devait avoir un peu de chance pour voler de ses propres ailes. Et de la chance, il en avait. Il se trouvait généralement au bon endroit au bon moment et mettait à profit ces occasions au maximum.

À l'époque, Klaus s'était engagé dans un journal estudiantin et, bien entendu, il m'avait convaincu de faire la même chose. Il s'affranchissait de l'influence de John et cherchait sa véritable identité, comme il disait. « Seule une vache ne change pas d'avis ! » répétait-il toujours. En 1968, il s'est soudain mis à douter de tout. À cela s'ajoutaient des scènes avec John, des querelles d'ivrogne, ses études interrompues. Il lui était même venu à l'idée de partir pour Berlin-Est ! Un jour déchiré, un jour révolté. Imprégné de fascinations nouvelles, il pouvait passer des nuits entières à composer de la musique sur des vers d'Erich Fried. Je me rendais compte de ces changements soudains, mais je connaissais Klaus. C'était temporaire. Il n'y croyait pas, il ne pouvait pas y croire, il en avait trop vu, il avait trop vécu. Klaus voulait seulement faire partie d'un endroit, être avec quelqu'un. En réalité, c'est moi qui étais brusquement impressionné par tout ce qui se passait autour de nous.

Gerhard aussi assistait parfois aux réunions de notre rédaction[1]. Il prenait des photos. Pour parler de manière pathétique, il immortalisait les moments cruciaux. Nous lui faisions confiance ! Il faut bien faire confiance à quelqu'un. Des rencontres secrètes. Des rassemblements illégaux auxquels participaient des personnages importants. Au bout d'un an, un gros dossier rempli de photos s'était constitué. Un souvenir, un document, une partie essentielle de notre vie, gardée précieusement ! Klaus participait à tout ça, mais pas de la même façon que moi. Parfois, je me dis que ce n'était que du bluff, qu'il voulait faire partie de ce journal car il avait besoin de certaines informations. Pas comme mouchard, non, pour cela il était trop vertueux ; il agissait selon son propre code, sans doute : j'aide, alors j'ai le droit de savoir. En 1969 déjà, il s'était retrouvé en Bulgarie et aidait plusieurs personnes à s'enfuir. Je ne sais plus qui exactement. Klaus était ainsi, on avait un peu de mal à le suivre.

Un jour, j'étais rentré tard d'une réunion, fatigué, vacillant sur mes jambes. Nous avions bouclé le dernier numéro et j'avais travaillé sans relâche, seize heures d'affilée. Je ne rêvais que de mon lit. Ma mère m'attendait à la porte.

— Qu'est-ce que tu fabriques ? Dans quoi tu t'es fourré ?

Elle s'était mise à crier depuis le seuil déjà, en me jetant un journal à la figure. J'ignorais de quoi elle voulait parler.

1 Rédaction du magazine estudiantin Konkret, fondé en 1957, aux idées fortement ancrées à gauche.

Je l'ai ramassé. Parmi de nombreuses photos, j'en ai saisi une, instinctivement : une image en couleurs, parfaitement nette, où l'on voyait mon visage et celui de mes camarades. Sous le cliché était inséré un commentaire stupide, typique de la presse Springer.

Des photos de nos assemblées. Des photos que je connaissais très bien, puisqu'elles avaient été prises par Gerhard ! Il était le seul à assister à nos réunions avec un appareil. Le visage d'hommes et de femmes à qui nous avions garanti l'anonymat. Comment Gerhard avait-il pu me faire ça ? Nous faire ça ? Cela restait incompréhensible pour moi.

Dès l'aube, le lendemain, je hurlais au-dessus de son lit :

— Tu veux te faire un nom à nos dépens ou quoi ?

— De quoi tu parles ?

— De ça ! ai-je répliqué en lui balançant à mon tour le journal au visage.

Je voulais ajouter autre chose, mais c'était inutile.

Il a tenté de se justifier : il ne s'était pas rendu compte, il ne savait pas, d'ailleurs, il n'était pas responsable du commentaire. En réalité, il était fier comme un paon. Il était enfin quelqu'un. Pas seulement le stupide Gerhard. D'autres journaux étaient posés sur une petite table. Je me suis approché et je les ai pris un à un. Tous contenaient ses photos. Et partout figurait le nom du photographe. Le sien.

— Comment as-tu pu ? Traître ! ai-je hurlé.

En bondissant sur ses jambes, il a répliqué aussitôt :

— Et toi, pour qui tu te prends ?

Klara a ouvert la porte brusquement.

— Hors de ma maison !

Je me suis senti mal. J'ai craché à leurs pieds. Il n'en valait guère plus. Elle non plus.

Il a couru dehors derrière moi, pieds nus et en pyjama :

— Et toi, t'es qui ? Un héros ? Un héros qui a tué son propre père !

— Gerhard, ça suffit, arrête ! ai-je entendu de l'intérieur.

Et au nom de quoi devrait-il arrêter ? C'était la stricte vérité.

*

Je l'ai revu quelques mois plus tard, pendant une manifestation. Il prenait des photos. Il m'a fait signe de la main, comme si de rien n'était. Quelques mètres à peine nous séparaient. J'ai fait mine de ne pas le voir. Il se tenait un peu à l'écart. Pour certains, il était un observateur, un photographe ; pour moi, il n'était rien du tout. Je l'ai dépassé rapidement, marchant au même pas que Klaus et les camarades qu'il avait trahis. Bien au-dessus de ma tête claquait une banderole. Je me sentais fort, invincible. Instant de liberté et de naïveté. Les retours à la réalité semblent toujours plus rudes et plus douloureux ensuite.

Ils sont arrivés à l'improviste. Telle de la lave, ils ont déboulé des rues adjacentes, certains en uniforme, d'autres en civil. Impossible de les distinguer. Nous ne savions pas ce qui se passait. Pourquoi agir ainsi ? En regardant la masse qui nous inondait de tous les côtés, j'ai eu l'impression qu'ils étaient plus nombreux que nous. Nous étions pourtant des centaines ! Aussitôt et sans le moindre avertissement, ils se sont mis à frapper tous ceux qui se trouvaient sur leur chemin. Une partie de notre groupe s'est retrouvée acculée dans une impasse, quelque part derrière une église dont j'ignorais même l'existence. Je ne sais pas comment c'est arrivé. À cet endroit, il n'y avait que des immeubles, aucun viaduc, aucun passage, pas un seul moyen de fuir. Je me suis senti pris au piège. Du coin de l'œil, j'ai repéré une porte entrebâillée et je m'y suis précipité. Les escaliers avaient des balustrades ajourées, les clenches des portes étaient dorées. Comme sur commande, la porte d'un appartement s'est ouverte et un vieil homme est sorti, vêtu d'une élégante robe de chambre, en chaussons, une canne à la main. Il s'est mis à hurler en m'agitant sa canne sous le nez :

— *Raus! Raus!* Des gens convenables habitent ici! *Raus!* Oui, des gens convenables! *Raus!*

Pris de panique, j'ai couru dehors pour tomber nez à nez avec des hommes en train de tabasser une jeune fille. J'ai fait un rapide calcul pour vérifier combien nous étions dans cette empoignade. Un bon nombre quand même... Les types en veste marron-gris qui couraient après un petit groupe d'étudiants étaient quatre au total, plus les deux qui frappaient la jeune fille. Je me souviens qu'elle portait un pull violet et avait des cheveux noirs. La pensée qu'aucun de nous ne lui viendrait en aide était amère. Soudain, l'un des garçons s'écria :

— La Gestapo! À bas la Gestapo!

La magie d'une pensée puissante. Je ne saurais l'expliquer, mais nous nous sommes tous précipités sur les hommes en uniforme. Après avoir donné quelques coups au hasard, je me suis retrouvé en possession d'une matraque : une courte barre de métal recouverte de caoutchouc. L'un des policiers, celui qui, un instant auparavant, frappait la jeune fille, s'est jeté sur moi par surprise. Avant que j'aie eu le temps de réagir, le garçon qui venait d'appeler à l'attaque m'arracha la matraque des mains et en frappa l'homme au visage, de toutes ses forces. Non, ce n'est pas pour moi, je ne veux pas être ici, me suis-je dit, cédant à la panique. Puis je me suis retourné, je refusais de voir cette réalité, elle m'était insupportable. Je ne sais pas qui m'effrayait davantage, le jeune ou ceux en uniforme. Au même instant, j'ai entendu des piétinements, j'ai relevé la tête et je me suis précipité vers les cris.

Je me suis retrouvé dans un véritable tourbillon, partout des gens en train de se battre. Soudain, de cette foule grouillante, j'ai vu surgir Gerhard, pâle comme un linge. Je n'avais pas la moindre idée de ce qu'il faisait là. Il avait l'arcade sourcilière fendue ; une manche de son pull était arrachée. Son appareil photo, comme toujours, pendait autour de son cou. Avant que je réalise, il s'est précipité vers l'un des policiers et de toutes ses forces lui a donné un coup de pied dans les fesses. Et brusquement, tout s'est figé sur place. J'ai ressenti une douleur atroce, comme si une grêlée de poignards s'était abattue sur ma tête. J'ai pu voir encore Gerhard protéger son appareil et après, le film s'est arrêté.

Je suis revenu à moi à l'étage d'un immeuble. Quelqu'un me tapotait le visage. J'ai ouvert plus grand les yeux. C'était Gerhard ! J'ai poussé un gémissement. Comme si cela ne suffisait pas, une autre personne me malmenait le front.

— C'est fini, dit une jeune fille aux cheveux blonds.

Elle avait l'air d'un ange. Je me suis demandé si je la connaissais et si j'étais déjà au ciel. J'ai essayé de me lever. Il a fallu qu'on me soutienne, car j'avais la tête qui tournait.

— Reste allongé ! (Gerhard me souleva légèrement et plaça quelque chose sous ma tête.) Il faut peut-être l'emmener aux urgences ?

— Et comment, tu peux me dire ? rétorqua la jeune fille en désignant la fenêtre.

Mon front était douloureux, mes tempes pulsaient désagréablement, j'avais sur les lèvres un goût sucré, mais les images reprenaient de l'acuité peu à peu. Je sentais un relent de pommes de terre et de l'humidité dans l'air.

— Ça va aller.

La jeune fille sourit en rangeant des instruments dans son sac. Quelle sorte d'instruments, je préférais ne pas savoir. J'avais un mal de tête infernal. Gerhard m'expliqua que la jeune fille aux cheveux blonds était étudiante en médecine et qu'elle venait de me recoudre l'arcade sourcilière. J'avalais ma salive en essayant de toucher mon front bandé, mais je n'ai pas réussi.

— Tu vas devoir rester couché. Selon moi, tu as une commotion cérébrale, dit la divine jeune fille.

Gerhard était très pâle. Il regardait par la fenêtre. Je savais qu'il ne supportait pas la vue du sang, tout comme moi, mais il se fit violence et prit son appareil. Il eut une hésitation cependant et se tourna vers moi. À cet instant, ça m'était égal. J'étais en train de vomir.

On peut frapper avec une matraque, on peut tuer avec une matraque sans même s'en rendre compte, car la matraque détruit les muscles, mais ne laisse pas de traces. À moins de frapper au visage. Voilà pourquoi, dans le chaos général qui régnait en bas, l'étudiant gisant dans une mare de sang et que Gerhard s'obstinait avec tant d'acharnement à photographier, attirait l'attention. La police avait déjà établi un cordon autour de lui. Au milieu des uniformes, on voyait un groupe d'étudiants avec des brassards blancs. Ils tentaient en vain de repousser le mur policier. J'ai senti combien tout cela était grotesque. Sans doute Gerhard pensa-t-il la même chose, car quelques secondes plus tard, il reposa son appareil et j'ai entendu son murmure étouffé :

— *Scheisse!* Mais où est-ce qu'on est ?

C'est exactement ce qu'il a dit : « *Scheisse!* Mais où est-ce qu'on est ? »

De loin nous parvenait le hurlement des sirènes. C'est à cause d'elles, peut-être, que la police s'est écartée ? Les manifestants couraient vers le garçon blessé, tandis que Gerhard prenait des photos. Je me suis dit alors qu'il était un photographe, et rien d'autre. Et peu importe les circonstances, il se ferait tuer pour une photo !

Le sentiment de peur disparaissait peu à peu, j'avais même l'impression que les visages des policiers prenaient des traits humains. Mais Gerhard avait réussi à les immortaliser sous un jour bien différent. Le lendemain, le pays entier pouvait voir ces photos. Elles étaient assorties de commentaires stupides que personne ne lisait, les images parlant d'elles-mêmes. Peu de temps après, des inscriptions firent leur apparition sur les murs : « CENT CONTRE UN » ou bien : « ON NE BRUTALISE PAS UN HOMME EN SANG ». Elles restèrent en place plusieurs semaines. Quiconque les voyait savait immédiatement de quoi il s'agissait.

L'étudiant a survécu. Mais une dizaine de jours plus tard disparaissait Benno Ohnesorg. À peine quelques rues plus loin. Même en période de paix, l'histoire exigeait des moissons sanglantes.

Aujourd'hui, on qualifie Gerhard de « renard de la photo, capable, au milieu du chaos général, de s'introduire avec ruse dans les faits de rue » (citation du *Spiegel*, qui l'a inscrit dans la liste des « personnes les plus courageuses de l'année 1968 ».)

Aujourd'hui, après toutes ces années, alors qu'il collectionne les décorations et assiste à de nombreuses manifestations, considéré unanimement comme l'un des nôtres, je ne lui en veux plus. Chacun se fait son cinéma ici-bas et s'octroie un rôle auquel, avec le temps, il croit de plus en plus.

J'ai saisi le combiné. Peter est génial à tout point de vue, un habile manipulateur. Du reste, je ne crois pas qu'il écrive un livre. Pour lui, il s'agit de tout autre chose, l'important, c'est la paix et le repos de l'âme, et que justice soit faite. Sauf qu'il s'imagine que cette paix surviendra comme ça, un beau jour, tout simplement…

Personne ne serait plus à même que Gerhard de tourner l'histoire de Klaus, et personne ne souhaite davantage que moi voir éclater au grand jour la vérité sur sa mort.

À 7 heures du matin, d'une main tremblante, je compose le numéro de Gerhard. Le documentaliste. Le renard de la photo.

Épilogue

Entre la gare de Wannsee et la Dreilindenstraße s'étend un écrin de verdure composé de jardins ; il est traversé par la Nibelungenstraße, bordée de grands chênes. Derrière un petit square et un ensemble impressionnant d'immeubles blancs, construits au début du siècle dernier, se tapit une discrète maison peinte en vert. L'été, on n'y voit pas grand-chose, des buissons derrière une clôture en fer dissimulent le numéro. L'hiver, en revanche, on peut tout de même apercevoir une plaque avec l'inscription « 78C ».

Bien que rien de particulier ne distingue cette villa, son intérieur est d'une remarquable modernité. Un petit cinéma et un spa occupent le sous-sol. Le rez-de-chaussée et l'étage affichent un dépouillement de bon goût qui témoigne de la richesse du lieu : peu de meubles et beaucoup de tableaux de maître. À l'arrière de la maison s'étend un jardin d'environ six cents mètres carrés. Le double vitrage et le bruissement des chênes rendent moins pénibles le passage des trains et les éclats de voix des jeunes gens qui se pressent vers le lycée voisin. Des caméras cachées enregistrent vingt-quatre heures sur vingt-quatre.

Peter avait eu beau remuer ciel et terre, user de ses relations et analyser toutes les possibilités, il n'avait pas appris grand-chose au sujet du locataire de la maison, sinon ce qu'il savait déjà : Johannes Foerster, riche retraité de quatre-vingt-sept ans. Citoyen de Berlin-Ouest depuis 1977, propriétaire de magasins d'antiquité. Peter possédait pas mal d'informations sur Foerster du temps de la construction du tunnel, mais il cherchait autre chose encore. Quoi exactement ? Difficile à dire. Peut-être tout simplement repoussait-il ainsi le moment fatidique de clore le dossier ? Non, il ne s'agissait pas de cela. Qu'espérait-il donc trouver ? Il l'ignorait...

En 1980, Johannes Foerster avait loué à Roman les ateliers d'une usine désaffectée. Installé à Berlin-Ouest, Foerster – figure importante de la Stasi – était directement rattaché au département de la DVB (*Devisenbeschaffung*), dirigé par Filip Kreifeld, agent responsable de l'acquisition de devises. Foerster, lui, coordonnait la vente d'œuvres d'art passées en contrebande depuis l'Allemagne de l'Est. Des pièces rares, des trésors de peintures inestimables, pillés partout en Europe par les unités spéciales de la Wehrmacht pendant la Seconde Guerre mondiale. Le trafic *top secret* transitait par le tunnel. Johannes Foerster finalisait les transactions difficiles de main de maître. Depuis le tunnel, la « marchandise » partait directement pour l'aéroport de Tegel, d'où elle s'envolait le plus souvent vers les États-Unis. Foerster soudoyait les petits fonctionnaires occidentaux, veillant à ce que ce transport n'attire pas trop l'attention des Alliés. Et si parfois quelqu'un s'y intéressait... Eh bien, pas de problème pour Foerster ! Il se déplaçait en toute liberté dans Berlin-Ouest, connaissait les personnes influentes et avait un pouvoir considérable.

Spécialiste des affaires délicates, des missions impossibles, il jouissait au ministère et dans les hautes sphères du gouvernement d'une excellente réputation, il était connu pour sa fiabilité et pour avoir fourni à la République démocratique d'Allemagne les devises dont elle avait grandement besoin… Foerster était en fait le plus féroce concurrent de Filip Kreifeld.

*

Peter avait commencé ses observations en mai 2010. De façon sporadique, évidemment, et très réfléchie, interrompant parfois sa surveillance pour ne pas éveiller les soupçons. Au bout de quatre mois, il pouvait déjà restituer avec exactitude ce qui se passait, sinon à l'intérieur de la maison, du moins à l'extérieur. Dans le jardin, un vieux magnolia fleurissait au mois de mai. Un jardinier balayait les feuilles de temps en temps. Autrement, le jardin était négligé, envahi de végétation sauvage, et l'on ne voyait rien à travers la clôture. Les fenêtres, côté rue, avaient des vitres teintées. Chaque jour, entre 13 et 14 heures, un facteur à vélo s'arrêtait devant la propriété et déposait le courrier dans la boîte aux lettres fixée sur la grille.

Toute la semaine, excepté le lundi, une femme mince au physique indéterminé arrivait à 6 h 30 du matin. Elle s'en allait à 15 heures précises. Peter avait établi qu'il s'agissait d'une certaine Erika Konczyk, cinquante-huit ans, enregistrée comme aide-ménagère. C'est d'ailleurs l'unique information qu'il avait obtenue sans trop de difficultés. Vers 7 h 30, un retraité d'une rare élégance sortait de la maison, une canne à la main. Parfois, une Volvo blanche le suivait de près. Le vieil homme rentrait de sa promenade une heure plus tard.

La même Volvo quittait la propriété à 19 heures. Parfois, elle revenait, parfois non. Celui qui se trouvait à l'intérieur était visiblement un proche du propriétaire.

Malheureusement, Peter n'avait pas la moindre idée de son identité. La voiture était équipée de vitres teintées qui ne laissaient rien entrevoir. La porte du garage s'ouvrait automatiquement, tout comme celle de la villa. Par ailleurs, le garage était relié à la maison par un accès direct. Peter n'avait donc jamais pu voir qui sortait de la voiture.

Très vite, il se rendit compte que le vieux monsieur de la maison verte, contrairement au propriétaire de la Volvo, ne se sentait nullement en danger et menait tranquillement sa vie de retraité. En attestaient ses promenades matinales régulières et des amabilités échangées avec ses voisins.

En vérité, Peter ignorait ce qu'il cherchait ou espérait encore. Il savait déjà presque tout, mais son intuition lui soufflait que sa persévérance valait la peine. Un jour, alors qu'il était en proie au doute et se demandait s'il ne devrait pas interrompre sa surveillance, la Volvo blanche, au lieu d'aller directement dans le garage, se gara devant la maison. Peter vit alors sortir un homme très grand, chauve et musclé. Sa mémoire infaillible lui rappela aussitôt le passant fauché malencontreusement par ses bagages quelques mois auparavant. C'était pendant la canicule, alors que Peter partait s'installer à la campagne… Mais il se souvint d'autre chose également : l'homme au corps d'athlète était présent lors de l'entretien où Peter avait appris qu'il venait de perdre son travail. À vrai dire, il n'avait pas parlé avec Peter, mais se tenait à l'écart, l'observant de son regard froid. À l'époque, l'athlète était encore très jeune et avait tous ses cheveux, mais Peter avait la certitude qu'il s'agissait bien du même homme. Aujourd'hui, il savait que son licenciement n'était pas dû uniquement à son excellente mémoire, mais surtout à un petit incident, anodin en apparence. Peu de temps avant d'être licencié, Peter avait attiré l'attention de ses supérieurs sur le fait que, en un mois, plus de cinq cent mille marks avaient été virés sur un compte bancaire suisse. Il connaissait bien ce compte, il y avait déjà transféré des sommes nettement moins importantes. Le mois suivant, la même opération s'était reproduite. Toujours cinq cent mille marks. Pour un tel montant, il était tenu de faire un signalement. Inquiet, il traita l'affaire en bon fonctionnaire. De nouveau, il demanda à ses supérieurs si le fait de débiter régulièrement de telles sommes ne risquait pas d'affaiblir considérablement leur budget annuel. Jusqu'à présent, il avait toujours posé des questions et exprimé ses doutes par rapport au budget. Jamais encore cela n'avait posé de problème. C'était son travail ! Cette fois-ci, il en fut autrement. Quelques jours plus tard, on lui proposait un terrain dans un quartier vert de la ville, et il perdait son emploi. Peter était persuadé que plus d'un million de marks avaient ainsi crédité le compte de Johannes Foerster, et que cela n'avait pu se faire qu'avec la complicité de quelqu'un de haut placé au ministère.

Il n'avait pas besoin d'autres informations. Les dernières pièces du puzzle s'assemblaient parfaitement.

Johannes Foerster se sentait presque bien aujourd'hui. Il avait dormi plus longtemps que d'habitude. Il jeta un coup d'œil par la fenêtre qui donnait sur un grand jardin. Une journée magnifique s'annonçait.

Après avoir élaboré le menu de son petit déjeuner avec sa gouvernante, il décida d'établir son planning pour les semaines à venir. Mais il préférait le faire ailleurs. Il avait besoin de solitude. D'un peu de temps pour lui. Toute la semaine, il avait rencontré un tas de gens. Des rendez-vous, des réunions. Il passait sa vie en société. Quelques jours auparavant, après une discussion particulièrement animée avec le dirigeant du parti qu'il avait cofondé avec tant d'enthousiasme après la chute du mur, il avait éprouvé de la lassitude. Il venait tout juste de glisser au jeune homme très prometteur une enveloppe avec un don substantiel lorsqu'il eut soudain un malaise. C'était la première fois de sa vie que cela lui arrivait.

Plusieurs jours s'étaient écoulés depuis ce fâcheux incident, hier pourtant il se sentait encore faible. Le médecin lui avait fait une piqûre, prescrit du repos, mais sans rien diagnostiquer de sérieux. Lorsque Foerster lui avait demandé de quoi il souffrait, le médecin s'était contenté d'écarter les bras en répondant : « De surmenage », mais Foerster avait bien compris qu'il avait à l'esprit son grand âge. En voyant la mine dépitée de son patient, le médecin avait quitté la pièce précipitamment.

Aujourd'hui, toutefois, après une bonne nuit de sommeil, Johannes Foerster se sentait presque bien. Il avait envie d'un petit déjeuner à l'anglaise. Mais avant cela, la promenade. Il activa une commande. La porte de sa garde-robe s'ouvrit sans bruit. Il jeta un regard désabusé sur la longue rangée de costumes. Il composa un numéro préenregistré.

— Oui, monsieur, lui répondit poliment une voix de baryton.

— Sven, nous avons de quoi faire aujourd'hui !

Foerster quitta la maison avant 9 heures, vêtu de blanc, comme un joueur de tennis. Si ce n'est qu'il portait un pantalon long et s'aidait d'une canne. Une Volvo blanche surgit lentement derrière lui. Le colosse chauve assis au volant gardait un œil vigilant sur les bas-côtés de la route. Cela faisait plusieurs semaines qu'il n'avait pas vu Peter sur leurs talons. Il savait parfaitement que cet homme les surveillait, mais il avait décidé de n'en parler à personne pour le moment. Il observait Peter depuis longtemps et avait placé en lui certains espoirs. Il avait fait en sorte que les caméras invisibles, placées aux abords de la maison et fonctionnant vingt-quatre heures sur vingt-quatre, n'enregistrent pas les endroits où ce dernier apparaissait.

Ils partirent en ville. D'abord le restaurant, ensuite le renouvellement de la garde-robe.

— Viens me chercher dans, disons, deux heures. Je te trouve un peu bizarre ces derniers temps, qu'est-ce que tu as ? demanda le vieil homme à brûle-pourpoint.

Sven se dit que le vieux était toujours alerte, et il lui jeta un regard respectueux.

— Rien, pourquoi ?

— Comment dit-on déjà ? s'exclama Foerster. « Méfie-toi de l'homme qui ne dit rien et du chien qui n'aboie pas. » Oui, c'est ça. Et les caméras de surveillance devant chez moi fonctionnent toujours bien ?

— Parfaitement bien, répliqua Sven d'une voix assurée.

Il gara la voiture près des barques. Il aida le vieil homme à descendre, puis reprit le volant. Comme à l'accoutumée, son visage n'exprimait aucune émotion.

Pendant ce temps, Johannes Foerster s'était installé à sa table préférée, avec vue sur le lac. À cette heure de la matinée, il n'y avait pas grand monde. Le garçon qui avait l'habitude de le servir l'accueillit chaleureusement et lui apporta aussitôt un café crème. Le propriétaire du bistrot fit également son apparition. Il venait toujours en personne saluer Foerster.

— Nous commencions à nous inquiéter, cher monsieur, à nous demander si vous alliez bien ! Cela fait si longtemps qu'on ne vous a pas vu !

Foerster avait depuis toujours associé cet homme insolent et vulgaire à la populace. Il ne lui rendit pas son sourire.

— Je ne vois pas pourquoi, rétorqua-t-il froidement, avant de plonger son regard dans le journal que le garçon de café, parfaitement au courant de ses habitudes, avait posé par avance sur la table.

— Nous sommes ravis que vous pensiez encore à nous ! s'écria le patron du restaurant en offrant à Foerster son plus beau sourire professionnel. Vous prendrez la même chose que d'habitude ? demanda-t-il poliment.

Foerster hocha imperceptiblement la tête, mettant ainsi fin à la conversation. Le patron s'éloigna sans bruit. Le garçon de café revint avec une carafe remplie d'une eau que l'on faisait spécialement venir de Paris pour Foerster. Ce dernier appréciait le garçon depuis des années pour sa loyauté. Fidèle à son habitude, il glissa un billet à trois chiffres sous la serviette posée sur le plateau.

— Monsieur est bien aimable, comme toujours, envers son vieux serviteur.

Le sourire du garçon de café était franc et dévoué. Le « vieux serviteur » était plus jeune que Foerster d'une bonne trentaine d'années, et il savait comment parler à son généreux client.

— Dites-moi, Sébastien, quelles sont les dernières nouvelles ? demanda machinalement Foerster.

— Rien d'intéressant, cher monsieur. Dernièrement, notre clientèle est constituée presque exclusivement de nouveaux riches, dit-il dans un soupir.

— Ou de personne ! marmonna Foerster en jetant un coup d'œil autour de lui.

— Nous ouvrons à partir de 11 heures dorénavant. Les clients n'affluent que vers 14 heures. Il me semblait bien que vous alliez nous rendre visite, j'ai donc soufflé au chef l'idée d'ouvrir dès 9 heures cette semaine.

Foerster fit mine de ne pas entendre, mais le garçon avait suffisamment d'expérience pour savoir que cela n'avait pas échappé à son attention. En réalité, le vieux gredin avait omis de préciser que Sven les avait appelés pour les prévenir de la venue de Foerster. Le serveur attendit encore quelques instants, mais, n'obtenant aucune réaction, il s'inclina profondément, laissant son client en tête-à-tête avec la presse matinale.

À tout autre moment, fidèle au principe « se mettre dans les bonnes grâces des garçons de café, des concierges et des porteurs », Foerster aurait témoigné sa reconnaissance au dévoué serviteur par un autre billet. Mais son regard venait précisément de tomber sur une nécrologie figurant en dernière page du journal. Il eut soudain un coup de chaleur et s'empressa d'avaler un peu d'eau. D'une main tremblante, il chaussa ses lunettes. L'avis de décès concernait « le regretté directeur, enseignant émérite, père et ami, Alfred Zollner ». Les condoléances étaient formulées par : le cercle pédagogique, la famille, le Sénat, les élèves et de nombreuses institutions.

Durant de longues minutes, Foerster s'efforça de calmer le tremblement de ses mains. Enfin, il réussit à composer un numéro sur son téléphone. Après une courte discussion, Johannes Foerster devint plus agité encore par ce qu'il venait d'apprendre : Alfred Zollner, l'homme qu'il connaissait davantage sous le prénom de Franz, s'était pendu. Dans ce genre d'affaires, l'intuition de Foerster ne le trompait jamais. La perspective d'une journée magnifique et insouciante venait tout simplement de s'envoler.

La mort de Franz l'aurait infiniment réjoui. Si elle se révélait suspecte néanmoins, les soupçons se porteraient immédiatement sur Foerster. Depuis des années, Franz avait déjà bien joué avec ses nerfs. Cette crapule se trouvait en effet en possession de nombreux carnets et autres documents, qui lui avaient tout bonnement sauvé la vie lorsqu'il s'était installé à Berlin-Ouest, après sa fuite. En bref, s'il venait à disparaître subitement, Franz, alias Alfred Zollner, s'était arrangé pour que les activités illégales de Foerster soient immédiatement révélées au grand jour. Impossible, par conséquent, d'attenter à sa vie. Mais ce n'était pas tout ! Foerster avait dû en faire bien davantage. Et ce sous la contrainte et la pression de son supérieur direct, côté est, son ennemi juré, Filip Kreifeld, qui se révéla être l'amant de Franz. Et de cette façon, Franz le fugitif s'était retrouvé nommé à la tête d'une école nouvellement fondée à Berlin-Ouest.

Foerster jura comme un charretier. « Même après sa mort, cette vermine ne me laisse pas en paix ! » Au bout de quelques instants, il finit par se calmer, car la mort de Franz lui rappelait aussi son plus grand succès.

Dans la mesure du possible, les personnes suspectées d'en savoir trop sur le tunnel étaient supprimées systématiquement, y compris le tout-puissant et l'intouchable, semblait-il, Filip Kreifeld. Il avait fallu à Foerster plusieurs années et pas mal d'efforts pour persuader les dirigeants au pouvoir à l'Est de la nécessité de liquider l'un de leurs meilleurs diplomates, leader et cofondateur de la DVB. Il faut dire que l'imprudence de Filip avait été d'un grand secours. Quel manque de discernement tout de même que de faire passer sa fille à l'Ouest dans le coffre de sa voiture ! Et dans quel but ? Quant à son frère, qui était-il ?

Un *Fluchthelfer* ! Tout s'accordait à merveille. Bien entendu, cela avait pris du temps, demandé de multiples démarches et coûté une fortune, mais comme disait Sven : « Un homme patient parvient à faire cuire une pierre. »

Officiellement, Filip Kreifeld était mort d'une crise cardiaque, ce qui avait laissé à Foerster un goût amer, car la mort de son ennemi juré lui semblait bien trop douce et rapide. Ce salaud aurait pourtant mérité les pires souffrances. Hélas, il avait fait une ascension fulgurante dans la hiérarchie diplomatique, et le seul fait d'avoir pu le liquider était déjà une belle réussite. Toutes les traces avaient été soigneusement effacées, aussi Foerster n'avait-il plus aucune raison de s'inquiéter. Une fois seulement, il prit peur, car des photos mystérieuses et un documentaire de la télé avaient montré Filip Kreifeld en pleine forme dans un aéroport au Brésil. Après vérification, Foerster conclut qu'il s'agissait d'une erreur : sur les six milliards d'êtres humains, il arrive que deux personnes se ressemblent. Rien de plus.

La mort de Filip n'avait pas causé grand bruit ; celle de Klaus en revanche aurait pu devenir embarrassante si ce dernier avait gardé des liens proches avec ses amis américains, avec l'un d'eux surtout, un homme de pouvoir, très influent. Mais Klaus n'était plus tout jeune, et beaucoup de ses amis américains étaient à présent occupés à calculer leur retraite…

La seule personne encore vivante qui aurait pu constituer une réelle menace pour Foerster, c'était la sœur des Kreifeld, Victoria, mariée à une époque avec Franz, mais elle était devenue folle. Heureusement, car il y avait déjà assez de cadavres autour de cette famille.

Il restait toujours le cas de Franz avec ses documents secrets, ses fichues notes de pédé. Foerster ne savait pas trop ce qu'elles contenaient, justement, ces fameuses notes…

Il composa encore un numéro. Les informations sur la mort de Franz étaient de plus en plus précises. Il se serait suicidé, car sa liaison avec une élève avait été révélée au grand jour, mettant ainsi fin à sa carrière pédagogique. Foerster se fichait éperdument de ces détails intimes, mais cela signifiait que quelqu'un d'autre s'intéressait à Franz et voulait lui nuire. Il faudrait y regarder de plus près…

Foerster avait eu l'occasion de côtoyer Franz à plusieurs reprises, et il savait que ce n'était pas quelqu'un de dépressif. C'est donc sans le moindre scrupule qu'il avait à une époque suggéré à Kreifeld d'utiliser sa petite amie pour faire passer des microfilms et d'employer son frère pour la construction du tunnel. Que contenaient-ils au juste, ces microfilms ? Eh bien, l'inventaire des œuvres d'art mises en dépôt dans des musées et les certificats de leur authenticité. Oui, Alfred Zollner était une petite crapule, prête à tout pour faire carrière. Foerster recevait régulièrement des comptes-rendus détaillés de ses agissements, mais rien n'y laissait présager son suicide. Qu'avait-il donc pu se produire pour que cet idiot mette fin à ses jours ? Il a dû se passer quelque chose, pensa Foerster, et cela pouvait avoir une conséquence particulièrement fâcheuse sur sa propre vie.

Il devait donc se tenir tranquille en attendant de voir si d'autres affaires encore remontaient à la surface, mais contrairement à Sven, par exemple, l'attente n'était pas son fort.

Deux semaines s'étaient écoulées depuis l'annonce de la mort de Franz dans le journal. Pendant ce temps, il ne se passa rien de singulier. Foerster se dit alors que la vie lui avait déjà, certes, fourni de multiples raisons de rester sur ses gardes, mais pas une seule d'avoir peur. Dans quelques jours, il fêterait ses quatre-vingt-huit ans, il devait se reprendre. Revigoré par cette pensée, il alla dans la salle de bains, où il fit beaucoup plus attention que d'ordinaire en marchant sur le carrelage. Au bout d'un instant, il revint chercher sa canne.

À 18 heures, Sven le conduisit dans un restaurant loué pour ses invités de Leipzig, le temps d'une soirée. Après la réunion avec des jeunes qui préparaient avec aplomb la campagne électorale, Foerster se sentit plus fatigué que d'habitude. Le serveur vint vers lui en lui demandant s'il désirait quelque chose. Mais Foerster le renvoya. Il voulait être seul.

Malgré son sens de l'esthétique et un certain savoir-vivre acquis au cours des années, Foerster restait un homme simple et impulsif. Toute sa vie, il avait souffert d'un complexe d'infériorité. Il avait beau avoir accumulé une fortune et jouir d'une grande influence, il n'était pas pour autant parvenu à réaliser ses rêves. Jamais, on ne lui avait proposé de poste réellement important ni de fonction majeure, et personne ne l'aimait vraiment. C'est donc avec une conviction accrue qu'il aidait aujourd'hui les jeunes militants, réalisant ainsi, un peu tardivement certes, ses ambitions secrètes. Pourtant, à la sortie de la réunion, il se sentait déçu, et même l'enthousiasme des jeunes ne lui avait pas remonté le moral.

Il rentra chez lui déprimé. C'était une belle nuit de septembre. Il s'assit sur la terrasse et contempla le jardin. Il n'avait pas d'affaires importantes à régler, pas d'appels téléphoniques urgents. Rien. Il se dit qu'il en serait ainsi, désormais. Il traversa un long couloir blanc en s'appuyant sur sa canne. Puis demanda à Sven de lui apporter son courrier au bureau. Il songea que Sven était de très bonne humeur dernièrement. Il y réfléchirait plus tard. À petits pas, il s'approcha d'un imposant bureau en acajou, le seul objet plus vieux que lui dans cette maison. Il s'assit dans son fauteuil en cuir moelleux et resta là, à attendre.

Foerster regarda les lettres que Sven venait de poser sur son bureau. Ces derniers temps, il s'agissait surtout de faire-part annonçant la disparition de ses anciens camarades. Parfois, il recevait trois ou quatre enveloppes noires en un seul mois. La bonne vieille équipe disparaissait petit à petit. Cette fois-ci, le nombre d'enveloppes le surprit. Une douzaine au moins. Toutes identiques, sans l'adresse de l'expéditeur… Juste la sienne, ainsi que son nom, soigneusement calligraphiés. Il ouvrit la première, laissant tomber par terre un papier jauni. Un reçu ne mentionnant aucun nom. Il n'y avait que la date, une signature illisible et la somme. Foerster plissa les yeux, la somme indiquait cinq cents mille marks. D'une main tremblante, il ouvrait enveloppe après enveloppe… toutes contenaient de vieux reçus d'une trentaine années. Tous datés de juillet 1980.

Sven avait passé sa vie à travailler pour Johannes Foerster. Il lui était entièrement dévoué, et Foerster ne pouvait jamais rien lui reprocher, même s'il contrôlait pourtant tous ses faits et gestes. Selon un vieux principe de la Stasi : la confiance, c'est parfait, mais le contrôle est encore mieux! Sven était devenu l'élève le plus zélé du maître. Le voilà qui entre à présent dans la pièce, doucement. Il reste là, sans rien dire, à regarder Johannes Foerster en train d'agoniser et lui faire signe d'approcher. Puis le visage de Foerster se fige. Le regard vitreux de l'homme à la cicatrice au visage n'exprime plus rien.

Sven compose un numéro.

— Il y a du ménage à faire ici, dit-il avec une petite hésitation dans la voix, le temps de se rappeler l'adresse.

FIN

Le mot de l'auteur

Le mur de Berlin, les évasions tragiques du siècle dernier, les passeurs, les nombreux souterrains, parmi lesquels le fameux « tunnel 29 », tout cela a vraiment existé. Aujourd'hui, on se promène en toute liberté sur la Brunnenstraße et la Schönholzer Straße. Quant à la Bernauer Straße, elle n'est plus coupée par le mur. Au quartier de Neukölln, près de la Bürkner Straße, on peut prendre une bière ou un verre de vodka, s'asseoir dans un bistrot au bord du canal et se plonger dans une petite réflexion. Toutefois, le tunnel dont il est question dans ce livre et les histoires qu'ont vécues les protagonistes du roman sont entièrement issus de mon imagination. Ils n'existent que dans *188 mètres sous Berlin*, inutile donc de les chercher ailleurs.

Magdalena Parys

Déjà parus :

Collection Agullo Noir :

Pyromane
Wojciech Chmielarz

La Pension de la via Saffi
Valerio Varesi

Le Fleuve des brumes
Valerio Varesi

Spada
Bogdan Teodorescu

Déjà parus :

Collection Agullo Fiction :

Refuge 3/9
Anna Starobinets

La Destinée, la Mort et moi, comment j'ai conjuré le sort
S. G. Browne

L'Installation de la Peur
Rui Zink

Le Dernier Amour du lieutenant Petrescu
Vladimir Lortchenkov

Le Blues de La Harpie
Joe Menoe

L'Organisation
Maria Galina

Bagdad, la grande évasion !
Saad Z. Hossain

Espace Lointain
Jaroslav Melnik

Achevé d'imprimer en septembre 2017
sur les presses de
l'imprimerie nouvelle Laballery
pour le compte de Agullo Éditions.
N° d'impression : 709127
X00076/63

ISSN : 2551-5861
ISBN : 979-10-95718-26-0
Dépôt légal : septembre 2017